JN034229

CORPORATE GOVERNANCE

コーポレートガバナンスの歴史とサスティナビリティ

会社の目的を考える

SUSTAINABILITY

林 順一［著］

文眞堂

推　薦　文

我が国におけるコーポレートガバナンス・システムは2015年にコーポレートガバナンスコードが上場企業においてガイドラインとして参照すべき指針として金融庁と東京証券取引所によって提唱されて以来2度の改訂を経て飛躍的に発展してきた感がある。ソフトローではあったが，我が国ではそれ故に大きな影響を与えてきた。

東京証券取引所の『東証コーポレートガバナンス白書』は2007年より発刊されており，丹念にそれらの推移を観察するとコードが一定の影響を与えたものであるかがよくわかる。

例えば社外独立取締役の導入状況である。議決権行使助言会社も多くの機関投資家もまことに熱心にエンゲージメント（促し）を行ってきた。ナンバーズゲーム（数的目標基準を設定しそれに向かって邁進する）は機関投資家の最も得意とするところである。

一方で欧米先進企業のアニュアルレポートやプロキシーステートメントと比較すると日本企業のガバナンスシステムには依然として違和感を持つことが多い。黄金律とされる社内・社外の取締役の割合を3：7あるいは2：8とする企業はマイナーである。

すなわちここで行われているナンバーズゲームは欧米に比べ15年の時差のある話である。そもそもCEOと議長の分離というガバナンスの1丁目1番地とされる議論もこれまでのコードの改訂では話題にも出てこなかった。

その間，欧米先進企業ではあらゆる事態を想定して極めて精緻なモニタリングシステムを導入している。社外取締役自身も厳しく評価される。このことは未だ日本ではあまり話題にすらならない。

このように日本企業のガバナンスシステムは欧米先進企業のそれと比べ似て非なるものであるが，それを精確に掴むには歴史的経緯を踏まえ丹念に分析することが大事だと思ってきたが本書はそれに応えるものである。

日本企業のガバナンスシステムは飛躍的発展を遂げてきたと称されるが，コーポレートガバナンスコードが急進的でなく漸進的（少しずつ少しずつ進む）な思考様式で満ちているため，様々な矛盾を抱えていながら進んでいる面も多いと思う。と同時に世界標準に比してのスピード感がないことも否めない。

欧米企業のシステムが一概に優れているとはもちろん言うつもりはないが想定される次回改訂（2024年）には相当アクセルを強く踏む必要があると思う。そのためにはコード自体を全面的に書き換える必要があろう。

今更，企業財務理論の初歩を説く必要はないであろう。企業（会社）の目的（Purpose）やサステナビリティ課題へのガバナンスシステムへの取り組みと事業のゴーイングコンサーン（イノベーション課題）へ格調高い，かつ完璧なモニタリングシステムを叶えるための論理一貫性のあるコードの体系を構築しなければならない。本書はそれを考える上での一助となる書である。

さて申し遅れたが本書の著者の林順一氏は2009年に私が当時勤務した大学に小生のゼミ生（博士課程）として入学されたが，それ以来の研究仲間である。

林さんはそれ以前から欧米のコーポレートガバナンスの動向分析を把握することを研究主題に据え邁進してきた。Myles L. Mace の名著から始まり，John Kay Review, FRC の各種報告書，GSK やユニリーバなどの先進企業の CASE の研究を凄いペースで進めてこられた。本書は林さんのこれまでの真摯な研究成果を集成したものである。

本書を精読することが我が国におけるコーポレートガバナンス論議の真の出発点となることを期待したい。

2022年10月

青山学院大学名誉教授・東京都立大学特任教授　北川哲雄

序

良いコーポレートガバナンスとはどのようなものをいうのであろうか。コーポレートガバナンスは様々に定義されているが，代表的なものとして「会社（株式会社）が指揮され統制されるシステムである」という1992年の英国キャドバリー報告書の定義を挙げることができる。これは，会社において具体的な業務に関する意思決定をするのは（最終的には）経営者であり，その経営者を規律づけ，方向づけるのがコーポレートガバナンスの役割であるという考え方に基づくものと理解される。それではどのような方向に経営者を規律づけるのが良いコーポレートガバナンスであるといえるのか。コーポレートガバナンスは会社の目的を達成するためにあるのであるから，その目的を達成するにふさわしい形態・枠組みが良いコーポレートガバナンスといえるであろう。これは会社の目的が異なれば，良いコーポレートガバナンスが異なることを意味する。

会社の目的には大別して2つの考え方がある。1つは株主利益を重視する考え方であり，もう1つはステークホルダー全体の利益を重視する考え方である（株主重視とステークホルダー重視の度合いによって3つの考え方に分けることもできる。この点は第1章第6節で詳述する）。株主利益を重視する考え方は，基本的には，現在の英国・米国にみられる新自由主義的な政治思想（個人の所有権を確固たるものとして，富の分配において自由競争を重視する考え方）と合致し，ステークホルダー全体の利益を重視する考え方は，大陸欧州にみられる社会民主主義思想（結果の平等を意識して，政府の規制を重視する考え方）と合致するものである（ロナルド・ドーア，2006，38頁）。これらはどちらが正しいというものではなく，会社に対する考え方（会社観）が複数存在すること，そして良いコーポレートガバナンスの形態も1つではないことを意味する。

会社の目的は国ごとに異なることに加えて，同じ国でも時代とともに変化する。そしてこれに対応してコーポレートガバナンスの議論が喚起される。わが国では，外国人機関投資家の保有持株比率の増大，並びに米国経済・企業業績の復活と日本経済・企業業績の低迷を背景として，2000 年頃から株主利益を重視する米国のコーポレートガバナンスの影響を強く受けるようになった。また安倍内閣の経済政策（いわゆる「アベノミクス」）では英国のコーポレートガバナンスの枠組みを参考にして，日本版のスチュワードシップ・コードやコーポレートガバナンス・コードが制定されるなど，英国の影響を強く受けるようになった。これらを踏まえ，本書では，第 1 章で英国のコーポレートガバナンス，第 2 章で米国のコーポレートガバナンスの特徴などを説明したうえで，第 3 章でわが国のコーポレートガバナンスを論じることとする。

英国や米国においても，時代とともに会社の目的に対する考え方が大きく変化している。詳しくは第 1 章・第 2 章で説明するが，英国では 2016 年の国民投票によって EU 離脱が選択されたこと（いわゆる「ブレクジット」）を契機として，会社が従業員などのステークホルダーの利益を重視することの重要性が再認識された。英国では伝統的に株主を重視する考え方が支配的であったが，新自由主義の経済政策の継続によって所得・資産の格差が拡大し，労働者階級の不満が高まったことがブレクジットの背景にあると認識され，2018 年のコーポレートガバナンス・コード改訂に際して，取締役会に従業員の声を反映させることが求められるようになった。米国では，1970 年代までは株式の分散を背景とした経営者支配の時代であり，経営者は株主の利益だけではなく，ステークホルダー全体の利益を考慮した経営を標榜していた。1980 年代以降になると，株式が機関投資家に集中するようになり，機関投資家が株主利益を最大化させる観点から経営者に株主重視の経営を強く求めるようになったことから，株主重視の経営が定着した。最近では，所得・資産の格差の拡大に対する批判や ESG 投資（環境，社会，ガバナンスの各要素を考慮した投資）の拡大を背景として再びステークホルダー重視のスタンスが示されるようになった。たとえば，米国主要企業の CEO の団体であるビジネス・ラウンドテーブルは，過去 3 回，会社の目的に関する声明を公表しているが，1981 年の声明ではステークホルダー重視の姿勢を示し，1997年の声明では株主重視の姿勢を示し，そして2019年の声明では先祖返りして再びステークホルダー重視の姿勢を示している。会社の目的に関するこれらの変化を反映して，求められるコーポレートガバナンスも変化している。

機関投資家も会社のコーポレートガバナンスに大きな影響を与えている。コーポレートガバナンスを検討する際には，投資家の影響を無視することができない。英国のコーポレートガバナンスでは，機関投資家もコーポレートガバナンスを構成する主体であると考えられており，この考え方は，アベノミクスの中でわが国にも取り入れられるようになった。最近では，機関投資家のESG投資が注目されている。機関投資家には受託者責任があり，それは通常受益者（最終投資家）の経済的リターンの最大化であると考えられているところ，その投資の判断に社会目的を組み入れることの妥当性がここでの主要な論点になっている。ESG投資に対する考え方は時代とともに変化しているが，基本的な考え方は，ESG要素の考慮が経済的リターンに影響するゆえにそれらの要素を考慮するというものである。ただし，ESG要素の考慮がどのような場合でも経済的リターンにプラスの影響を及ぼすと言い切れるわけではなく，ESG要素はどのような条件のもとで考慮することが許容されるのかについての議論は決着がついているわけではない。特に米国では民主党（積極対応）と共和党（消極対応）のスタンスの違いが明確に表れており，政権交代がある都度，労働省の解釈通知などによる指針が変更されている。第4章では，ESG投資の歴史，受託者責任とESG投資の関係を整理したうえで，米国労働省のESG投資に対するスタンスの変遷を説明する。

会社の社会的責任（CSR）に対する考え方は，コーポレートガバナンスの前提となる会社の目的の議論と密接に関係する。会社の社会的責任には大別して2つの考え方がある。1つは会社の社会的責任を狭く捉え，それは社会的に有用な財貨を生産し，利益をあげて株主に配当することだけであるとする考え方である。もう1つは会社の社会的責任を広く捉え，会社は社会に対して影響力を有しているのだから，サステナブルな社会を維持・発展させる観点から，それに見合う責任を果たすべきであるという考え方である。通常CSR論といわれるものは後者の立場に立ったものであり，これは株主以外のステークホルダーを重視する考え方とも言える。英国とドイツを比較すると，英国はCSRの先進国，ドイツは後進国と言われている。これは一見，株主重視の英国とステークホルダー重視のドイツのイメージとは異なる。この関係を理解するためにはCSRを国の制度との関係で捉える必要がある。また多国籍企業の影響力が拡大し，会社の国際的な活動に伴う人権侵害・児童労働・環境破壊などの負の側面が顕在化するなかで，市民社会が会社の行動に対する監視・批判を強め，会社もこの動きへの対応を求められるようになってきたことから，CSRを政府と会社に加えて市民社会を含めた3者間の相互ガバナンスとして把握する必要もある。

CSRの中でも最近ダイバーシティの重要性が指摘されている。取締役会のダイバーシティを推進する方法として，クォーター制（法律による強制適用）を採用する場合とコーポレートガバナンス・コードなどに定める方法によって会社の自発的な対応を促す場合があるが，英国では後者を採用して実績を挙げている。わが国も後者を採用していることから，英国の事例を詳しく検討することが有益である。また，ダイバーシティを議論する際には，社会的正義の観点から議論しているのか，会社のパフォーマンスの観点から議論しているのかを明確に峻別する必要がある。これに加えて，パフォーマンスも財務パフォーマンスと非財務パフォーマンスを分けて議論する必要がある。パフォーマンスを議論する際には，実際のデータを用いた実証研究の成果に基づいた検討が必要とされるが，実証研究の結果は一様ではない。ダイバーシティの進捗によって財務パフォーマンスが低下したという分析もある。わが国のデータに基づく分析の積み重ねが求められるところであり，本書では女性役員の気候変動対応に与える影響についての実証分析の結果を簡単に示すこととする。第5章では以上の問題意識に基づいて，CSRとダイバーシティについて論じる。

サステナビリティの観点から気候変動が切実な問題となり，また開発途上国や一部の国における人権問題がクローズアップされる中で，グローバルに展開する巨大企業に対して，これらの課題に対する対応が強く求められるようになった。そのような中で，通常の株式会社とは異なり，株主の利益とともに環境や社会といったステークホルダーの利益を重視する社会的企業が注目を浴びるようになった。代表的なものとして，B corporationの認証制度，米国の

Benefit Corporation の法制度，フランスの「使命を果たす会社」の法制度があり，わが国でもこれらを参考にして，一定の範囲で社会・環境目的と株主利益の両立を企図する「公益」重視の会社制度を創設する方向で検討が進められることが望まれる。また環境や人権問題に関しては従来から NGO・NPO が会社に対して様々な提案を行ってきており，会社も NGO・NPO と連携するなどによって一定の成果をあげている。特に開発途上国の人権問題は，会社のサプライチェーンに関連するものであり，会社には CSR 調達やそれを確実にするためのソーシャル・オーディト（CSR 監査）の実施が求められている。

社会・環境問題への対応に定評がある会社としてフランスのダノンを挙げることができる。フランスでは環境・社会目的を定款に明記する「使命を果たす会社」の法制度が整備され，2020 年 6 月にダノンが株主総会での承認を経て，上場会社としては最初に「使命を果たす会社」に転換した。ところがその 1 年も経過しない 2021 年 3 月に，この転換を精力的に進めた CEO が，業績不振・株価大幅下落を理由として投資家からの圧力などによって取締役会で解任された。この事例は株式会社における会社の目的とは何かを具体的に問うものであると言える。第 6 章では，このように会社が現に直面している社会・環境問題について，会社がどのように対応しているのか，また社会・環境目的と株主利益の両立は可能であるのかについて具体的な事例を含めて検討する。

本書の各章は独立しているので，ご関心のある章からお読みいただくことが可能である。また各章の冒頭には簡単なまとめの表を添付して各章の内容を俯瞰できるようにしている。そして本書全体のまとめは終章に記載している。これらの内容が，この本を読んでくださる方のコーポレートガバナンス，サステナビリティおよび会社の目的の理解に少しでも参考になれば幸甚である。

［主な参考文献］

加護野忠男・砂川伸幸・吉村典久（2010）『コーポレートガバナンスの経営学―会社統治の新しいパラダイム』有斐閣。

林順一（2022）「わが国 CG コードの特徴と今後の課題：経営指南書としてのわが国 CG コード」北川哲雄編著『ESG カオスを超えて―新たな資本市場構築への道標』中央経済社。

ロナルド・ドーア（2006）『誰のための会社にするか』岩波書店。

目　次

第1章

英国のコーポレートガバナンス

英国は長年にわたり金融業を重要な産業として育成しており，特にロンドンの株式市場は世界各国の投資家や会社を惹きつける魅力的な場所になっている。そこでは，投資家の評価を得るために市場に厳格な規律づけを行うとともに，会社にとって，使い勝手の良い市場環境を整備・促進する観点から柔軟な枠組みを提供するという，場合によっては相反する目的を達成するために常に改善が行われている。

わが国での英国のコーポレートガバナンスに関する関心は，以前はそれ程高くなかったが，安倍政権の経済政策（いわゆるアベノミクス）の最重要課題の1つである一連のガバナンス改革に際し，英国モデルが採用されたことを契機として，わが国でも英国のコーポレートガバナンスに関する関心が高まり，多くの研究がなされるようになった。またわが国のコーポレートガバナンスの規律づけにも，英国の考え方が数多く取り入れられている。

本章では様々な報告書などへの言及がなされるが，主な報告書などの関係年表は表1-1の通りである。

第1節　英国の特徴[1]

英国のコーポレートガバナンスを理解するためには，その4つの特徴・考え

1　第1節から第3節は，林（2015a）の一部を要約のうえ加筆したものである。

表 1-1　関係年表

	報告書等	先行する主な出来事	主な特徴
1992 年	キャドバリー報告書	企業破綻，会計不信	コーポレートガバナンスの嚆矢
1998 年	統合規範制定	ハンペル報告書	コーポレートガバナンス・コードの前身
2003 年	ヒッグス報告書	エンロン事件等	取締役会評価の義務化
2006 年	会社法改正	—	ステークホルダー利益考慮義務
2009 年	ウォーカー報告書	リーマンショック・英国銀行破綻等	スチュワードシップ・コード勧告
2010 年	スチュワードシップ・コード制定	ウォーカー報告書	業界団体のコードを FRC が改訂・批准
2012 年	ケイ報告書	キャドバリー社に対する敵対的買収等	ショートターミズム批判
2018 年	コーポレートガバナンス・コード改訂	ブレクジット・会社への信頼感喪失等	ステークホルダー利益考慮，企業文化の重視
2018 年	キングマン報告書	カリリオン社破綻，会計不信	スチュワードシップ・コード批判
2019 年	スチュワードシップ・コード改訂	キングマン報告書等	スチュワードシップ・コードの厳格化

方に着目することが有効である。それは，(1) チェック・アンド・バランスによる統制の徹底，(2) コンプライ・オア・エクスプレイン，(3) 権限には責任が伴うという考え方，(4) ハードローとソフトローの組み合わせである。

1. チェック・アンド・バランスによる統制の徹底

英国では，「何人といえども，1 人の人間が制約のない決定権を持つことがないように確保することが必要である」[2] という認識のもと，チェック・アンド・バランスによる統制が徹底している。この性悪説的な考え方は，基本的には性善説的な考え方を採用しているわが国の会社観とは基本的に異なる。

この考え方は，英国のコーポレートガバナンスの様々な箇所でみられる。たとえば，英国コーポレートガバナンスの嚆矢といわれる 1992 年のキャドバ

2　Cadbury (2002) 翻訳 22 頁。

リー報告書で，チェック・アンド・バランスによる統制の徹底の観点から取締役会議長と最高業務執行取締役の原則分離が勧告された結果，直後の1993/1994年度には会社の規模上位500社の80%以上が両者を分離させており，また分離していなくとも独立した非業務執行取締役を設置している場合を含めるとその比率は95%以上になった[3]。

キャドバリー報告書には以下の記載がある[4]。

> 4.9　取締役会議長の重要かつ特別な役割を鑑みると，最高業務執行取締役の役割とは原則として分離されるべきである。もし2つの役割をひとりが兼務すれば，権力の著しい集中をもたらすことになる。それゆえ，当委員会は，会社の上層部において責任の分離が明確に図られるべきであることを勧告する。これにより，一個人が制限のない決定権を持つことはなくなり，権力と権限の均衡が確保されることになる。なお取締役会議長が最高業務執行取締役を兼務する場合には，取締役会に強力で独立した人物を設置することが肝要である。

チェック・アンド・バランスによる統制の徹底は，取締役会議長と最高業務執行取締役の分離にとどまらない。取締役会議長の強大な権限をチェックするなどの観点から，コーポレートガバナンス・コードで，上席独立取締役（Senior Independent Director）を置くことが求められている（各則12)。上席独立取締役は，取締役会議長の議事運営を支援するとともに，少なくとも年1回，他の独立取締役と会合をもち，取締役会議長の評価などを行う。

業務執行取締役と非業務執行取締役のバランスにも留意している。米国のように取締役会がほとんど独立社外取締役（非業務執行取締役）で構成される場合には，取締役を兼務する最高経営責任者（CEO）に情報が集中し，その権

3　日本コーポレート・ガバナンス・フォーラム（2001）319頁。
4　Cadbury（1992)。

限が強くなりすぎるという懸念が生じることから，英国の取締役会では一定数の業務執行取締役を置くことが多い。

これらに加えて，取締役会自身をチェックするため，取締役会評価が行われている。当初は2003年に改訂された統合規範（コーポレートガバナンス・コードの前身）で，ロンドン証券取引所上場会社は原則，毎年取締役会評価（自己評価または第三者評価）を行うことが求められたが，その後2008年の英国銀行危機などを契機として，取締役会が自ら行う自己評価では不十分との認識が高まったことから，2010年に改訂されたコードでFTSE350企業（ロンドン証券取引所に上場している時価総額上位350社）では，原則，少なくとも3年に1回は取締役会の外部評価が求められることになった（取締役会評価については第5節で詳しく説明する）。

このように英国では課題解決を進める中でチェック・アンド・バランスによる統制が強化されてきた。わが国では2015年に導入されたコーポレートガバナンス・コードで，取締役会議長と最高経営責任者の分離が進められていないにもかかわらず取締役会評価が求められ（補充原則4-11③），導入当初は若干の戸惑いも見られた。

2. コンプライ・オア・エクスプレイン

英国では，「すべての会社に対して同一の規律（one size fits all）を強制することでは，良いコーポレートガバナンスは達成できない」という認識に基づいて，コンプライ・オア・エクスプレイン（原則主義）のアプローチが採用されている[5]。

コンプライ・オア・エクスプレインの考え方は，原則を示し，その原則に適合するのであれば説明は不要であるが，適合しないのであれば説明を要する（適切な説明をすれば原則に適合しなくともよい）というものである。この考え方は，1992年のキャドバリー報告書で導入されて以来，英国のコーポレー

[5] 原則主義（principle-based）の考え方は，詳細なルールで規律づけを行う細則主義（rule-based）の考え方と対比されることが多い。米国では細則主義を採用しており，わが国も英国の考え方が本格的に導入されるまでは，伝統的に細則主義を採用していた。

トガバナンスの基本となっている考え方である。キャドバリー報告書では，原則である最善慣行規範（Code of Best Practice）の勧告という形でコンプライ・オア・エクスプレインの考え方が示された。キャドバリー報告書を取りまとめたキャドバリー卿は，法律ではなく最善慣行規範の考え方を導入した理由として，これが英国の伝統的なアプローチであるとの説明に続けて，その意味について次のように説明している[6]。

> 私たちが扱う内容を，法律の条文として作成する作業は，非常に困難だろうということが最も重要な理由です。法律を作ることは容易ですが，人々はこれを回避する方法を見つけるでしょう。立法化は，安易な手段です。私たちは，ここに示された原則の精神を尊重するように求めましたが，おそらく，これは法律を守ることよりも難しいでしょう。非業務執行取締役は社内で強い発言力を維持するため，必要な員数と資質が求められる，などと法律でうたうことはできません。これは，意見であって条文ではないのです。しかし，このような意見は投資家には理解されます。英国ではこのように機能するのです。

各社の最善のコーポレートガバナンスがそれぞれの会社の事情に応じて異なることを鑑みれば，法律で一律に基準を定めることよりは，柔軟性を有するコンプライ・オア・エクスプレインのアプローチの方が適切であると考えられる。またコーポレートガバナンス・コードの制定・改訂は法律と異なり議会の承認などが必要とされないことから，会社を取り巻く環境の変化に合わせて迅速に変更することができる。さらに原則を高く設定すること，そしてそれを定期的に見直すことによってコーポレートガバナンスの継続的底上げを可能とすることができる。まさにこれは賢者の知恵であると言うことができよう。

コンプライ・オア・エクスプレインのアプローチが導入されて20年が経過

6　日本コーポレート・ガバナンス・フォーラム（2001）201頁。

したことを機に，コーポレートガバナンス・コードの制定・改訂を担う FRC（Financial Reporting Council）[7] が，会社の取締役，機関投資家，学者，法律家，報道関係者といった幅広いバックグランドを持つ 17 人の識者にコンプライ・オア・エクスプレインに対する評価を求め，それをまとめてエッセイ集として公表した[8]。そこでは，コンプライ・オア・エクスプレインのアプローチが持つ，柔軟性，迅速性，実質性，法律と比較して比較的容易に改定できるということ，そして実質的な強制力を合わせ持つという特長について高い評価が寄せられた[9]。

コンプライ・オア・エクスプレインの考え方は，市場による規律を前提としている。すなわちこの枠組みは，会社がコーポレートガバナンス・コード原則の適用（コンプライ）状況について市場に説明（エクスプレイン）し，市場（機関投資家）がこれをチェック・評価し，フォードバック（対話・エンゲージメント）を行うことによってはじめて成り立つと言える。機関投資家からのフィードバックがない場合には，会社の言いっぱなしになりかねない。

英国ではコンプライ率が高いこと自体が問題とされる。これは，すべての会社がコンプライするのであればそれは法律で定めたことと変わらず，本来のコンプライ・オア・エクスプレインの意味が失われることを意味するし，また原則にコンプライするためだけの形式的な対応（これをボックス・テッキングという）にとどまるのであれば，本来必要な実質的な対応が行われない懸念があるからである。

3. 権限には責任が伴う

英国では，「権限には責任が伴う」という考え方に基づいて，機関投資家に

7　英国のコーポレートガバナンスの特徴である自主規制，市場規律，コンプライ・オア・エクスプレインのアプローチに大きな役割を果たしている機関が FRC である。FRC は高質のコーポレートガバナンスと情報開示の拡充などによって投資活動を促進させることをミッションとし，権威ある自主規制機関として，コーポレートガバナンス・コードやスチュワードシップ・コードの制定・改訂などを行っている。

8　FRC（2012a）。

9　具体的な評価の内容については，林（2015a）参照。

対してもコーポレートガバナンスの規律づけに関して一定の役割を求めている。この背景には株主（その代表例としての機関投資家）は有限責任という限定された責任にもかかわらず会社に対して多くの権限を有していることから，その対価として会社に対して一定の規律づけをする義務があるという考え方がある。

株式会社の成立過程を振り返ると，たとえば英国東インド会社の場合は，1600年にエリザベス女王から同社を法人と認める特許状が下付されたことで，個人でない法人が権利義務の主体となることが初めて認められた。また1665年に「会社員の有限責任制」が確立して株主は出資金の範囲内での有限責任が認められるようになった[10]。このように法人が権利義務の主体となること，そして株主の責任が有限であることは自明なものではなく歴史的に形成されたものである（現在では法律で定められているから可能となっているものである）。この有限責任制が株主にとって極めて有利な制度であったために，株式会社制度の下で会社は多くの株主から多額の資金を調達することができるようになり，株式会社制度が支配的な会社制度として定着したと言える。

このように株主は有限責任という株式会社のメリットを受けているのであるからその対価を支払うべきであるという考え方は，わが国ではあまり議論されていないが，英国ではキャドバリー報告書の勧告に反映されているし，第3節で説明する2009年のウォーカー報告書でも明示的に指摘されている。

4. ハードローとソフトローの組み合わせ

英国では，ハードロー（法的拘束力を有するもの）とソフトロー（法的拘束力を有しないもの）の組み合わせによってコーポレートガバナンスの規律づけが行われている。具体的には，制定法などの政府の規制（ハードロー）によってコーポレートガバナンスの基本的枠組みや情報開示の枠組みが規律されており，自主規制機関の最善慣行規範（ソフトロー）によって，個別の会社の取締役や機関投資家などに対する規律づけが行われている。このハードローの部分

10　浅田（1989）。

を担当しているのが規制当局であるFCA（Financial Conduct Authority）であり，ソフトローの部分を担当しているのが独立した自主規制機関であるFRCである。FRCはコーポレートガバナンス・コード（主として会社の取締役を規律づけするもの）やスチュワードシップ・コード（主として機関投資家を規律づけするもの）の制定・改訂などを通じて，個々の会社にはその置かれた状況に応じた柔軟な対応を許容しつつ，全体として市場規律が貫徹するような枠組みを構築している。

以上英国のコーポレートガバナンスの4つの特徴・考え方を概観した。このうち，コンプライ・オア・エクスプレインとハードローとソフトローの組み合わせに関しては，アベノミクスの一連の改革の中でわが国のコーポレートガバナンスに取り入れられてきたが，チェック・アンド・バランスによる統制の徹底，および権限には責任が伴うという考え方については，いまだわが国には十分に受け入れられてはいない。

以下では英国のコーポレートガバナンスをさらに理解する観点から，代表的な3つのコーポレートガバナンスに関する報告書（キャドバリー報告書，ウォーカー報告書およびケイ報告書）の内容を説明する。

第2節　キャドバリー報告書とコーポレートガバナンス・コード

英国におけるコーポレートガバナンスの議論は，他国の場合と同様，企業不祥事や企業破綻を契機として重点的に行われてきた。英国ではそのような場合に，経験豊かで見識のある人物から構成される委員会を設置し，その委員会で徹底的に議論するとともに幅広い関係者からの意見を踏まえて実践的な勧告を公表する（これらの報告書は委員会の委員長の名前をとって○○報告書と称される）。そしてそれをコーポレートガバナンス・コードなどに反映させることによって，コーポレートガバナンスの継続的な改善を図ってきた。

この先駆けとなったのが1992年のキャドバリー報告書である。キャドバリー委員会設置の背景には，年次報告書の財務数値が会社の実態を正しく表していなかったことによる企業破綻が複数発生し，年次報告書や監査報告書の信頼性が失墜したことがあり，この問題に対応するため，英国の会計基準に責任を持つ諸団体（財務報告審議会，ロンドン証券取引所，会計士団体）によって，エイドリアン・キャドバリー卿をヘッドとする委員会が設置された。

1991年に組成されたキャドバリー委員会は，当初は不正会計問題への対応のため，会計報告書への信頼回復の問題を中心に議論が進められたが，その後取締役会や会計監査の不備の問題にも注目が集まったため，最終的にはコーポレートガバナンス全体を議論の対象とした。そして12人の委員と多くの協力者の支援を得て，1992年にキャドバリー報告書が作成・公表された。

キャドバリー報告書は，英国の上場会社が遵守すべき最善慣行規範を定め，それをコンプライ・オア・エクスプレインのアプローチを用いて適用するという手法を考案したが，これはわが国を含めた多くの国で用いられている優れたアプローチ方法の先駆けである。

キャドバリー報告書に記載された特徴的な言葉として以下の7点を挙げることができる[11]。これらは現在も通用する内容である。なお，下記6.と7.の機関投資家に対する勧告の考え方は2010年に新設されたスチュワードシップ・コードに移行している。

キャドバリー報告書に記載された特徴的な言葉

1. 英国経済は会社の活力と効率性に依拠している。このため，取締役会が果たす責任の実効性が英国の競争上の地位を決定することになる(1.1)。
2. 最善慣行規範に従うことによって，上場会社はビジネスと社会に対するアカウンタビリティを強化することになる（1.5)。
3. コーポレートガバナンスとは，会社が指揮され統制されるシステムである（2.5)。
4. 非業務執行取締役の第一の貢献は，取締役会と業務執行取締役のパ

[11] Cadbury（1992)。

フォーマンスをレビューすることである（4.5）。
5. 取締役会議長の重要かつ特別な役割を鑑みると，最高業務執行取締役の役割とは原則として分離されるべきである（4.9）。
6. 機関投資家は，経営者と定期的かつ体系的な対話を行うべきである。また議決権を積極的に行使すべきである（6.11）。
7. 機関投資家が，所有者としての影響力を行使して，投資先の会社が最善慣行規範を遵守するよう確保させることを期待する（6.16）。

（注）：（　）内は報告書の項番。上記はその一部の要旨である。

キャドバリー報告書の後，民営化された公益企業の経営者が膨大な報酬を得たことなどにより経営者・取締役の報酬に対する関心が高まり，1995年に取締役の報酬に関する最善慣行規範を示したグリーンブリー報告書[12]が作成・公表された。

さらに，キャドバリー報告書とグリーンブリー報告書の実施状況をレビューするためにハンペル委員会が設置され，1998年に両報告書の最善慣行規範を踏まえたコーポレートガバナンスの原則を提示するハンペル報告書[13]が作成・公表された。その後，ハンペル委員会の意向を受けたロンドン証券取引所が，キャドバリー報告書，グリーンブリー報告書およびハンペル報告書の規範・原則を統合して，1998年に統合規範[14]を作成・公表した。これがコーポレートガバナンス・コードの前身である。

統合規範はコンプライ・オア・エクスプレインのアプローチ方法を採用し，好ましいコーポレートガバナンスの原則（第1部）と最善慣行規範（第2部）から構成される。上場規則の一部であるにもかかわらず，機関投資家に対する原則・最善慣行規範（議決権行使，会社との対話，開示情報の評価）が含まれているところに特徴がある。これはキャドバリー報告書と同様であり，コンプライ・オア・エクスプレインの考え方が，市場による規律（機関投資家からの

[12] Greenbury（1995）。
[13] Hampel（1998）。
[14] Combined Code（1998）。

フィードバックなど）を前提としていることを示している。なお，2009年のウォーカー報告書の勧告を踏まえて2010年にスチュワードシップ・コードが新設されたことにより，この部分はスチュワードシップ・コードに移行された。

その後も，非業務執行取締役の役割に焦点を当てたヒッグス報告書[15]や監査委員会の役割に焦点を当てたスミス報告書[16]を踏まえて2003年に統合規範が改訂され[17]，また2005年と2007年に統合規範の履行状況の評価とその改訂に関する諮問結果が公表され，これを受けて，2006年と2008年にそれぞれ統合規範が改訂された。

第3節　ウォーカー報告書とスチュワードシップ・コード

2008年の米国リーマン・ブラザーズの経営破綻を契機とする世界的な金融危機は，英国にも多大な影響を与えた。特に英国では同時に銀行危機が発生し，中規模銀行の国有化や大手銀行への政府による資本注入が行われた。これらに対する反省から，総理大臣がデービッド・ウォーカー卿に英国銀行のコーポレートガバナンスに関するレビューを依頼し，その結果が2009年にウォーカー報告書[18]として公表された。ウォーカー報告書の勧告の主たる対象は銀行などの金融機関であるが，他の英国企業に対しても広く適用可能なものであると位置づけれらた。

ウォーカー報告書は7章から構成され，そのうちの1章（第5章）が機関投資家に求める役割に当てられている。そこでは現状認識として，英国のように高度に発展した資本市場においては，最終受益者と投資先企業をつなぐ関係が複雑になったため，長期的価値の創造を求める最終受益者よりも，同種またはベンチマークインデックスとの相対的な優劣を重視して短期的リターンを求める投資家の考え方が優勢になってしまったとする。そして最終受益者の求める

15　Higgs（2003）。

16　Smith（2003）。

17　その際に，ロンドン証券取引所に代わりFRCが統合規範に責任を持つようになった。

18　Walker（2009）。

絶対リターンと長期的パフォーマンスの改善は，機関投資家によるエンゲージメントによって達成されうると指摘する。

機関投資家に役割を求めるのは，その影響力が大きいことに加えて，機関投資家は企業の支配権をある程度享受しているにも関わらず，株主の有限責任という株式会社制度のメリットを享受しているためであり，機関投資家はその対価としてスチュワードシップ[19]義務にコミットすべきであることを指摘し，もしコミットしない場合にはその理由（投資戦略上の理由など）を明確に説明すべきであるとする。そして，業界団体である英国機関株主委員会（Institutional Shareholder's Committee）が作成した機関投資家の責任コード[20]が，独立性と権威を有するFRCに批准されて，スチュワードシップ・コードとして展開されるべきであることを勧告した。具体的な勧告の内容は以下の通りである。

ウォーカー報告書の勧告（抜粋）

勧告16

FRCの責任範囲の中に，機関投資家とファンドマネージャーが，スチュワードシップに関する最善慣行の原則を遵守するように推進・推奨することが明示的に含められるべきである。この新しい役割は，現行の統合規範から分離されて新たにスチュワードシップ・コードとして制定され，現行の統合規範はコーポレートガバナンス・コードとして存続されるべきである。

勧告17

英国機関株主委員会が作成した機関投資家の責任コードがFRCに批准され，スチュワードシップ・コードとして展開されるべきである。FRCは独立性および権威があるので，FRCのコードとされることによって，

19　スチュワードとは，他人に代わってその事務や財産管理を取り仕切る者のことであり，かつては国王や領主の執事，財産管理人の意味で用いられていた。スチュワードシップとはこのスチュワードの心構えのことをいう。

20　ISC（2009）。

スチュワードシップ・コードの影響力が実質的に拡大する。スチュワードシップ・コードは，統合規範と同様にコンプライ・オア・エクスプレインの考え方に基づき，最善慣行規範として統合規範と同様に位置づけられるべきである。

ウォーカー報告書の勧告および英国政府からの要請を受け，FRCは英国機関株主委員会が作成した機関投資家の責任コードに基づき，2010年にスチュワードシップ・コード[21]を作成・公表した。

FRCはスチュワードシップ・コードの作成に際して，FRCが本コードを所管すること，および英国機関株主委員会の責任コードを用いることについて，市場参加者に意見を求めたが，市場参加者は概ねそれらに賛同した。これを踏まえ，責任コードに明記された機関投資家が行うべき7つの原則がすべて2010年のスチュワードシップ・コードに継承された。

スチュワードシップ・コードは2012年に若干の改訂が行われ，2019年の改訂まで変更されずに維持された（2019年の改訂内容については第7節で詳しく説明する)。わが国のスチュワードシップ・コードはこの2012年版を参考に作成されたものである。2012年版の原則[22]は以下の通りである。

2012年英国スチュワードシップ・コードの原則（2012年版）

原則1

機関投資家は，スチュワードシップ責任をどのように果たすのかについての方針を開示すべきである。

原則2

機関投資家は，スチュワードシップに関連する利益相反をどのように管理するのかについての堅固な方針を策定し，それを開示すべきである。

21　FRC（2010)。
22　FRC（2012b)。

原則3

機関投資家は，投資先企業をモニタリングすべきである。

原則4

機関投資家は，いつ，どのような方法でスチュワードシップ活動を強化するのかについての明確なガイドラインを策定すべきである。

原則5

機関投資家は，適切な場合には，他の投資家と協調して行動すべきである。

原則6

機関投資家は，議決権行使およびその結果の公表について，明確な方針を持つべきである。

原則7

機関投資家は，スチュワードシップ活動および議決権行使活動について，（委託者等に対して）定期的に報告すべきである。

ここで，英国のコーポレートガバナンスの特徴を纏めてみたい。英国のコーポレートガバナンスは，図1-1に示されるように，1つの体系として理解する必要がある。まず会社は株主のために経営されるべきであることが当然の前提とされる。そしてコーポレートガバナンスの第一義的な責任は，株主から委託を受けて経営者を監視・監督する取締役会が負うこととされる。効果的な取締役会の実務指針として，コンプライ・オア・エクスプレインのアプローチを採用するコーポレートガバナンス・コード（CGコード）が制定され，コードの原則に従わない場合には，株主に対してエクスプレイン（説明）することが求められる。このアプローチは株主の立場からのチェックが前提とされており，この点からまず，株主の判断に必要な情報を提供するために，年次報告書に記載する内容が法定される（年次報告書は株主に対する投資情報開示のツールであると位置づけられる）。次に機関投資家に対して（株主を代表して）当該企業のガバナンスをチェックし規律する役割が求められる。その役割を明示したものがスチュワードシップ・コード（SSコード）であり，機関投資家には会

図 1-1　英国のコーポレートガバナンスの特徴

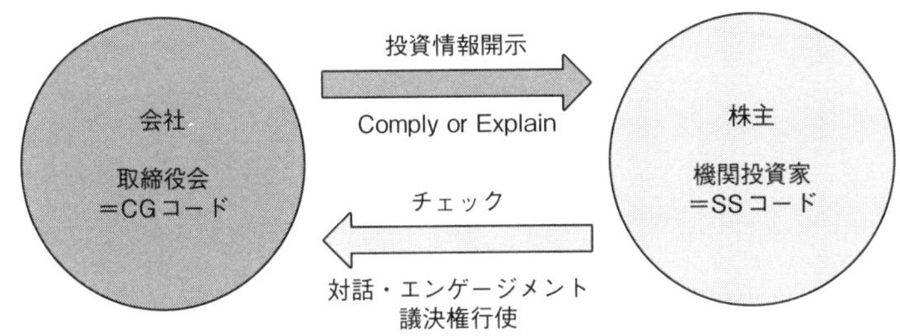

（出所）筆者作成。

社と対話・エンゲージメントを行なうことなどが求められる（機関投資家の豊富な経験・能力を前提としている）。このように，英国のコーポレートガバナンスにおいては，コーポレートガバナンス・コード，投資情報開示，スチュワードシップ・コードおよび対話・エンゲージメントが一体として機能している。なお，機関投資家がその顧客（最終投資家を含む）の中長期的な投資リターンの拡大を図る義務を有していることは当然の前提とされている。

第 4 節　ケイ報告書とショートターミズム批判[23]

2011 年に，英国のビジネスの推進を所管するビジネス・イノベーション・技能省担当のビンス・ケーブル大臣がロンドン・スクール・オブ・エコノミックスのジョン・ケイ教授に対して，英国株式市場の状況と，それが英国上場会社の長期パフォーマンスやコーポレートガバナンスにどのような影響を与えているかについての調査を依頼した。

ケーブル大臣の主な関心は，英国の株式市場が英国企業のパフォーマンス向上や，株式を直接・間接に保有する最終投資家（個人などの最終受益者）の利得向上といった株式市場の主要な目的に対して，十分な役割を果たしているの

23　本節は，林（2015b）の一部を要約のうえ加筆したものである。

かということにあった。この背景には，英国クラフト社による英国キャドバリー社に対する敵対的買収（短期志向の株主が，英国株式市場や成功した英国企業の運命に多大な影響を与えていること）に関する議論が活発に行われていたこと（コラム1-1参照），および英国の製造業者の時間軸（10年から20年先を見据えた投資）に株式市場の時間軸（短期志向）が適合していないという認識があった。

ケイ報告書[24]はケイ教授によって取り纏められ2012年に報告された。ケイ報告書では，まず現状分析として，英国の金融システムが1970年以降，米国金融機関の影響を受けたグローバル化，規制緩和の流れの中で大きく変容しており，この影響で金融機関のカルチャーが信頼関係を重視した関係から短期取引至上主義に置き換わったこと，そしてこの短期取引重視のカルチャーが金融仲介業者のみならず市場利用者（会社と最終投資家）の行動にも影響を与えていることを指摘する。

そしてこの結果として，英国企業は資本調達の場として株式市場を利用することがほとんどなくなり，また英国の年金基金などの資産保有者（アセットホルダー）や最終投資家が英国株式への投資比率を低下させていること，一方で金融仲介業者（アセットマネージャー，インベストメントバンク，短期取引業者）だけが繁栄を謳歌していることを指摘する。

本来，英国の株式市場は，英国企業の資金調達や英国の最終投資家の資金運用のために存在するものである。英国企業はイノベーション，ブランドそして労働者の技能を高めるために投資を行うことによって，グローバルマーケットでの競争優位性を維持することができる。また英国企業が国際市場で成功することによって，英国企業は英国民の年金を賄う投資収益や，最終投資家全体のリターンの増大を達成することができる。しかしながら，今日の株式市場はこれらの目的を達成するようにはなっていない。

ケイ報告書では，ショートターミズム（短期志向）を厳しく批判し，株式市場の本来の機能を呼び起こすために，信頼関係に基づくインベストメントチェーン[25]を再構築し，カルチャーを変革することが重要であると主張し，10

---

[24] Kay（2012）。

の原則，17 の勧告，アセットマネージャー・アセットホルダー・会社の取締役の望ましい慣行を提言した。このうちケイ報告書の考え方が最もよく表れている 10 の原則の要旨は以下の通りである[26]。

ケイ報告書の原則（要旨）

1. インベストメントチェーンの関係者は皆，スチュワードシップの原則に基づいて行動すべきである。
2. 会社の業績を向上させること，および最終投資家に全体として良好なリターンを提供するためには，名も知らない代理人間で行われる短期的取引よりは，信頼と信用に基づく取引のほうが効果的である。
3. アセットマネージャーは，投資先企業への関与を深めることにより，英国企業の業績（ひいては最終投資家全体のリターン）に貢献することができる。
4. 会社の取締役は，会社の資産や業務運営のスチュワードである。会社の取締役の義務は，株価の上昇ではなく，会社の繁栄にある。会社は市場ではなく，投資家との関係構築に努めるべきである。
5. インベストメントチェーンの関係者は皆，彼らの顧客との間にフィデューシャリー・スタンダードを確立すべきである。フィデューシャリー・スタンダードにおいては，顧客の利益が第一であり，利益相反は避けられるべきであり，またサービスに対する直接的・間接的コストは，妥当な水準でかつ公表されるべきである。個別の契約によって，これらのスタンダードが無視されるようなことはなされるべきではない。
6. インベストメントチェーンの各段階でのパフォーマンスの報告は，明瞭，適切，タイムリーなもので，利用者のニーズに適合し，投資先企業の長期的価値の創造に資するものであるべきである。
7. インベストメントチェーンで用いられる測定法・モデルは，会社の長

25　会社と最終投資家を結ぶ株式投資関係者の集団（それが鎖のように連結している姿）を指す。

26　17 の勧告，アセットマネージャー・アセットホルダー・会社の取締役の望ましい慣行についての要旨は，北川・林（2014）参照。

期的価値の創造や，リスク調整後の最終投資家にとっての長期的リターンに直接的に関連づけられるものであるべきである。

8. インベストメントチェーンにおけるリスクとは，会社がステークホルダーの妥当な期待や，最終投資家の妥当な期待に沿うことができないことをいう。リスクはリターンの短期的ボラティリティではないし，インデックスとしたベンチマークに対するトラッキングエラーでもない。
9. 会社，最終投資家および金融仲介業者が，会社の長期的リターンの増大に資する投資アプローチを採用するように，市場のインセンティブを設計すべきである。
10. 規制も，会社，最終投資家および金融仲介業者が，このような投資アプローチを採用するように設計されるべきである。

ケイ報告書はわが国にも大きな影響を与えた。たとえば，わが国のコーポレートガバナンスに多大な影響を与えた経済産業省（英国のビジネス・イノベーション・技能省と同様にビジネス推進を所管する当局）主導の「持続的成長への競争力とインセンティブ～企業と投資家の望ましい関係構築～」プロジェクトの2014年最終報告書（通称「伊藤レポート」という）は，このケイ報告書の日本版を作成するという意気込みで進められたものである。

第5節　取締役会評価[27]

英国では，チェック・アンド・バランスによる統制を徹底することによって，コーポレートガバナンスの規律づけを強化しているが，その1つの重要な形態として取締役会評価がある。

[27] 本節は，林（2016）の一部を要約のうえ加筆したものである。取締役会評価の（特にわが国における）具体的な内容については，高山（2020）で詳しく論じられている。

1. 英国の取締役会評価の歴史

英国の取締役会評価の歴史は，1992年のキャドバリー報告書に遡ることができる。同報告書では，非業務執行取締役による取締役会のパフォーマンス精査が提唱された。この内容はコーポレートガバナンス・コードには反映されなかったが，チェック・アンド・バランスによる統制を徹底する観点から，自発的に取締役会評価を実施した企業もあった。取締役会評価が広く普及したのは，企業不祥事に伴い，取締役会の実効性に対する懸念が生じて，コーポレートガバナンス・コード等で取締役会評価が求められるようになったためである。

歴史的には2つの大きな波がある。第1の波は，エンロン事件の反省を踏まえ，実効性のあるコーポレートガバナンスを展望して作成された2003年のヒッグス報告書[28]の勧告に伴うものである。そこでは，取締役会評価（取締役会，委員会および取締役個人のパフォーマンスに関する評価）を毎年行うべきことが提言され，その内容が同年の改訂統合規範（コーポレートガバナンス・コードの前身）に取り入れられた。この結果，ロンドン証券取引所上場会社は原則，毎年取締役会評価を行い，取締役会評価をどのように実施したかを年次報告書で開示することになった。そこで求められたのは，取締役会自身による自己評価（内部評価）である。

第2の波は，リーマンショックを契機としたもので，これにより生じた英国銀行危機の反省を踏まえて作成された，2009年のウォーカー報告書[29]の勧告に伴うものである。そこでは，取締役自身の自己評価（内部評価）では銀行危機を回避できず，規律づけが十分とは言えないことから，外部機関による取締役会の評価を2年または3年に1回行うべきことが提言され，その内容が2010年のコーポレートガバナンス・コードに盛り込まれた。この結果，FTSE350企業（ロンドン証券取引所に上場している時価総額上位350社）は原則，少なくとも3年に1回は取締役会の外部評価を行うことになった。

28 Higgs（2003）。
29 Walker（2009）。

2. 取締役会評価の実際

英国の大企業における取締役会評価の典型的なパターンは，3年に1回外部評価者を活用した外部評価を行い，その中間の2年は毎年内部評価を行うことである。取締役会の役割は幅広くかつ奥深いものであることから，取締役会評価の枠組みは無数にあり得るが，典型的な取締役会評価は，取締役会の業務遂行に対するアプローチ，取締役会のカルチャーとダイナミクス，取締役会の構造とプロセスの観点から行われる[30]。

典型的な内部評価は取締役会議長のリーダーシップの下で，会社秘書役などのサポートを受けながら実施される。その際，取締役会議長の評価については，上席独立取締役によって非業務執行取締役の意見を踏まえた上で行われる。具体的な評価のプロセスは，典型的には，まず取締役会議長や事務局などが作成した質問票やチェックリストに各取締役が回答し，その回答に基づいて取締役会議長が各取締役と1対1のインタビューを行い，その上で取締役会議長が取締役会や各取締役に対する評価を取り纏める（取締役会議長の評価に関しては，上席独立取締役が非業務執行取締役と1対1のインタビューを行った上で取り纏める）。そして評価の結果は，個々の取締役や取締役会にフィードバックされる。

外部評価においても取締役会議長が全体をグリップする。具体的な評価のプロセスは，典型的には，外部評価者が作成した質問票やチェックリストに各取締役が回答し，その回答に基づいて外部評価者が各取締役と1対1のインタビューを行い，その上で外部評価者が取締役会や各取締役に対する評価のドラフトを作成して取締役会議長に提出する（外部評価者が取締役会の評価を行うに際し，取締役会に陪席して取締役会の運営を観察することもしばしば行われる）。そして取締役会議長によって最終報告書が取締役会に報告される。必要に応じて各取締役に対する個別フィードバックも行われる。

Lintstock（2007）によるFTSE350企業を対象とした調査では，外部評価者への支払額は，FTSE100企業で平均£45,000，FTSE250企業で平均£25,000

30　Long（2012）。

である。またMuir（2012）によるFTSE100～300企業を対象とした調査では，外部評価への支払額は平均￡42,000である。すなわち平均値で見ると，外部評価者への支払額は日本円で1千万円以下である。

Muir（2012）の調査によれば，各取締役は通常，取締役会評価（内部評価・外部評価）のために4～5時間を費やしている。これには，準備，質問票，インタビューおよびフィードバックにかかる時間が含まれる。取締役会議長や上席独立取締役は，上記に加え，最低3時間，場合によってはそれ以上の時間を費やしている。Lintstock（2007）の調査によれば，内部評価の場合，担当する会社秘書役などは，計画と管理などで典型的には7～8人日を費やしている。

3. ロイヤル・バンク・オブ・スコットランドの事例

ロイヤル・バンク・オブ・スコットランド（以下「RBS」という）の年次報告書における，2000年から2014年までの取締役会評価の開示の量（開示の語数）をグラフ化して，若干の注記をつけたものが図1-2である（この期間に，ヒッグス報告書の公表，会社の経営危機およびウォーカー報告書の公表があった）。図1-2では，開示の語数（開示の量）を折れ線グラフで示している[31]。

図1-2で開示の語数を見ると，傾向として毎年開示の量が増加している。また特に2003年と2010年のコーポレートガバナンス・コードの改訂に伴って開示量が増大している。さらにRBSは，2009年にリーマンショックの影響で経営危機に陥り政府資金が投入されるなど，取締役会の機能に疑問がもたれていたが，その後に開示量が増大した（経営危機から立ち直った2013年度以降は，むしろ開示の量が減少した）。これらのことはRBSの取締役会評価の開示に関して，（1）コーポレートガバナンス・コード改訂の影響が大きいこと，（2）不祥事の後に開示の質量が充実する傾向があることを示している[32]。

31　当該期間（15年間）の具体的な開示内容の要約は林（2015c）の別紙1および別紙2参照。
32　バークレイズ銀行の場合も同様の傾向が見られる。林（2016）参照。

図 1-2　RBS の取締役会評価に関する開示量の推移（2000 年から 2014 年）

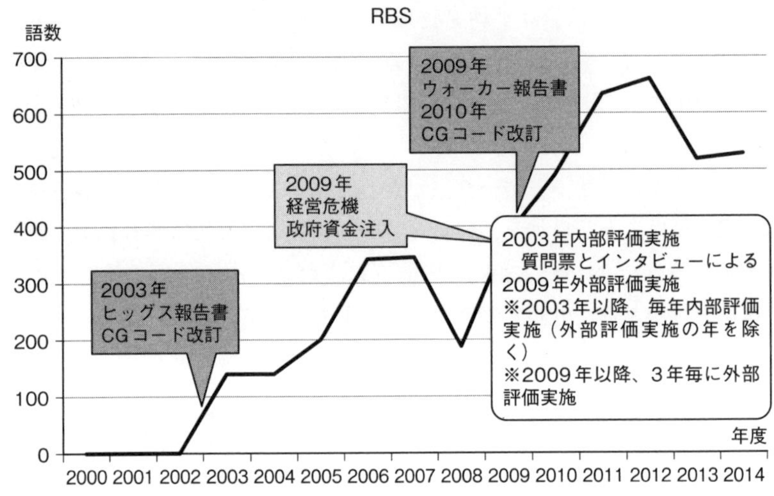

（出所）RBS の年次報告書から筆者作成。

第 6 節　最近の動向 (1) ～コーポレートガバナンス・コードの改訂 (2018 年)[33]

英国のコーポレートガバナンスは時代の要請に対応して常に進化しているが，最近の大きな変化としては，コーポレートガバナンス・コードの大幅改訂(2018 年）とスチュワードシップ・コードの大幅改訂（2019 年）が挙げられる。

1. コーポレートガバナンス・コードの改訂の背景と経緯

2018 年のコーポレートガバナンス・コード改訂の背景として，2 つの大きな流れを指摘することができる。第 1 の流れは，企業文化（カルチャー）を重要視する流れである。会社が短期株主利益を過度に重視してきたことへの批判

33　本節は，林（2019）の一部を要約のうえ加筆したものである。

や，企業不祥事の多発による会社への信頼感の喪失などを背景として，FRCが2015年10月にカルチャープロジェクトを開始した。これは，問題の解決には，ルールや罰則（といった表層的な事柄）を強化するだけでは足りず，会社に深く根差した企業文化を変革する必要があること，そしてそれは取締役会の役割であるという問題意識に基づくものである。検討結果の報告書[34]が2016年7月に公表され，そこで得られた知見が，コーポレートガバナンス・コードの改訂に反映された。

第2の流れは，2016年6月の国民投票によってEU離脱が選択されたこと（以下「ブレクジット」という）を契機として，従業員などのステークホルダーを重視することの重要性が再認識されたことである。ブレクジットが国民の支持を得たことの責任をとってキャメロン首相が辞任し，後任として7月にメイ首相が選任されたが，メイ首相は，与党・保守党の党首選のキャンペーンで，少数の特権階級のための政治ではなく，普通の労働者階級のための政治を目指すと主張した。そして，従業員の代表者を取締役に加えるという公約を掲げた（その後，従業員の声を経営に反映させることが重要であるとの主張にトーンダウンした）。この主張が支持されたのは，多くの英国民がEU離脱を支持した背景に（新自由主義の行き詰まりから生じる）格差問題に対する国民の不満があること，これに対処して社会を安定させるためには，労働者階級の利益を十分考慮する必要があるという（英国支配層を含めた）共通認識があったからであると考えられる。

英国政府（ビジネス・エネルギー・産業政策省：DBEIS）は2016年11月にグリーンペーパー[35]を公表し，会社法制の改正・見直しに関する考え方を示した。メイ首相は巻頭言で以下の説明を行っている。

メイ首相の巻頭言の要旨（抜粋）

・政府は，特定の恵まれた少数の者のためだけではなく，すべての人々に

34　FRC（2016a）。
35　DBEIS（2016）。

有益な経済の構築を目指していく。
・私は，会社と市場には，我々全体の繁栄を向上させる力があることを強く信じているが，一方で，人々の資本主義と市場への信頼をつなぎ止めるためには，巨大企業は彼らの顧客，従業員，そして幅広い人々から信頼され続けることが不可欠である。
・このグリーンペーパーは，コーポレートガバナンスの改善を通じて，巨大企業を強固なものとする新しいアプローチを提示するものである。

その後，グリーンペーパーに対する意見集約と政府の方針を示した報告書[36]の作成・公表，英国議会下院のビジネス・エネルギー・産業政策委員会（BEISC）によるコーポレートガバナンスに関する報告書[37]の作成・公表が行われ，これらを踏まえて，開示に関する会社法の改正とステークホルダー重視を担保するコーポレートガバナンス・コードの改訂が行われることになった[38]。

2. 会社の目的に関する3つの考え方と2006年会社法172条

2018年のコーポレートガバナンス・コードの改訂の意味を理解するために，会社の目的に関する3つの考え方と2006年会社法172条について説明しておく。

会社の目的に関する考え方には，(1) 株主第一主義，(2) 啓発的株主価値，(3) 多元的アプローチの3つの考え方が存在する。株主第一主義（Shareholder Primacy Approach）は，取締役は会社の利益のために行動しなければならず，またここでいう会社の利益とは株主全体としての利益であるという考え方であり，英国や米国の伝統的考え方である。ミルトン・フリードマンの「会社の社会的責任は（会社の所有者である株主のために）利益を追求することだけであ

36　DBEIS（2017）。
37　BEISC（2017）。
38　議論の詳細については，林（2019）参照。

る」という有名な主張は，この考え方を代表するものである。

啓発的株主価値（Enlightened Shareholder Value，Inclusive Approach）は，取締役は株主利益を優先して行動すべきであるが，それに止まらず，株主価値を向上させるために，従業員の利益やその他のステークホルダーの広範な利益を考慮する義務があるという考え方である。ここで留意すべきは，取締役の主たる目的は，あくまで株主利益のために会社を成功させることであり，株主利益とその他のステークホルダーの利益が衝突した場合には，株主利益を優先させるということである。この考え方は，2006年会社法172条に反映されており，2018年のコーポレートガバナンス・コードの基本的考え方でもある。また米国の現在の主流の考え方でもある（第2章で詳しく説明する）。

多元的アプローチ（Pluralist Approach）は，株主とその他のステークホルダーの利益を同格に扱い，利益が衝突した場合には，場合によっては，その他のステークホルダーの利益を優先させるという考え方である。この考え方は，米国のBenefit Corporationやフランスの「使命を果たす会社」が目指す考え方であり（第6章で詳しく説明する），ドイツやわが国の伝統的大企業の経営者によく見られる，ステークホルダー重視の考え方と整合的である。

2006年会社法の改正に際して，従来は判例法で規律されていた取締役の一般義務について，制定法で規定することとなった。その中で172条には，会社の成功を促進するために，取締役は株主利益に加え，広範なステークホルダーの利益を考慮しなければならないことが明記された。この172条は，会社の責任ある行動に対する厳しい批判の高まりを背景として，政府主導で会社法に追加されたものである。

議論の過程では，株主第一主義，啓発的株主価値，多元的アプローチのそれぞれの観点から検討がなされたが，会社の責任に対する労働党政権の積極的な推進施策などを背景として株主第一主義が否定され[39]，また多くのステークホルダーの利益を公平に扱うことの困難さや経営陣に広範な裁量権を与えることへの懸念などを理由として多元的アプローチが否定され[40]，最終的に啓発的株

39　杉浦（2007）。
40　大塚（2014）。

主価値のモデルが採用されることになった。2006年会社法172条の第1項には以下の記載がある。

172条　会社の成功を促進すべき義務

1. 会社の取締役は，当該会社の社員全体（すなわち株主全体）の利益のために，会社の成功を最も促進することができると誠実に考える方法に従って，判断・行動しなければならない。その際に，以下の事項を考慮しなければならない。

(a) 意思決定が長期的にもたらすと想定される結果

(b) 当該企業の従業員の利益

(c) 当該企業と，供給業者，顧客その他の者とのビジネス上の関係を促進する必要性

(d) 当該企業の事業が，地域社会と環境に及ぼす影響

(e) 当該企業が，高い行動規範を有するという評判を維持することの望ましさ

(f) 当該企業の社員相互間（すなわち株主相互間）を公平に取扱うことの必要性

(注) カッコ内は筆者の追記。

ここで論点となるのは，172条1項本文の株主全体の利益と，(b)(c)(d)各号に示される他のステークホルダーの利益との関係である。本文から明らかなように，172条の主たる目的は株主全体の利益であり，その実現のために(手段として)(b)(c)(d)各号に示される他のステークホルダーの利益が考慮されることになる（啓発的株主価値の考え方)。したがって，取締役が172条の要素を考慮せずに意思決定を行ったとしても，それが株主全体の利益に資するものであり，会社の成功を促進する可能性があれば，裁判所が取締役の義務違反を認める可能性は低い[41]。

また172条は主観的な基準による義務である[42]。株主全体の利益が何かとい

う判断が広く取締役の裁量に任されていることから，他のステークホルダーの利益をどの程度考慮するかは，取締役次第である。取締役の選任が株主総会に委ねられていることを鑑みると，取締役が短期的な収益を重視する大株主の圧力に従わざるを得ないという問題を内在している[43]。

2013年の会社法改正により作成が義務づけられた戦略報告書では，172条の義務の履行状況を株主が評価するために，会社は必要情報を開示するものとされているが，これはあくまで当該企業が自ら行う情報開示に止まり，義務の履行に関する実効的なエンフォースメント手段が用意されていないことから，実効性確保が課題とされていた[44]。

また改訂前のコーポレートガバナンス・コード（2016年版）では，序文にステークホルダー利益の考慮についての言及があるものの，本文にはそれらへの言及がない。会社に対して具体的な規律を求める項目を示したコンプライ・オア・エクスプレインの対象として，ステークホルダーの利益を考慮することは求められていなかった。このように，法律上は取締役にステークホルダー利益の考慮義務があったものの，その実効性が課題であった。

3. コーポレートガバナンス・コード改訂の内容

今回のコーポレートガバナンス・コード改訂に関しては，2017年12月に改訂コード原案の提示・公表があり，市中からの意見などを踏まえて，FRCによって2018年7月に改訂コード[45]が作成・公表された。そしてこの改訂コードが，2019年1月1日以降に開始される会計年度から適用されることになった。

今回の改訂は，明瞭簡潔な表記を心掛け，コーポレートガバナンス・コードをコンパクトで的を射たものとすることを企図したものである。また，長期に

41　大塚（2014）。
42　川島（2017）。
43　杉浦（2007）。
44　中村（2017）。
45　FRC（2018a）。

わたる持続的な会社の成功や会社に対する信頼回復に焦点を当て，ブレクジット以降も，グローバルな投資家にとって，英国資本市場が引き続き魅力的であることを確保するために行うものである。

今回の改訂の主なポイントは，(1) ステークホルダーの利益考慮，(2) 適切な企業文化の構築，(3) 後継者計画とダイバーシティ，(4) 役員報酬である。その中でも特に大幅な変更となった (1) ステークホルダーの利益考慮および (2) 適切な企業文化の構築の内容について，以下で説明する。なお，コードは原則と各則から構成されているが，今回から原則にはアプライ・アンド・エクスプレイン（原則を適用して，その理由を説明する），各則にはコンプライ・オア・エクスプレインの枠組みが適用されている（従来は原則・各則ともコンプライ・オア・エクスプレインを適用）。原則に対する規律づけがより強化されたと理解することができる。

まずステークホルダーの利益考慮に関して，改訂コードでは，原則の A, D, E および各則の 5, 6 に以下のような記載がなされた。なお，改訂前のコードには，前述の通り，序文にステークホルダーの利益考慮についての言及があるものの，コンプライ・オア・エクスプレインの対象となる本文にはそれらの記載がなく，これらの原則・各則は今回すべて新設されたものである。

コーポレートガバナンス・コード（2018 年版）（抜粋）

○はじめに（Introduction）

会社は単独で存在しているものではない。成功した持続可能な会社が，雇用の場を提供し繁栄をもたらすことによって，我々の経済や社会を支えている。長期的に成功するために，取締役と彼らに指揮された会社は，幅広いステークホルダーとの良好な関係を構築し維持する必要がある。また，企業文化は，誠実さと寛容さ，価値観の多様性を増進し，株主や幅広いステークホルダーの視点に適切に対応するものであるべきである。

1. 取締役会のリーダーシップと企業の目的

○原則（Principles）

A. 成功する会社は効果的かつ起業家精神を有する取締役会によって導かれる。これらの取締役会の役割は，会社の長期にわたる持続可能な成功を促進し，株主に対して価値を生み出し，そして幅広い社会に貢献することである。

D. 会社が，株主やステークホルダーに対する責任を果たすために，取締役会はそれらに対して効果的なエンゲージメントを行うこと，またそれらの参画を促すことを確実にすべきである。

E. 取締役会は，従業員に関する方針と実践が，会社の価値観と整合的で，会社の長期にわたる持続可能な成功を支援するものであることを確実にすべきである。従業員の懸念は，どのようなものであれ，表明できるようにされるべきである。

○各則（Provisions）

5. 取締役会は，会社の株主以外の主要なステークホルダーの視点を理解し，年次報告書において，2006年会社法172条に示されるような彼らの利害と関心事項を，取締役会での議論や意思決定に際して，どのように考慮したかを記載すべきである。

　取締役会はエンゲージメントのメカニズムを常にチェックし，それらが効果的に維持されるようにすべきである。

　従業員とのエンゲージメントに際して，以下の方法の１つまたはその組み合わせを用いるべきである。

・従業員の中から指名された取締役
・正式な従業員諮問委員会
・従業員の声を代弁する非業務執行取締役

　取締役会がこれらの選択肢のうちの１つまたは複数の方法を選択していない場合には，どのような代替的な方法が用いられているか，そしてその方法が効果的であると考える理由を説明すべきである。

6. 秘密裏に，もし望むなら匿名で，従業員が懸念を表明できるような態勢を整備すべきである。（以下略）

ここで特に注目されるのは，原則Aである。取締役会の役割として，株主価値の創造と社会貢献を同列に記載している。改訂コードは啓発的株主価値の考え方に基づいているが，この記載はかなり多元的アプローチの方向に寄っているように理解される（啓発的株主価値の考え方にも幅がある）。また各則5で，従業員とのエンゲージメントの方法が明記された。これはメイ首相の「取締役会に従業員の声を反映させる」という考え方に沿ったものである。特に従業員の中から指名された取締役は，大陸欧州の会社では馴染みがあるものの，英国ではほとんどみられない形態である。

次に，適切な文化の構築に関するコーポレートガバナンス・コードへの記載について説明する。英国では，短期主義の弊害や企業不祥事を防止するためには，表面的な対処策ではなく，企業文化から変革する必要があること，そして企業文化の変革は取締役会の役割であると考えられている。したがって，コーポレートガバナンス・コードに適切な企業文化の構築が謳われることになる。FRCが実施したカルチャープロジェクトにおける発見事項を踏まえて，改訂コードでは，原則Bおよび各則2に以下のような記載がなされた。

コーポレートガバナンス・コード（2018年版）（抜粋）

1. 取締役会のリーダーシップと会社の目的

○原則（Principles）

B. 取締役会は会社の目的，価値観，戦略を構築し，企業文化がそれらと整合的であるようにすべきである。すべての取締役は，誠実に，事例を通じて，望ましい企業文化を促進しなければならない。

○各則（Provisions）

2. 取締役会は，企業文化を評価しモニターすべきである。会社の全般にわたる方針，実践，行動が，会社の目的，価値観，戦略と整合的でない場合には，経営者が適切な是正措置をとることを確認すべきである。年次報告書で，取締役会の活動と行動結果を説明すべきである。また，年次報告書には，会社の従業員への投資と報酬に関するアプローチの説明が含まれるべきである。

FRCは，改訂コーポレートガバナンス・コード（2018年版）自体の記載をコンパクトにする一方で，同時にガイダンス[46]を公表し，ガイダンスの方でコードの補足説明を行っている。ガイダンスでは，取締役会は企業文化に問題が生じる兆しとして，以下に警戒すべきであるとする。

○企業文化に問題が生じる兆し
- サイロ思考
  （筆者注）組織の中で他の部門や組織全体よりも，自分の部門のことだけ考えること
- 支配的なCEO
- 傲慢・尊大なリーダーシップ
- 過大な目標設定
- 情報へのアクセス手段の不足
- 経営者・管理者と従業員の間での，意味のあるエンゲージメントが低調
- 挑戦を許容することの欠如
- 規制や倫理コードに違反することに対して寛容であること
- 短期志向
- インセンティブの不整合

4. 改訂されたコーポレートガバナンス・コードへの対応状況

2020年11月にFRCは，2018年のコード改訂を踏まえた各社のコーポレートガバナンスに関する報告の内容を分析して，その結果を公表した[47]。そこでは，各社の報告の内容が，FRCが期待するような高質のガバナンスを示していないとして厳しい評価がなされている。特に報告の内容が形式的で実質を伴っていない点が強く批判されている。

46　FRC（2018b）。
47　FRC（2020）。

具体的には，効果的なガバナンスや報告を犠牲にして，単にチェック項目を厳格に満たすこと（ボックスティッキング）に注力している傾向があること，これは，株主や幅広いステークホルダーの利益を害するものであり，究極的には公益に反し，信頼性を弱体化させるものであると批判されている。また，各則に適合しない場合には，当該会社の特定の状況のもとで，当該会社が採用した（コードとは異なる）アプローチが適切であるかについて，明確かつ説得力のある説明を行う必要があると指摘されている。

従業員の声を取締役会に届けるメカニズム（各則5）に関しては，FTSE350のうちで従業員数50人未満を除く280社を対象とした調査で，①3つの選択肢のいずれも採用せず：31.7%，②従業員の声を代弁する非業務執行取締役の選任：40.0%，③正式な従業員諮問委員会の設置：11.7%，④従業員の声を代弁する非業務執行取締役を選任し，かつ正式な従業員諮問委員会を設置：16.0%，⑤従業員の中から指名された取締役：0.6%という結果が示されている。メイ首相が当初主張した従業員代表の取締役の選任については，英国の伝統・企業風土に合わないため，極めて限られた数の会社しか対応していないことが分かる。

会社の目的（原則B）に関しては，86%の会社がこれを開示していることは評価されるが，その質にはかなりばらつきがあると指摘されている。そして，会社の目的（purpose）には，(1) なぜ当該会社は存在するのか，(2) 会社が業務を遂行するマーケットはどこか，(3) 会社は何を達成しようとするのか，(4) どのようにして会社の目的を達成するのかといったすべての要素が含まれるべきであるとする。架空の会社の模範的な事例として「当社は，カーボンニュートラルが証明された供給業者からだけ材料を仕入れることによって，倫理的かつ持続可能な方法で家具を製造するために存在する」を挙げている。

第7節　最近の動向 (2) ～スチュワードシップ・コードの改訂 (2019年)[48]

2019年10月に，英国スチュワードシップ・コードの改訂版（以下「2020年コード」という）が公表され，2020年1月から適用されることになった。

2020年コードは，2012年に改訂されたスチュワードシップ・コード（以下「2012年コード」という）を再改訂したもので，2019年1月に公表されたスチュワードシップ・コード改訂案（以下「2019年改訂案」という）に対する市中からの意見などを踏まえて，策定されたものである。2020年コードは，2012年コードから，そして2019年改訂案からも大幅な改訂となっている。

今回のスチュワードシップ・コードの改訂は，2018年12月に公表されたキングマン報告書[49]によるFRCやスチュワードシップ・コードに対する厳しい批判に対応したものであり，また投資市場における最近の大きな変化を反映したものであると言える。

1. スチュワードシップ・コード改訂に至る経緯

2010年に制定された最初のスチュワードシップ・コードは，前述の通り，英国の銀行危機への反省から2009年に作成されたウォーカー報告書の勧告に基づいて，業界団体である英国機関株主委員会が作成した機関投資家の責任コードを，FRCがほぼそのまま取り入れたものである。そしてその後2012年に，スチュワードシップの目的と定義の明確化などの一部改訂が行われた。

英国では前述の通り，コーポレートガバナンスの嚆矢と言われるキャドバリー報告書において，すでにコーポレートガバナンスの一環として，機関投資家による会社の規律づけが求められていたが，スチュワードシップ・コードの制定によって，機関投資家の責任が拡張され明確化されたと言える。

FRCはコード制定当初，署名機関の数の拡大に注力していたが，その後スチュワードシップ・コード署名機関の対応の質を高める検討・対応を進め，2016年11月にスチュワードシップ・コード署名機関の開示内容の評価を公表した[50]。具体的にはアセットマネージャー（資産運用者としての機関投資家）に対しては3段階評価（評価の高いほうから，Tier1，Tier2，Tier3）とし，アセットオーナー（資産保有者としての機関投資家）とサービスプロバイダー

48　本節は，林（2020）の一部を要約のうえ加筆したものである。
49　Kingman（2018）。
50　FRC（2016b）。

（機関投資家向けサービス提供者）に対しては2段階評価（評価の高いほうから，Tier1，Tier2）としてその結果を開示したうえで，Tier3のアセットマネージャーについては，6か月後までに評価がTier2以上に改善しない場合には，署名機関のリストから抹消することとした（実際約20社が署名リストから抹消された）。

2. キングマン報告書[51]

2018年1月に，ロンドン証券取引所上場の大手建設会社であるカリリオン社が裁判所に破産を申請して受理された。巨額の工事損失引当金の計上などが破綻に至った主な要因である。直前の2016年12月期の決算では不正会計の結果，巨額の配当金や役員報酬が支給されていた。同社の経営破綻の影響が多方面に亘ったことから，英国議会下院でも破綻に至る経緯などについて追及がなされ，不正会計を見抜けなかった監査法人と，監査法人を監督するFRCに対して，厳しい指摘がなされた。

2018年4月に，ビジネス・エネルギー・産業政策省の所管大臣が，ジョン・キングマン卿に対して，FRCについての独立調査報告書の作成を依頼した。キングマン卿は英国財務省の官僚として，金融危機後の金融機関の処理などに貢献した人物である。

2018年12月にキングマン報告書が公表された。そこでは，FRCの現状に対して厳しい指摘がなされた。まずFRCの問題点として，(1) 規制当局というよりは業界団体としての色彩が強いこと，(2) 監査法人を規律する力が弱いこと，(3) 財源を規制対象先からの自発的な賦課に頼っており，インセンティブに問題があること，などが指摘された。

そして，巨大な監査法人に対して，自主規制をベースとして規律づけを行う，現在の自主規制モデルは終わりにすべきであり，FRCは速やかに，法律上の権限と目的を有する新しい独立した規定当局に置き換わるべきであること，その新しい規制当局は「監査・報告・ガバナンス庁」（Audit, Reporting

51　Kingman (2018)。

and Governance Authority）と名付けられることが適当であることなどが勧告された（全体では83の勧告がなされている）。要は，市場自治を尊重したFRCの規律づけから，規制当局による規律強化への転換を勧告したものと言える。

スチュワードシップ・コードに関しても批判がなされている。2016年以降進めてきた署名機関の評価が，評価が主にスチュワードシップ方針の記載内容だけのチェックに焦点を当てたものであり，実際の効果や成果のチェックにはなっていないと批判した上で，スチュワードシップ・コードに関して以下の勧告がなされた。

> キングマン報告書の勧告（抜粋）
> 勧告42
> 　スチュワードシップ・コードの改訂に際して，スチュワードシップの優劣がより明確になるような根本的改訂が必要である。それは，方針の記載ではなく，成果と効果に焦点をあてるべきである。政府はコード遵守を評価しそれを増進させるために更なる圧力が必要であるか否かを検討すべきである。そしてコードが単なる定型的な報告を導くものにとどまるのであれば，これを廃止することについて真剣に検討すべきである。

3. スチュワードシップ・コード改訂の内容

2019年1月に，FRCからスチュワードシップ・コードの改訂案（2019年改訂案）が公表された[52]。この改訂案は，キングマン報告書の勧告，コーポレートガバナンス・コードの改訂，ESG投資（環境，社会，ガバナンスの各要素を考慮した投資）の拡大などを踏まえ，アセットマネージャーなど170の機関からの意見聴取を経て作成されたもので，2012年コードとは全く別物とも言えるほどの大規模な改訂を提案するものであった。

[52] FRC（2019a），FRC（2019b）。

そして，市中に向けて2019年改訂案に対する意見募集が行われた。市中から寄せられた多くの意見を踏まえ，2019年改訂案の内容をさらに大幅に変更して出来上がったのが，2020年コード[53]である。

2020年コードは，2012年コードと比較して多くの箇所で改訂がなされている。ここでは，(1) スチュワードシップ・コードの構成，(2) キングマン報告書への対応，(3) スチュワードシップの定義・目的に関する変更点について説明する（その他，ESG要素の考慮なども加わっている）。

4. スチュワードシップ・コードの構成

まず，スチュワードシップ・コードの構成に関して，2012年コードは，前文に加え，7つの原則とそれぞれに対応する指針から構成されていた。そして，原則の主語は機関投資家とされ，機関投資家の義務として記載されていた。これは，英国機関株主委員会の機関投資家の責任コードの構成を継承したものである。また原則にはコンプライ・オア・エクスプレイン（原則を遵守するか，または遵守しない場合にはその理由と代替的な対応を説明するか）が適用されていた。

これに対して2020年コードは，アセットオーナー・アセットマネージャー向けの原則と，サービスプロバイダー向けの原則が明確に区分された上で，それぞれに対応する「期待される報告内容」から構成される。また，主語が署名機関とされたうえで，原則に対してアプライ・アンド・エクスプレイン（原則を遵守し，かつその内容を説明する）アプローチが採用された。ただし，「期待される報告内容」の記載には，コンプライ・オア・エクスプレインで用いられる“should”（～すべきである）が用いられており，スチュワードシップ・コード全体にアプライ・アンド・エクスプレインのアプローチが適用されるわけではない。各原則の「期待される報告内容」には，活動内容とその成果をどのように開示・記載すべきかについて，具体的に示されている[54]。

53　FRC (2019c)。

54　2019年改訂案では，2018年に改訂されたコーポレートガバナンス・コードと平仄をとり，原則，各則および指針からなる構成とされ，原則がアプライ・アンド・エクスプレイン，各則がコンプラ

5. キングマン報告書への対応

キングマン報告書では，（1）FRCの規律づけが弱いこと，（2）方針の記載ではなく，成果と効果に焦点をあてるべきこと（勧告42）が指摘された。この指摘を踏まえ2020年コードは，署名機関に対する規律づけを強化する観点から，前述の通り，原則がコンプライ・オア・エクスプレインからアプライ・アンド・エクスプレインに変更された。すなわち，すべての署名機関は原則を適用し，原則にどのように対応したのかについて明確に説明することが求められるようになった。但し，「期待される報告内容」の記載には，“should”が用いられており，具体的な内容の説明には柔軟性が認められている。

また方針の記載ではなく，成果と効果に焦点をあてるべき点については，原則毎にそれぞれ「期待される報告内容」として，具体的な活動内容と成果を記載することが求められた。

6. スチュワードシップの定義・目的に関する変更点

スチュワードシップの定義・目的に関しては，2012年コード，2019年改訂案，2020年コードで大きな差異がある。2012年コードと2020年コードの主な違いは，スチュワードシップの直接の目的が「会社の長期的成功を促進すること」にあるのか，「顧客・受益者の長期的な価値を創造すること」にあるのかの違いである。2019年改訂案と2020年コードの主な違いは，「顧客に対する経済的リターンを重視すること」と，「経済・環境・社会に対する影響を重視すること」との，優先順位づけの違いである。それぞれのスチュワードシップの定義・目的は表1-2の通りである。

もともと英国では，1992年のキャドバリー報告書に見られるように，コーポレートガバナンスの一環として，機関投資家に対して，対話・エンゲージメ

イ・オア・エクスプレインとされていた。しかし市中から「原則や各則の数が多すぎる。コードは単純な構造の方がよい」という意見が寄せられ，これを踏まえて，原則および「期待される報告内容」の構成としたことから，スチュワードシップ・コードからコンプライ・オア・エクスプレインの文言が消えた。

表 1-2　スチュワードシップの定義・目的

2012 年コード	スチュワードシップの目的は，根源的な資金提供者も繁栄できるような方法により，会社の長期的成功を促進することにある。実効的なスチュワードシップは，会社，投資家，そして経済全体に恩恵を及ぼす。
2019 年改訂案	スチュワードシップは，受益者，経済，そして社会に対する持続可能な価値を創造するために，機関投資家のコミュニティ全体を通じて，資本の責任ある配分と管理を行うことである。
2020 年コード	スチュワードシップとは，（受託した）資本を，顧客や受益者の長期的な価値を創造するために，責任をもって配分，管理，監督することであり，それは経済，環境，そして社会に持続可能な恩恵をもたらすものである。

（注）下線は筆者による。

ントなどによる投資先企業の規律づけが期待されていた。2009 年のウォーカー報告書では，機関投資家は株主の有限責任という株式会社制度のメリットを享受しているので，その代償としてスチュワードシップ義務（投資先企業の規律づけ）にコミットすべきであり，もしコミットしない場合にはその理由（投資戦略上の理由など）を明確に説明すべきであると指摘していた。また 2012 年のケイ報告書では，アセットマネージャーの最善慣行規範の 1 つとして，「投資先企業の長期的パフォーマンス向上のため，当該企業とスチュワードシップの関係を維持する」ことが明記された。これらの影響を受けて 2012 年コードではスチュワードシップの直接の目的が，会社の長期的成功を促進することであると明記されたと言える。

2019 年改訂案では，スチュワードシップの定義・目的として，「受益者に対する責任（経済的リターンの最大化）」と「経済・社会に対する責任」を同列に記載している。これは，2018 年 7 月に改訂されたコーポレートガバナンス・コードにおける会社の目的と平仄を取ったものである。しかし，両者を同列に記載したことについて，スチュワードシップの主たる目的は，顧客に対する経済的リターンであり，経済や社会にポジティブな影響を与える可能性があることは付随的なものであるといった批判が，市中（投資家）から多く寄せられた。

この市中からの意見を踏まえて，FRC は，2020 年コードでは，スチュワードシップの直接の目的を「顧客・受益者の長期的な価値創造」とし，「経済・

環境・社会に持続可能な恩恵をもたらす」ことはその付随的な結果であると表現した。株主・投資家に対する経済的リターンと社会・環境への影響の優先劣後関係に関して，コーポレートガバナンス・コードでは両者をあたかも同列のように記載しているが，スチュワードシップ・コードでは投資家に対する経済的リターンを明示的に優先しており，この点で2つのコードが大きく異なっている。どちらのコードも，啓発的株主価値の範囲内での対応ではあるが，会社の取締役を規律するコーポレートガバナンス・コードは多元的アプローチの方向に振れ，投資家を規律するスチュワードシップ・コードは株主第一主義の方向に振れていると言える。

2020年コードのうちのアセットオーナーとアセットマネージャーのための原則の概要は以下の通りである。2012年コードとは別物とも言えるほど大きく異なったものとなっている。わが国のスチュワードシップ・コードは英国の2012年コードを参考に作成されたもので，両者の記載内容はかなり類似していたが，今回の2020年コード改訂により，両者の記載内容は大きく異なるものとなった（わが国のスチュワードシップ・コードについては，第3章で詳しく説明する）。

スチュワードシップ・コード（2019年改訂＝2020年コード）

〇アセットオーナーとアセットマネージャーのための原則

目的とガバナンス

原則1

署名機関の目的，投資哲学，戦略，企業文化は，顧客や受益者のために長期的な価値を生み出し，その結果，経済，環境，社会に持続可能な恩恵をもたらすといった，スチュワードシップを可能にするものである。

原則2

署名機関のガバナンス，経営資源，インセンティブは，スチュワードシップを支援するものである。

原則3

署名機関は，顧客や受益者の最善の利益を第一に考えて，利益相反を管理する。

原則4

署名機関は，金融システムがより良く機能するようにするために，市場全体に及ぼすリスクやシステミックリスクを特定し，それに対処する。

原則5

署名機関は，自らの方針をレビューし，自らのプロセスを保証し，そして自らの活動が効果的であるかを評価する。

投資アプローチ

原則6

署名機関は，顧客や受益者のニーズを考慮し，スチュワードシップと投資に関する活動やその成果を報告する。

原則7

署名機関は，自らの責任を果たすために，スチュワードシップと投資を体系的に統合する。そこには，環境，社会，ガバナンスに関する重要な課題や気候変動に関するものが含まれる。

原則8

署名機関は，アセットマネージャーおよび/またはサービスプロバイダーをモニターし，彼らの業務について責任を問う。

エンゲージメント

原則9

署名機関は，資産の価値を維持し高めるために，発行体企業に対してエンゲージメントを行う。

原則10

署名機関は，必要な場合には，発行体企業に影響を与えるために，協働エンゲージメントに参加する。

原則11

署名機関は，必要な場合には，発行体企業に影響を与えるために，スチュワードシップ活動を段階的に強化する。

権利と責任の行使

原則12

署名機関は，積極的に権利を行使し責任を果たす。

（注）2012年コードの原則は“should”（～すべきである），2019年改訂案の原則は“must”（～しなければならない）が用いられているが，2020年コードの原則には助動詞が用いられていない。これを反映して上記の意訳を行った。なお，Apply and Explainベースであるので，「原則には当然従う」ことが前提となる。

コラム1-1　英国キャドバリー社に対する米国クラフト社による敵対的買収

英国キャドバリー社に対する米国クラフト社による敵対的買収は，英国で多くの議論を巻き起こした。英国ビジネス・イノベーション・技能省担当のケーブル大臣が，ケイ教授に報告書の作成を依頼した背景にも，この敵対的買収に係る議論があった。

キャドバリー社は1824年創業の業績優良な英国を代表する菓子メーカーである。またキャドバリー報告書を取りまとめたキャドバリー卿が，長年キャドバリー社の取締役会議長を務めた会社でもある。

2009年9月に，キャドバリー社に対して米国の食品メーカーであるクラフト社が敵対的買収を仕掛けたことから，英国では伝統的な名門企業が外資の手に落ちることに対する感情的な反発が沸き起こり，また買収価格が安すぎるということで取締役会が当初は買収に抵抗した。結局，買収価格の引き上げ交渉が行われた結果，買収価格に多額のプレミアムを付ける形で決着し，2010年1月に株主の合意が得られて買収が成立した（買収価格の問題として本件決着した）。

英国は世界で最も寛容ともいえる企業買収制度を設けており，国家安全保障に関係するのでない限り，また市場規律を乱すことがない限り，敵対的買収が容易に成就する傾向がある。英国では米国やわが国と異なり，買収防衛策が認められていない。英国は自由な市場によって多くの外国からの投資を呼び込んできたが，一方で英国の代表的な会社の多くは外国資本の傘下に入っている（このことがケイ報告書では批判的に指摘されている）。

買収後，クラフト社は英国のブリストル近郊の工場の閉鎖を決定し，400人以上の職が失われた。また2011年には追加で200人の職が失われた。英国の代表的な経済紙であるファイナンシャルタイムズ新聞（FT）は，社説の中で，クラフト社によるキャドバリー社買収で騒動があったが，菓子メーカーの買収が規制されなければならない理由などない* と指摘している。これが英国市場での一般的な見方であり，英国の会社の所有権（会社は誰のものか）に関する基本的な考え方を示していると言えよう。

＊日経新聞電子版2016年10月11日。

[主な参考文献]

Business, Energy and Industrial Strategy Committee (BEISC) (2017), *Corporate Governance: Third Report of Session 2016-17.*

Cadbury, A. (1992) *Report of the committee on the Financial Aspects of Corporate Governance*, Gee & Co. Ltd, London.

Cadbury, A. (2002) *Corporate Governance and Chairmanship: A Personal View*, Oxford University Press, Oxford.（日本コーポレートガバナンス・フォーラム他訳（2003）『トップマネジメントのコーポレートガバナンス』シュプリンガー・フェアラーク東京株式会社）.

Combined Code (1998) *Combined Code, Principles of Corporate Governance*, Gee & Co. Ltd, London.

Department for Business, Energy and Industrial Strategy (DBEIS) (2016), *Corporate Governance Reform: Green Paper.*

DBEIS (2017), *Corporate Governance Reform: The Government Response to the Green Paper Consultation.*

FRC (2010) *The UK Stewardship Code.*

FRC (2012a) *The UK Corporate Governance Code.*

FRC (2012b) *The UK Stewardship Code.*

FRC (2016a) *Corporate Culture and the Role of Boards.*

FRC (2016b) "Tiering of Signatories to the Stewardship Code", *FRC News 14 Nov 2016.*

FRC (2018a) *The UK Corporate Governance Code 2018.*

FRC (2018b) *Guidance on Board Effectiveness.*

FRC (2019a) *Proposed Revision to the UK Stewardship Code.*

FRC (2019b) *Revised UK Stewardship Code.*

FRC (2019c) *The UK Stewardship Code 2020.*

FRC (2020) *Review of Corporate Governance Reporting.*

Greenbury, R. (1995) *Directors' Remuneration*, Gee & Co. Ltd, London.

Hampel, R. (1998) *Committee on Corporate Governance, Final Report,* Gee & Co. Ltd, London.

Higgs, D. (2003) *Review of the Role and Effectiveness of Non-Executive Directors*, Department of

Trade and Industry, London.

ISC (2009) *Code on the Responsibilities of Institutional Investors.*

Kay, J (2012) *The Kay Review of UK Equity Markets and Long-Term Decision Making Final Report,* BIS, London.

Kingman, J. (2018), *Independent Review of the Financial Reporting Council Final Report,* DBEIS, London.

Lintstock (2007), *Evaluating the Performance of UK Boards, Lessons from the FTSE* 350.

Lintstock (2013), *10 Years of Reviewing the Performance of UK Boards, Lessons from the FTSE All share.*

Long, T. (2012), "Board Evaluation", *Corporate Governance for Main Market and AIM Companies,* London Stock Exchange.

Muir (2012), *Board Evaluation,* Ashridge Strategic Management Centre and Keeldeep Associates Limited.

Smith, R. (2003) *Audit Committees Combined Code Guidance,* FRC, London.

Walker, D. (2009) *A Review of Corporate Governance in UK Banks and Other Financial Industry Entities, Final Recommendations,* HM Treasury, London.

浅田實 (1989)『東インド会社―巨大商業資本の盛衰』講談社現代新書.

大塚章男 (2014)「イギリス2006年会社法における取締役の責任～会社の成功促進義務を中心として～」『国際商事法務』42(3), 359-371.

川島いづみ (2017)「新版 英法系諸国の会社法35」『国際商事法務』45(7), 959-966.

北川哲雄・林順一 (2014)「投資情報開示とインベストメントチェーン―ケイ報告書の意義」『商学研究』54(2・3), 27-50.

高山与志子 (2019)「日本企業における取締役会評価の現状と今後の課題」北川哲雄編著『バックキャスト思考とSDGs/ESG投資』同文舘出版.

高山与志子 (2020)『取締役会評価のすべて―取締役会の実効性を高めるための実務と課題』中央経済社.

高山与志子 (2022)「取締役会評価―日本における評価の進展と課題」北川哲雄編著『ESGカオスを超えて―新たな資本市場構築への道標』中央経済社.

杉浦保友 (2007)「イギリス新会社法の下での取締役によるステークホルダー利益考慮義務」松本恒雄・杉浦保友編著『EUスタディーズ4　企業の社会的責任』勁草書房.

田中信弘 (2010)「イギリスのコーポレートガバナンス」佐久間信夫・水尾順一編著『コーポレートガバナンスと企業倫理の国際比較』ミネルヴァ書房.

田中信弘 (2017)「外部監視とコーポレートガバナンス」佐久間信夫編著『コーポレートガバナンス改革の国際比較』ミネルヴァ書房.

中村信男 (2017)「イギリスにおける会社法改正構想―2016年緑書「コーポレートガバナンスの改革」に示された会社法改正構想の概観と示唆―」『比較法学』51(2), 75-111.

日本コーポレート・ガバナンス・フォーラム編 (2001)『コーポレートガバナンス―英国の企業改革』商事法務研究会.

林順一 (2015a)「英国のコーポレートガバナンス―Comply or Explainという賢者の知恵」北川哲雄編著『スチュワードシップとコーポレートガバナンス―2つのコードが変える日本の企業・経済・社会』東洋経済新報社.

林順一 (2015b)「過度なショートターミズムの克服を目指したケイ報告書の意義」北川哲雄編著『スチュワードシップとコーポレートガバナンス―2つのコードが変える日本の企業・経済・社会』東洋経済新報社.

林順一（2015c）「英国のコーポレートガバナンスの特徴とわが国への示唆」『証券経済学会年報』第50号別冊，1-2-1～1-2-9.

林順一（2016）「取締役会評価の開示―英国の事例とわが国への示唆」『国際マネジメント研究』5, 49-75.

林順一（2019）「英国コーポレートガバナンス・コード改訂に関する一考察」『国際マネジメント研究』8，1-34.

林順一（2020）「英国スチュワードシップ・コード改訂に関する一考察―改訂に至る経緯と主な改訂内容」『国際マネジメント研究』9，31-48.

第2章

米国のコーポレートガバナンス[1]

米国のコーポレートガバナンスは長年の間わが国のお手本とされてきた。また機関投資家，特に外国人機関投資家は，米国のコーポレートガバナンスを1つの理念型と見なし，わが国の会社に対しても米国と同様のコーポレートガバナンスの形態を求めてきている。

一方で，米国のコーポレートガバナンス自体も時代とともに大きく変化しており，現在も変化の過程にある。本章では，米国のコーポレートガバナンスの歴史を（1）経営者支配の時代，（2）モニタリングモデルの確立，（3）機関投資家現象と株主第一主義，そして（4）最近の動向に4区分して，それぞれの特徴について説明する。各節ごとの主要人物・出来事とその主な意義については，表2-1に示す通りである。

第1節　経営者支配の時代

米国の製造業が強固な国際競争力を誇った1950年代・60年代を中心として，米国における経営者支配の時代は1970年代まで続いた。この時代の米国の巨大企業の経営者は，株主の利益を最優先することなく，利害関係者全体の利益の調整者としての役割を自任していた。クリントン政権で労働長官をつとめ，カリフォルニア大学バークレー校の教授であるロバート・B・ライシュは

1　本章は，林（2017）を要約のうえ加筆したものである。

表2-1　関係年表

人物・出来事等	説　明
経営者支配の時代（～1970年代）	
1926年　ヘンリー・フォード	自伝。大衆（社会）の利得向上を企図
1932年　バーリ＝ミーンズ	所有と経営（支配）の分離を指摘
1943年　ロバート・ウッド・ジョンソンJr	J&JのCEO。我が信条。ステークホルダー重視
モニタリングモデルの確立	
1970年代　企業不祥事	アイゼンバークによるモニタリングモデル提唱
1980年代　敵対的買収	「防弾チョッキ」としての独立社外取締役の拡充
1994年　コーポレートガバナンスの原理	米国法律協会が公表。モニタリングモデルの確立
機関投資家現象と株主第一主義（1980年代～）	
1990年代初頭　GMなどのCEO解任	CEOと機関投資家のパワーが逆転。「投資家の僕」としてのCEO
1990年頃　株主第一主義の考え方が支配的となる	
最近の動向（2010年代後半～）	
2018年　ラリー・フィンク	ブラックロックCEOレター。ステークホルダー重視
2018年　エリザベス・ウォーレン	「責任ある資本主義法案」。ステークホルダー重視
2019年　ビジネス・ラウンドテーブル声明	会社の目的の変更。ステークホルダー重視

この点に関して，「米国の巨大企業の経営者は第二次世界大戦後，自らを『ステーツマン』と見なし，その責務を株主や従業員，一般市民の主張をバランスさせることだと考えるようになっていった。そして市民も共通の認識を持つようになる」[2]と指摘している。

この背景には株式保有の分散と米国企業の好調な業績があった。株式が小口分散されているため，経営に不満のある個々の株主は，経営をモニターしても労力に見合ったメリットが得られないので（株価が上昇してもその恩恵は何もしない他の株主にも平等に及ぶ），ウォールストリート・ルール（投資先企業の経営に関して不満があれば，その企業の株式を売却することで対応する）に基づいて株式を売却するだけであった。また多くの株主は米国企業の好調な業

[2] Reich（2007）翻訳35頁。

績により，株価上昇と配当により十分なリターンを得ていたことから，経営者に対して大きな不満を表明することもなかった。

この時代は「黄金の60年代」とも言われるように米国の繁栄の時代でもあった。分厚い中間層が形成され，1950年代半ばには全米の世帯の半分近くが「中流」の所得を得ていた。中間層の中心は熟練工場労働者や事務員など大企業の一般社員で，世帯の働き手の多くは男性であり，中間層の女性は概ね家庭にとどまっていた。また企業幹部の3分の2が同じ会社に20年以上勤務していたとの調査がある[3]。

またこの時代は，法律学者のアドルフ・A・バーリと経済学者のガーディナー・C・ミーンズが1932年に共著『近代株式会社と私有財産』[4]で指摘した「所有と経営の分離」（所有権と支配の分離）が実現した時代と言える。バーリ＝ミーンズは1957年の日本語版への序文の中で，米国は「集産的資本主義（collective capitalism）」の時代に入り，「だんだんと貧困化して行く貧乏人と，だんだんと裕福になっていく金持はなくなり，貧乏人は，その生活水準を，以前の中産階級のそれに押し上げ，一方，金持に行くべき所得部分は減少したのである」[5]と指摘している。

バーリ＝ミーンズの1932年の著書の議論を簡単にまとめると以下のようになる。すなわち，資本調達の手段として登場した株式会社制度は，資本が集積・集中していく過程で株式所有権が分散した結果，所有と支配（経営）がほとんど完全に分離した（これは米国大企業200社の実証分析の結果から明らかである）。ここでいう支配とは，取締役会（または過半数取締役）を実際に選任する権力をいう（当時は第2節で説明するモニタリングモデルが確立しておらず，取締役が経営を行っていた）。換言すれば，会社の法律上の所有権は株主にあるが，会社の支配はほとんどないし全く株主としての法律的地位を有しない取締役である経営者の手に握られることになった。このような状況の中で，今後の展開には3つの方向性が考えられる。第1の方向性は，会社はその株主に属するのであるから，経営者は株主の受託者と位置づけられ，会社は株

3　Reich（2007）翻訳49-51頁。
4　Berle and Means（1932）。
5　Berle and Means（1932）翻訳1-2頁。

主の利益のために運営される。第2の方向性は，経営者が絶対的な権限を有し，会社は経営者自身の利益のために運営される。第3の方向性は，会社は株主だけでもなく，経営者のためだけでもなく，社会全体に対して役務を提供するために運営されるという考え方である。バーリ＝ミーンズは，第1と第2を比較すると第1の方が害悪は少ないとしつつ，第3の方向性が望ましく，またその方向に進むことがほとんど必須であると指摘した。

このバーリ＝ミーンズが指摘する第3の方向性が実現したのが，米国の経営者支配の時代であると言える（第1の方向性が現実化したのが，第3節で説明する株主第一主義である）。米国自動車メーカーのゼネラルモーターズ（GM）の最高経営責任者（CEO）のチャールズ・ウィルソンによる1953年の発言「米国にとって良いことはGMにとっても良いことだ。また逆にGMにとってよいことは，米国にとってもよいことだ」は，この当時の米国経営者の考え方を端的に示していると言える。

このようなステークホルダーを重視した経営者として，時代は少し遡るが，ヘンリー・フォードとロバート・ウッド・ジョンソンJrの事例を見ておく。

1. ヘンリー・フォード

自動車の大量生産方式を確立して今日の資本主義の基礎を築いた起業家の1人であるヘンリー・フォードは，従業員と消費者などの大衆に目を向けた経営を信条としていた。彼は自伝[6]を残しており，その中で彼の考え方が明確に示されている。

フォード社の全盛期である1926年に書かれた自伝で彼は，最低賃金の引き上げによって自社の従業員が自社の車（商品）を購買できるようになり市場が拡大するといった「賃金動機」を説明している。具体的には以下の通りである[7]。

6　Ford（1926）。
7　Ford（1926）翻訳27頁。

> わが社の真の発展は，1914 年，最低賃金を1日2ドル余りから5ドルに引き上げたときに始まる。なぜなら，その結果，私たちは自社の従業員の購買力を高め，彼らがまた，その他の人々の購買力を高めるといったふうに，その影響がアメリカ社会全体に波及していったからである。高賃金の支払いと低価格での販売とで購買力を増大させるという，この考え方こそが，わが国の今日の繁栄を陰で支えているのである。

また彼は自伝の中で，会社の目的は大衆（社会）の利得を向上させることだという主旨の主張を繰り返し述べている。具体的には以下の通りである[8]。

> ・大衆が企業をつくるのだから，企業は，大衆に対する義務を第一に果たさなければならない。そうした企業のために働いている人たちも，この大衆の一部なのである。このことが，会社の基本方針であり，改善によって生じた利益は，誰のところへいくかということをも決定する。
> ・企業は利潤を得て経営しなければならない。そうでないと，企業は滅びる。しかし企業をただ利潤のみを求めて運営し，社会へのサービスをまったく考慮しない場合には，誰が運営しようとその企業はやはり滅びるにちがいない。なぜならこうした企業には，もはや存在理由がないからである。
> ・企業の歩むべき真の道は，その使命に従い，当初から企業に信頼をおいていた人々，すなわち大衆へのサービスを追求することにある。もし製造コストのうえでなんらかの節約が可能なら，それを大衆に与えるべきである。もしいくらかでも利潤が増加すれば，それを価格の引下げによって，大衆と分かち合うべきである。もし少しでも商品に改善の余地があるならば，迷うことなく，すぐさま実行に移すべきである。

---

[8] Ford（1926）翻訳 42 頁，61 頁，70 頁。

彼は大衆（社会）を重視する一方で，株式市場（株主・投資家）に対しては厳しい態度を示している。具体的には以下の通りである[9]。

- 株式市場は，企業とはなんの関係もない。それは製造される品物の品質とも，生産量とも，また販売とも関係ないのである。それは，企業内で運用される資本量を増やしも減らしもしない。それは本舞台の脇で演じられている取るに足らぬ見せ物に過ぎない。
- 私たちはさらに，実際に経営活動に従事していない人々が企業に口を出すのはやめるべきだと主張したい。なぜならそれは，しばしば企業を商品の生産者としないで，お金の生産者にしてしまうからである。どんな事業であっても，その主要な機能が役に立つ商品をつくることよりも，むしろ配当を生み出すことにあるというのであれば，その重点の置き方は根本的に間違っている。

このように彼は，会社の目的は大衆（社会）の利得を向上させることだという強い信念の下，従業員の賃金を上げ，消費者に目を向けたステークホルダー重視の経営を実行していたと言える。ただし，米国の法律・裁判所はこのような経営者の考え方とは異なり，株主を軽視することを許容しなかった。具体的には，フォード社が1916年のほとんどの利益を，既存顧客に対する価格の割り戻しと，将来の顧客に低価格・高品質の自動車を提供するための大型工場建設に充当して，株主還元に充当しなかったところ，ヘンリー・フォードが少数株主のダッチ兄弟から配当の支払いを求めて提訴された事案がある。

この事案に対してミシガン州の最高裁判所は，「会社は株主利益を最優先して組織され，経営される。取締役会の権限はこの目的のために行使されなければならない」との判断を示し，ヘンリー・フォードが敗訴した[10]。なお，この

---

[9] Ford（1926）翻訳187頁，189頁。

[10] 204 Mich. 459, 170 N.W. 668（Mich. 1919）。なお，ヘンリー・フォードが将来の株主利益の拡大を企図して，顧客満足度の向上と規模の拡大を図るために取締役会でこの方針を採用したと仮

判決の後，彼は少数株主の経営への介入を嫌って，少数株主の株式を買い取ることになった[11]。

2. ロバート・ウッド・ジョンソン Jr[12]

ロバート・ウッド・ジョンソン Jr は 1886 年創業のジョンソン・エンド・ジョンソン社の 3 代目最高経営責任者として，1932 年から 1963 年まで 31 年間に亘り，ジョンソン・エンド・ジョンソン社の経営を主導した人物である。彼は，会社がニューヨーク証券取引所に上場する 1 年前の 1943 年に，会社の社会的責任を明確に示す経営理念として「我が信条（Our Credo）」を起草した。彼は 1930 年代半ばから，会社が社会に対する責任を果たすことの重要性を訴えており，「我が信条」は彼の信念の集大成であったと言える。

「我が信条」は，会社のステークホルダーに対する責任について，その優先順位を明確に示したものである。そこでは会社の第 1 の責任の対象として顧客，第 2 の責任の対象として従業員，第 3 の責任の対象として地域社会・全世界の共同社会，そして第 4 の最後の責任の対象として株主を挙げている。株主の優先順位が最後となっていることが重要である。

ロバート・ウッド・ジョンソン Jr は，株式公開企業になるのだから，株主を最後にするのはおかしいのではないかという意見に対して，「顧客第一で考え行動し，残りの責任をこの順序通り果たしてゆけば，株主への責任は自ずと果たせるというのが，正しいビジネス論理なのだ」と切り返したという。

この「我が信条」は，経営者支配の時代の経営者の考え方を具体的に示した 1 つの事例である。ジョンソン・エンド・ジョンソン社は，その後の機関投資家現象や株主第一主義の時代（第 3 節で説明する）を通して，この「我が信条」を経営理念として存続させて現在に至っている。会社の業績が好調であっ

に説明した場合には，（現在の法解釈を前提とすれば）本件に経営判断の原則が適用されてヘンリー・フォードが勝訴した可能性があると考えることもできる。

11　吉村（2010）66-68 頁。

12　本項は，ジョンソン・エンド・ジョンソン社のホームページの記載内容に基づき作成したものである〈https://www.jnj.co.jp/about-jnj/our-credo〉。

たゆえに可能であったとも言えるが，このことは注目に値する。なお，第4節で説明するが，2019年のビジネス・ラウンドテーブルの「会社の目的」に関する新しい考え方の取りまとめに重要な役割を果たしたのは，ジョンソン・エンド・ジョンソン社のCEOであり，そこには「我が信条」の影響が見られる(ただし全く同じというわけではないことは第4節で説明する)。

ロバート・W・ハミルトンは研究者の立場から，1950年における米国のコーポレートガバナンスに関して，株主の分散を背景として，バーリ＝ミーンズが描いた「所有と経営の分離」の状況が支配的であり，CEOが取締役の選任や経営の意思決定のすべてを支配（決定）していたと指摘している[13]。またマイルズ・L・メイスは，1960年代後半に実施した経営者と取締役に対する膨大なインタビューに基づき，取締役はCEOによって選任されており，CEOが事業会社を支配する事実上の権限を有していること，そして取締役に期待されるのは主として助言機能であり意思決定ではないこと，その結果取締役会は監督機能を果たしていないことを指摘している[14]。さらに1961年の『ハーバード・ビジネス・レビュー』の調査によると，1,700人の会社経営者のうち約83%が，従業員や消費者の利益を考慮せずに株主の利益のためだけに経営者が行動することは，非倫理的であると回答した[15]。このように，この時代の米国は経営者支配の時代であったと言える。

第2節　モニタリングモデルの確立

現在の米国のコーポレートガバナンスはモニタリングモデルに基づくものであり，この考え方はわが国にも強い影響を与えている（わが国への影響については第3章で説明する)。しかし，このモニタリングモデルの考え方は最初から米国に存在していたわけではない。企業不祥事への対応の観点から考案さ

13　Hamilton（2000)。
14　Mace（1971)。
15　Gordon（2007）1512頁。

れ，時代とともに概念が体系的に整理されたものである。出発点は1970年代の企業不祥事である。

1. 企業不祥事

1970年に超優良会社と見なされていたペン・セントラル鉄道が突然経営破綻した。同社の独立社外取締役は経営者に事業運営を任せきりにしており，監視・監督の責任をまったく果たしていなかった。また1973年のニクソン・スキャンダル（ウォータゲート事件）に端を発して多くの企業不祥事が次々と発覚したが，これらの会社の独立社外取締役はこれらの事実をまったく把握していなかった。このような状況に対して，取締役・経営者の株主に対する法的責任を強化して，取締役・経営者を厳しく規律づけすべきであるという主張が注目を浴びた。たとえば証券取引委員会（SEC）の元議長のケアリーは，州法での規律に加えて，連邦法を制定して取締役・経営者の株主に対する責任を追及することを主張した。

法律による規律づけを何とか回避したい経営者と，厳しい規律づけを主張する者の対立の中で，取締役会を監視・監督機関と位置づけ，独立社外取締役の監視・監督機能を強化することで対応しようとするメルビン・A・アイゼンバークの穏健な改革案（モニタリングモデル）が徐々に支持を集め，次第に支配的な考え方になっていった。この考え方は，従来の取締役会が担っていた業務執行と監視・監督機能を分離し，業務執行はCEOなどの経営者に委ね，独立社外取締役中心の取締役会が業務執行を監視・監督するというものである。

わが国では，企業不祥事に対処するために，業務執行から独立した監査役の権限強化が進められてきたが，米国では監査役がいないので，このような形で業務執行と監視・監督機能の分離が図られたと言える。

2. コーポレートガバナンスの原理

モニタリングモデルの考え方は，1994年に米国法律協会から公表された「コーポレートガバナンスの原理：分析と勧告」[16]に集大成されている。この報告書は10年を超える歳月を費やして，主席報告者であるアイゼンバーク教授のもと，ようやく完成を見たものである。以下ではこの報告書の主要なポイントを簡単に説明する。

会社の目的については，長期的視点から会社の利潤および株主の利益を増進させるために事業活動を行うことであるとする。ただし，法の遵守（自然人と同様に法が定める範囲内において行動しなければならない），道徳律（責任ある事業活動にとって適当であると合理的にみなされる倫理上の考慮を加えることができる），公共の福祉等（公共の福祉，人道上，教育上，および慈善の目的に合理的な額の資源を充てることができる）の3つの側面において，一定の範囲内で営利目的が後退することを認めている（第2.01条）。

会社の構造については，会社の業務執行は取締役会により指名された主要上級執行役員などによって行われるものとされ（第3.01条），取締役会は主要上級執行役員の選任，評価・報酬の決定，解任（必要な場合）や会社の事業活動の監督などを行うものとされる（第3.02条）。そして取締役会の過半数は原則として独立社外取締役から構成されるものとし（第3A.02条），独立した3人以上の構成員からなる監査委員会の設置の義務化（第3.05条）と指名委員会・報酬委員会の設置が推奨されている（第3A.04条，第3A.05条）。

3. 敵対的買収

モニタリングモデルが実際に機能するためには，経営者を規律する独立社外取締役の存在が必要である。この独立社外取締役の拡充は，会社による1980年代の敵対的買収への対応と，1990年代以降の機関投資家からの要請に対応する中で進展した。

1980年代にはいると，株価が相対的に過小評価されていた会社や過剰な流動性を抱えた会社に対する敵対的買収が頻繁に行われるようになった。これは株主の立場から見ると，非効率な経営を行っている経営者に対する有効な監視手段と言える。一方で経営者支配を謳歌してきた経営者にとっては，自らの地

---

[16] The American Law Institute (1994)。

位を脅かすものであり，経営者は買収防衛策の発動などにより敵対的買収に対抗した。敵対的買収に際しては，自己の職を維持しようとする経営者と，企業価値（株価）を最大に評価する買収者に持株を売却して，多額の利益を受け取ることのできる株主との間で，経済的利益が衝突する。したがって，買収防衛策を発動することは経営者の利益相反行為にあたる懸念があるので，これを厳しくチェックする役割が独立社外取締役に期待された。実際，買収防衛の有効性の判断に際して，多くの米国大企業の本社が所在するデラウェア州の裁判所は，当該案件に利害関係のない独立社外取締役の判断を尊重したことから，独立社外取締役は経営者にとって買収防衛策の妥当性（経営判断原則の適用）を担保する最強の「防弾チョッキ」として機能した。このことが独立社外取締役の拡充に繋がった[17]。なおその後，ポイズンピルといった経営者の対抗手段の普及などもあり，1989年以降は敵対的買収が一旦は急激に減少した[18]。

第3節　機関投資家現象と株主第一主義

1. 機関投資家現象

米国のコーポレートガバナンスを大きく変える要因となったのが機関投資家による上場会社株式の保有比率の増大である。ロバート・W・ハミルトンは2000年の論文[19]で，1950年から2000年にかけて米国のコーポレートガバナンスが大幅に変容した第1の要因として，機関投資家の影響力の拡大を挙げている。機関投資家の持株比率は1950年には10%に満たなかったものが，1960年に12.6%，1970年に19.4%，1980年に47.2%，1996年に48.5%に増大した。1980年代には，バーリ＝ミーンズの「所有と経営の分離」の前提となっ

17　米国の多くの大会社の本社が所在するデラウェア州で，多くの買収防衛策を巡る裁判が行われ，その中で取締役は，株主の最善の利益のために活動しなければならないという責任（受託者責任）を有することが明確化された。

18　Hamilton（2000）。

19　Hamilton（2000）。

た株式保有の小口分散の前提が崩れたと言える。

ハミルトンは，機関投資家の保有株式の増大をもたらしたものとして，(1) 米国社会全体の富の増大，(2) 長期にわたるインフレにより，固定利回りの投資が魅力的ではなくなったこと，(3) 所得税法の改定により年金形式での貯蓄が魅力的となったこと，(4) 生命保険が普及し，生命保険会社が資金の多くを株式投資に振り向けたこと，(5) 投資信託（ミューチュアルファンド）の普及を挙げている。

長期保有を指向する機関投資家は，運用資産の増大に伴い，資産をポートフォリオとして運用する傾向を強めたが，その場合にはウォールストリート・ルールに基づいて個別株を売却することが困難になる。このため投資先企業の経営に不満がある場合には，会社の経済的パフォーマンスを向上させるために，株主としての立場を用いて，会社に対してコーポレートガバナンスの改善を求めるようになった。

機関投資家による会社経営への関与（エンゲージメント）は1974年のエリサ法[20]や1988年のエイボンレターによって強化された。エリサ法は年金加入者や受給者の権利保護を最大の目的とする連邦法で，これにより企業年金の運営・管理者に対する受託者責任（フィデューシャリー・デューティー。加入者や受給者の利益のためだけに忠実に職務を遂行する義務）が明確に定められた。また，エリサ法では年金基金の議決権行使が受託者責任に含まれているかが定められていなかったため，会社の経営者が自社の企業年金に対して自社または他社の経営者を守るための買収防衛策に賛成の議決権行使を要請することが行われていたが，1988年に企業年金を所管する米国労働省がエイボン社の年金基金に対して，経営者の圧力行使に対する警告と議決権行使は受託者責任に含まれるとする書簡（エイボンレター）を発出したことにより，議決権行使が年金基金の加入者や受給者の利益（経済的リターンの最大化）のために行使されなければならないことが明確化された。これによって，年金基金は義務として投資先企業に対して議決権行使を行うようになり，また年金基金の資金を運用する機関投資家（アセットマネージャー）も義務として議決権行使という

[20] Employee Retirement Income Security Act of 1974（ERISA）。

形でエンゲージメントを行うようになった[21]。

機関投資家現象が顕著に現れたのが，1990年代初頭のゼネラルモーターズ社（GM）を始めとする有名企業のCEO解任である。これらのCEOは，業績不振などを理由として，機関投資家の圧力を受けた取締役会によって解任された。すなわちこれらの会社では経営者支配が崩れ，取締役会とその背後にいる機関投資家が実質的にCEOを解任する権限を持つようになり，CEOは支配者ではなく被雇用者として位置づけられるようになったのである[22]。

2. 「黄金時代」と「超資本主義の時代」

このように機関投資家の株式保有の拡大・集中を背景とした機関投資家現象により，バーリ＝ミーンズの言う所有と経営の分離の時代は終焉したと言える。この点を明確に指摘したのがロバート・B・ライシュである。彼は2007年の著書[23]で，1970年代の前半までと後半以降を区分し，前半を「黄金時代」（正確には機会均等が浸透していないなどの点から疑似黄金時代），後半を「超資本主義の時代」と呼び，両者を対比させている。

彼によれば，「黄金時代」の巨大企業の経営者は（第1節でも説明したように）自らを「企業ステーツマン」と見なし，その責務を株主や従業員，一般市民といったステークホルダーの利害をバランスさせることだと認識していた。また巨大企業の経営者は株主の利益を厳しく追及するというよりはむしろ，国家の改良に取り組んでいると自負し，従業員に寛大な賃金や福利厚生を提供し

21　これに伴い議決権行使助言会社の業務が開始された。議決権行使助言会社の嚆矢でありかつ現在でも最大の会社であるISS（Institutional Shareholder Services）は，米国労働省の企業年金を管轄する部門のトップを退任したボブ・モンスクによって1985年に設立された。当初は機関投資家に対するコーポレートガバナンスのコンサルティングを行っていたが，1988年に米国労働省からエイボンレターが出されたことを受けて，ISSは年金基金に対する議決権行使助言の業務を開始した。年金基金がISSを利用したのは，投資先が多岐にわたっていることから，年金基金自らがすべての投資先企業の議案を分析することは事実上困難であり，議決権行使助言会社へのアウトソーシングを必要としたからである（議決権行使助言会社は，多くの年金基金から委託を受けることにより，規模の経済を発揮することができる）。

22　Hamilton（2000）。

23　Reich（2007）。

ていた。このような経営者支配の体制が可能となった背景には，株式分散を背景とした所有と経営の分離や，寡占体制による利益確保があった。

これに対して1970年代後半から米国の民主的資本主義には抜本的な変化が生じ，地域社会と従業員の利益を考えた企業ステーツマンは権力を失い，権力は投資家などに移り，「超資本主義」が民主的資本主義に取って代わった。もはや会社はひたすら利益を追求することしかしなくなった。この背景には機関投資家への株式集中と競争激化による会社の利益率低下があった。

彼は株主第一主義に陥ったCEOの状況について以下のように説明している[24]。

> 今日のCEOには経営以外のことをする贅沢はない。投資家の資金を管理する…運用担当者たちが期待する1株当たりの利益水準という「数字」を達成するのに失敗したら，CEOはクビだ。1950年代，60年代には，CEOは株主や機関投資家ととくに会う必要もなく，それでも彼らの仕事は安泰だった。年次株主総会は入念に練られたシナリオに沿ってCEOが短いプレゼンテーションを行い，2，3の質問を受けてお開きとなる，お定まりの行事だった。だが，今日のCEOは，個人的に人に会い，電話で話し，ミーティングや念入りなプレゼンテーションで多数の株主を安心させ，ウォール街のアナリストを感心させ，銀行家や信用格付け機関の懸念を払拭するために日夜努力を続ける。

ここで彼が指摘していることは，CEOはもはや企業ステーツマンではなくなり，極論すれば「投資家の僕（しもべ）」に成り下がったということである。

24　Reich（2007）翻訳101頁。

3. 2000年における米国コーポレートガバナンスの構造

1970年代の企業不祥事への対応，1980年代の敵対的買収への対応，そして，1990年代から特に顕著となった機関投資家現象によって，米国のコーポレートガバナンスの構造は大きく変化した。ハミルトンは2000年における米国のコーポレートガバナンスの構造について以下の特徴を挙げている[25]。

1. 取締役会の人数が減少し，多くは10人未満で構成されるようになった。
2. 社内取締役の数が大幅に減少し，ほとんどの取締役会が過半数の独立社外取締役から構成されている。またCEOと独立社外取締役から構成される取締役会も増加している。
3. 独立社外取締役は少なくとも年1回，独立社外取締役だけで会合を持ち，CEOの評価などを行っている。
4. 独立社外取締役の多くは，他の上場会社のCEOか前CEOである。
5. すべての会社には独立社外取締役だけで構成される監査委員会が設置されている。
6. 1950年当時はCEOが行っていた重要な業務が，主として独立社外取締役から構成される指名委員会と報酬委員会で行われるようになった。指名委員会は取締役候補者などを取締役会に推奨する。報酬委員会はCEO，上級オフィサーおよび取締役の報酬を審議する。
7. 取締役会議長とCEOを分離している会社もあるが，多くの会社では両者は兼務されている。
8. 定例の取締役会は年間8回から12回開催され，それぞれ長くとも数時間である。したがって日常の会社経営はCEOを中心とした上級オフィサーに委ねられている。

[25] Hamilton（2000）。

表 2-2　米国の取締役会の構成（1995 年～2005 年）

年	社内取締役比率（%）	社外取締役比率（%）	
		利害関係者	独立
1950	49	26	22
1955	47	30	23
1960	43	31	24
1965	42	33	25
1970	41	34	25
1975	39	31	30
1980	33	30	37
1985	30	31	39
1990	26	14	60
1995	21	15	64
2000	18	15	67
2005	15	11	74

（出所）Gordon（2007） 1565 頁のデータに基づき筆者作成。

これらのコーポレートガバナンスの特徴は，2001 年 10 月に発覚したエンロン事件（コラム 2-1 参照）を機にさらに規律が強化されて現在に至っている。また前述の通り 1950 年以降，米国における取締役会の構成にも大幅な変化が見られ，独立社外取締役の比率が大幅に増加した。1950 年から 2005 年までの米国における取締役会の構成の変化は表 2-2 の通りである。

4. 株主第一主義の確立とその背景

1970 年代以降の様々な動きを反映して，米国では 1990 年頃から株主第一主義の考え方が支配的になっていった。これには，すでに説明したヘンリー・フォード対ダッチ兄弟の判決や「コーポレートガバナンスの原理」で示される米国の法律上の考え方に加えて，(1) ミルトン・フリードマンの思想，(2) エージェンシー理論，(3) 新自由主義の経済政策，(4) 機関投資家現象，(5) ビジネススクールやロースクールでの教育などが影響していると考えられる[26]。以下この順序でそれぞれについて説明する。

ノーベル経済学賞の受賞者であるミルトン・フリードマンは，1970年のニューヨーク・タイムズ・マガジン誌に寄せた論考で，「会社の社会的責任は（会社の所有者である株主のために）利益を追求することだけである」という主張を展開した[27]。この主張は概ね以下のようにまとめることができる。

1. 自由主義経済の下では，経営者は会社の所有者（株主）から雇用された者である。経営者は自分の雇い主に対して直接の責任を負っている。経営者の責任は雇い主の求めに応じて会社を経営することであり，雇い主の求めとは，通常は，社会の基本的ルールである法律や倫理的慣習に従いつつ，できるだけ多くの利益を上げることである。
2. 経営者が自己の良心・慈善心・国に対する社会的責任を持つことはあるが，これは私人としてのもので，個人の社会的責任であって，会社の社会的責任と混同してはいけない。
3. したがって，自由主義経済の下では，会社にとっての唯一の社会的責任とは，ゲームのルールを守りながら，会社の資源を活用して利益を増大するために活動することである。

機関投資家現象が進む中で，コーポレートガバナンスの主流の理論は，所有と経営の分離を中心テーマとしたバーリ＝ミーンズの考え方から，ジェンセン＝メックリングのエージェンシー理論[28]に置き換わって現在に至っている。エージェンシー理論では，株主をプリンシプル（本人・依頼人），経営者をエージェント（代理人）と位置づけ，代理人が常に本人・依頼人の利益のために活動するとは限らないと考える（性悪説的な考え方）。そこで代理人である経営者が本人・依頼人である株主の利益のために行動することを確実にするために，たとえば，(1) 独立社外取締役の設置（株主のために経営者を監視・監

26　Berger (2017), Ruggie (2019), Bower and Paine (2017)。
27　Friedman (1970)。
28　Jensen and Meckling (1976)。

督する者の設置），(2) 株主還元の強化（経営者が自由に使える手元資金を減少させる），(3) 投資情報開示（インベスター・リレーションズ）の強化（重要情報を株主に開示することによって経営者の株主利益に反する行動を抑止すること）が求められ，また経営者が株主と同じ金銭的利害関係を持つようにするためにストックオプションが採用される。エージェンシー理論の考え方は，経営者は株主の代理人であり，株主の利益のために活動するのが当然であるという前提に基づいたものであり，株主第一主義の考え方と整合的な考え方である。なお，エージェンシー理論が現在の支配的な考え方であるが，これ以外の考え方も複数存在する（その中で経営者を性善説的な考え方でとらえるスチュワードシップ理論についてはコラム 2-2 参照）。

1981 年に成立した共和党のレーガン政権は，新自由主義的な政策を推し進めた。これは小さな政府を標榜し，大幅な規制緩和や自由競争を是とする政策である。この結果，労働組合の力が大幅に削減され，資本家（株主）と労働者の力関係が大幅に資本家（株主）側に傾くことになった。またこれと併せて米国証券取引委員会（SEC）による会社の自己株式取得の緩和（株主還元の拡充），米国の競争法である反トラスト法による制限の大幅緩和（消費者保護の縮小）などが行われ，ステークホルダーの利益保護を確保するために政府が行ってきた規律づけが大幅に削減されることになった。このような新自由主義政策の実施によって，株主の要求を制御してきた枠組みが削減され，株主を重視する流れが加速された。そして前述の機関投資家現象がこの流れをさらに加速させることになった。

米国のビジネスエリートを養成するビジネススクールやロースクールでの教育も株主第一主義を促進する要因となっている。米国の主要なビジネススクールやロースクールでは，会社の目的が株主価値の最大化であることは法律で定まったことであり，経営者の仕事は株主価値を高めることで，会社の目的に対する幅広い考え方を支持するものではないと教えてきた[29]。このように株主第一主義が唯一の正しい考え方であるとの教育を受けたビジネスエリートがこれを当然のこととして実践することによって，株主第一主義の考え方がさらに拡

29　Berger（2017）。

張されることになる。なおロンドンビジネススクールの教授であったスマントラ・ゴシャールは，「悪い経営理論は良い経営慣行を破壊する」として，この点を強く批判し警告していた[30]。

これらの様々な要因が複合的に機能して，米国においては 1990 年頃から株主第一主義の考え方が支配的になっていった。この考え方に疑問が呈され，この考え方が強く批判されるようになったのはごく最近のことである。次節では最近の動向について説明する。

第 4 節　最近の動向

新自由主義の経済政策は経済全体のパイの拡大に寄与し，経済の活性化・株価上昇などの効果をもたらしたが，一方で所得・資産の格差が拡大した。また地球温暖化や人権問題への関心の高まりを背景として，投資家に対しても環境・社会問題への対応が強く求められるようになった。この格差拡大に伴う社会的動揺，環境・社会問題など ESG 要素を考慮する投資家の拡大（ESG 投資については第 4 章で詳しく説明する）などに伴い，株主第一主義への批判が増大し，ステークホルダー重視の方向が示されるようになった。本節では特に注目される動きとして，(1) ブラックロックの CEO レター，(2) エリザベス・ウォーレン上院議員の主張，(3) ビジネス・ラウンドテーブルの声明について説明する。

1. ブラックロックの CEO レター[31]

世界最大の運用機関であるブラックロックのラリー・フィンク CEO は，投資先企業に当てて毎年レターを発出しており，その内容が広く注目されている。その中で，2018 年以降はステークホルダー重視のスタンスを明確化し，

30　Ghoshal（2005）。
31　ブラックロックの CEO レターは，同社のホームページに掲載されている。

2020年以降は気候変動への対応の必要性を強調している。この背景には，フィンクCEOの先を見る力と，ブラックロックに資金を預けている投資家からの圧力があると考えられる。CEOレター（日本語版）の中から関連する主要な該当部分を抜き出すと以下のようになる。なお，2022年のレターに明記されているように，ステークホルダー重視・環境重視の投資を行う目的は，（年金受給者などの）受益者の（経済的）利益のためである。

○ 2018年

・上場，非上場を問わず，企業には社会的な責務を果たすことが求められています。企業が継続的に発展していくためには，すべての企業は，優れた業績のみならず，社会にいかに貢献していくかを示さなければなりません。企業が株主，従業員，顧客，地域社会を含め，すべてのステークホルダーに恩恵をもたらす存在であることが，社会からの要請として高まっているのです。

○ 2019年

・企業理念を遂行し，ステークホルダーに対する責務を全うする企業は，長期的に対価を得ることができる一方，それを怠る企業は立ち行かなくなるでしょう。社会がより厳格な基準で企業を評価するようになっているため，こうした動きはますます明確なものになっています。

○ 2020年

・気候変動に関するリスク認識は急速に変化しており，今，金融の仕組みは根本から見直される事を余儀なくされていると思います。

・企業は，企業理念を持たずして，また広範にわたるステークホルダーのニーズに配慮せずして，長期的な収益を実現することはできません。

○ 2021年

・気候リスクが投資リスクであることは明らかです。しかし，気候変動への対応に伴う移行は歴史的な投資機会をもたらすものでもあります。

・弊社は長きにわたり，貴社がすべてのステークホルダーのために揺るぎない持続的な価値を生み出すことができてこそ，貴社の実質的な株主である弊社のお客様が恩恵を享受できると確信しています。

○ 2022年

・グローバルで相互につながる現代社会において，株主に長期的な価値をもたらすには，企業はすべてのステークホルダーのために価値を創造し，またすべてのステークホルダーからその価値を認められなければなりません。ただし，誤解なきよう申し上げますが，…最終的に市場が貴社の成功を判断する尺度は，長期的な収益性であることは変わりません。

・ネットゼロ社会への移行により，すべての企業，すべての業界が変貌することになるでしょう。ここで問われているのは，貴社がそれを先導するのか，あるいは後塵を拝するのか，ということです。弊社がサステナビリティを重視するのは，環境保護主義者だからではなく，資本主義者であり，弊社のお客様の受託者であるためです。

2. エリザベス・ウォーレン上院議員の主張

エリザベス・ウォーレン上院議員は，上院議員になる前はハーバード・ロースクールで教鞭をとっていた法律学者であり，民主党の大統領候補選にも立候補した民主党左派の代表的論客であるが，彼女が2018年8月に上院に提出した「責任ある資本主義」法案[32]は，制定法によって所得・資産格差を緩和させようとする考え方に基づいたものであり注目される。

ウォーレン上院議員の法案提出にあたっての現状認識は以下の通りである[33]。すなわち，米国企業はかつてステークホルダーの利益をバランスさせるように努めていたが，1980年代に株主第一主義が採用されるようになり，このことが米国の直面している多くの経済問題の根本原因となっている。本来は従業員への報酬や長期的な投資に向けられるべき資金が株主に配分されてお

32　S.3348 - Accountable Capitalism Act, 115th Congress（2017-2018）。
33　Warren（2018）。

り，所得・資産の拡大や投資不足をもたらしている。米国企業が広範な成長を達成し，従業員と株主双方に利得を与えていた時代に回帰することが喫緊の課題となっている。

この現状認識に基づいて，「責任ある資本主義」法案では以下の内容を規定している[34]。

1. 米国の巨大企業は，「アメリカ合衆国株式会社」という連邦免許を取得し，その取締役は，従業員，顧客，株主，地域社会を含めたすべてのステークホルダーの利益を考慮する義務を有する。このアプローチはBenefit Corporation（注：第6章で詳しく説明する）の考え方を取り入れたものである。
2. アメリカ合衆国株式会社の取締役は，少なくとも40%が会社の従業員から選出されなければならない。
3. アメリカ合衆国株式会社の取締役と執行役員の自己株式の売却を制限する。
4. アメリカ合衆国株式会社が政治献金を行う場合，少なくとも株主の75%かつ取締役の75%の同意を得なければならない。
5. アメリカ合衆国株式会社が繰り返して悪質な違法行為を行った場合には，連邦政府はその連邦免許を取り消すことができる。

現状，米国企業の取締役には各州の判例法によって株主に対する受託者責任が規定されており，株主の利益のために業務を遂行することが求められているが，この法案（上記1）は，米国の巨大企業に対しては連邦の制定法によって，取締役にステークホルダーに対する利益考慮義務を賦課することを企図したものである。またこの法案（上記2）では従業員代表取締役の義務化が謳われており，これはドイツなどの大陸欧州の社会民主主義的な労使協調路線を米

[34] Warren (2018)。

国に導入しようとするものであると言える（これが実現すれば，労働者の発言力が飛躍的に向上する）。

これらの主張の背景には，米国で株式会社が設立され，株主が有限責任などの利益を享受しているのは，米国民がそれを認めているから（法律でそれを許容しているから）であり，そのメリットを受けている株式会社の株主・取締役にはその見返りに幅広いステークホルダーの利益を考慮する義務があるという認識がある。

法案自体は可決されなかったが，バイデン政権でも一定の影響力をもつ民主党左派の代表的な論客の主張として，株主第一主義からステークホルダー利益重視への流れを推し進めた要因であったと言える。

なお最近の米国の論調では，株主第一主義に対する批判とその対応について2つの潮流があるように見受けられる。第1の潮流は，取締役の受託者責任の対象は株主ではなく会社であるので，株主第一主義は誤った解釈であり，解釈を変えることによって対応すべきという考え方である[35]。第2の潮流は，株主第一主義が各州の判例法によって確立しているので，新たな法律を制定することによって，ステークホルダー重視の考え方を明確化しようとする考え方である。ウォーレン上院議員の考え方は後者の考え方の代表例である。

3. ビジネス・ラウンドテーブルの声明

このような議論がなされている中，2019年8月に米国主要企業のCEOの団体であるビジネス・ラウンドテーブルから，「会社の目的」を株主第一主義からステークホルダー重視に変更するという声明が出され，多くの注目を浴びた。この声明の意味を明確に理解するためには，ビジネス・ラウンドテーブルの以前の声明（特に1981年の声明と1997年の声明）の内容とその変遷を理解する必要がある。

ビジネス・ラウンドテーブルは，1981年に会社の責任に関する声明[36]を公

35　たとえば，Reich（2015）。
36　The Business Roundtable（1981）。

表している。この声明は，経営者支配の時代の経営者の認識を示したもので，利害関係者の利害をバランスさせることが会社（経営者）の責任であることを主張している。その主な内容は以下の通りである。

- 会社の経営者には会社の利益と同様，公共の利益に奉仕することが求められている。一方，会社の利益と会社の長期的な存続が根本的に重要であることも理解されなければならない。長期的に利益を獲得できないのであれば，会社は社会に対する責任を果たすことができない。このように会社の長期的繁栄と会社の社会に対する責任は相互に関連している。
- 経営者は意思決定に際して，会社の構成員（顧客，従業員，地域社会，社会全体，供給業者，株主）の様々な期待を理解することが必要であり，長期的な視野を維持することが求められている。
- 異なる構成員の利害のバランスをとり，意思決定のインパクトを注意深く調整することは，会社の意思決定と経営プロセスにおける不可欠の部分である。株主のリターン最大化の期待と，その他のものをバランスさせることは，経営者が直面する根本的な課題の1つである。株主はよいリターンを得なければならないが，一方で，その他の構成員の正当な懸念にも適切な注意が払われなければならない。
- ビジネスと社会は共生的な関係にある。

このようにビジネス・ラウンドテーブルは，1981年の声明ではステークホルダー重視の姿勢を示していたが，その後この考え方を大きく転換し，1997年には株主第一主義を標榜するコーポレートガバナンスに関する声明[37]を公表した。この背景には株主からの圧力があったとされる。1997年声明の主な内容は以下の通りである。

[37] The Business Roundtable（1997）。

・ビジネス・ラウンドテーブルは，会社の主要な目的が，会社の所有者である株主に経済的なリターンをもたらすことであることを強調したい。
・従業員を適切に処遇し，顧客に適切に奉仕し，供給業者が継続的に取引できるように対処し，負債を重視し，社会的責任に対する評判を得ることは，株主の長期的な利益につながる。したがって，株主の長期的な利益を追求する観点から，経営者や取締役会は，株主以外のステークホルダーの利益を考慮しなければならない。
・ビジネス・ラウンドテーブルは，経営者と取締役会の最重要の義務は，会社の株主に対するものであると考える。その他のステークホルダーの利益を考慮することは，株主に対する義務の派生的なものである。取締役会が，株主利益とその他のステークホルダーの利益をバランスさせなければならないという考え方（1981年の声明）は，取締役の役割を根本的に誤解したものである。

このようにビジネス・ラウンドテーブルの1997年の声明では，1981年の声明で示したステークホルダー重視の姿勢を転換させ，株主第一主義の考え方を前面に押し出している。声明の中では，株主の利益に資する範囲内でステークホルダーの利益を考慮することを許容している部分もあるが，全体を通した主張は，株主のための会社，株主の利益に奉仕する経営者・取締役会というものである。この考え方が長期にわたりビジネス・ラウンドテーブルの基本的な考え方とされてきた。

これに対して，ビジネス・ラウンドテーブルは，2019年8月19日に会社の目的に関する声明[38]を公表した。181人のCEOのサインが付されたこの声明は，会社の目的に関する考え方の大きな転換を図るものとしてかなりの驚きをもって迎えられた。実際この声明は1997年の株主第一主義の考え方を全面否定し，1981年のステークホルダー重視の考え方に先祖返りしたものである。

38　The Business Roundtable（2019a）。

その主な内容は以下の通りである。

> 個々の会社がそれぞれの会社の目的に適合した任務を果たすなかで，我々経営者はすべてのステークホルダーに対する基本的なコミットメントを共有する。我々は以下にコミットする。
> ・顧客に価値を提供する。
> ・従業員に投資する。適切な報酬を支払い重要なベネフィットを提供することからスタートし，教育・訓練を通じて，変化の激しい社会に適合するための新しいスキルの開発を支援する。
> ・供給業者を公平かつ倫理的に処遇する。
> ・我々が業務を行っている地域社会を支援する。
> ・株主のために長期的な価値を生み出す。
> ステークホルダーそれぞれが必須の存在である。我々経営者は，我々の会社，地域社会，そしてわが国の将来にわたる繁栄のために，すべてのステークホルダーに対して価値を提供することにコミットする。

この声明の取りまとめにジョンソン・エンド・ジョンソンのCEOが深く関与していたこともあり，この声明はジョンソン・エンド・ジョンソンの「我が信条（Our Credo）」と類似した内容となっている（「我が信条」については第1節参照）。ただし，「我が信条」ではステークホルダー間の優先順位が明記されていた（株主の優先順位が最後であった）のに対して，この声明では（記載に順番があるものの）優先順位づけがされていない。この点は非常に重要である。ここを誤解して，たとえばこの声明は，経営者が株主よりもステークホルダーを重視するようになったと評価・批判した（本質を見誤った）論考も見られる。

ハーバード・ロースクールのマーク・ロー教授は，ビジネス・ラウンドテーブルがこの声明を出した根柢の理由として2つの点を指摘する[39]。第1はアク

[39] Roe（2019）。

ティビスト株主への対応である。この声明の内容は，CEOが株主からより多くの自由裁量を得ることを明記したものとなっている（CEOの自由裁量の範囲が拡大して株主以外のステークホルダーの利益を考慮することが可能となれば，CEOは株主利益だけを求めるアクティビストに対抗できる）。第2は政策や世論の動きを踏まえて，CEOがバランスを取ろうとしていることである。（前述の通り）ウォーレン上院議員らは巨大企業の運営を大幅に変えることを主張しており，この声明によってこれらの反企業の動きを減退させることが期待される。

4. ビジネス・ラウンドテーブルの声明に対する批判と声明の意図の明確化

ビジネス・ラウンドテーブルの声明が非常に注目を浴びたことを反映して，この声明に対して数多くのコメントが出されている。そのなかで，米国の機関投資家の団体である機関投資家協議会（Council of Institutional Investors）は，この声明が公表された日（2019年8月19日）に厳しい批判を展開している[40]。その主な内容は以下の通りである。

- 機関投資家協議会は，本日公表されたビジネス・ラウンドテーブルの声明に対して懸念を表明する。声明は，株主に対する経営者の（説明）責任を切り落としている。
- 機関投資家協議会は，会社の取締役と経営者が，長期的な株主価値を重視するスタンスを継続する必要があると考えている。長期的な株主価値を達成するために，ステークホルダーを尊重することは重要であるが，しかし，会社の所有者に対する明確な（説明）責任があることも忘れてはならない。
- すべての人に対する（説明）責任は，誰に対する（説明）責任にもならない。ビジネス・ラウンドテーブルのステークホルダーガバナンスに対

[40] Council of Institutional Investors（2019）。

する新しいコミットメント（これは古い政策が復活したものだが）は，株主の権利を縮小させ，その他のステークホルダーグループに対する取締役と経営者の（説明）責任を拡大させることを提案しているものである。

・長期的な株主価値にほとんど関係しない社会目的を定義して追求する責任は，会社ではなく政府にある。

・機関投資家協議会は，ビジネス・ラウンドテーブルの（1997年声明の）長期的な株主価値に焦点を当てたスタンスを歓迎している。

・ステークホルダーガバナンスは，個別企業に焦点を当てており，市場の役割を無視している。株主は，資本の配分を担う重要な役割を有している。

・もしステークホルダーガバナンスやサステナビリティが，不適切な経営を覆い隠し，必要な変化を失速させてしまうのであれば，経済全体に悪影響が及ぶであろう。

このように機関投資家協議会は機関投資家の立場から，株主の長期的な利益のためにステークホルダーを尊重することまでは否定していないものの，あくまで取締役・経営者の役割は株主利益を第一に考えることであると主張している。このような批判を踏まえて，ビジネス・ラウンドテーブルは声明から1週間後の8月26日に，QAの形式で声明の補足説明を行っている[41]。その主な内容は以下の通りである。

1. なぜビジネス・ラウンドテーブルは会社の目的に関する声明を改訂したのか？

・1980年代の声明は，会社が従業員，地域社会その他のステークホルダーに投資する必要があることを反映したものであった。

[41] The Business Roundtable（2019b）。

・1997年の声明は，敵対的買収者からの高まる圧力などへの対応として，会社の主要な目的は会社の所有者に経済的なリターンをもたらすことであるという，株主の重要性に関する明確なメッセージを示したものであった。
・しかし最近，ビジネス・ラウンドテーブルに参加している経営者から，1997年の声明には，良質な経営を実践している会社に対する彼らの見方が反映されていないという声が多く寄せられるようになった。
・CEOが実際に会社を運営している状況を，より正確に示す時期が来たと考える。

2. 社会主義対資本主義の論争に際して，会社に対する厳しい批判をなだめることを意図しているのか？
・ちがう。この声明は資本主義を否定するものではない。資本主義のベネフィットをより広い層に行きわたらせるための行動を呼びかけるものだ。

3. ビジネス・ラウンドテーブルのCEOは，株主を見捨てるのか？
・ちがう。この声明は，会社は株主のために長期的な価値を生み出す必要があることを明確に主張している。この声明は，会社が成功し，株主に継続的なリターンを届けるために，会社は，幅広いステークホルダーの利益や適正な期待を考慮する必要があるという現実を反映しているのである。

4. ビジネス・ラウンドテーブルのCEOは（株主に対する）説明責任を逃れるために，ステークホルダー資本主義の方向に動こうとしているのではないか？これはビジネスのダイナミズムを減退させるものではないか？
・ちがう

5. なぜビジネス・ラウンドテーブルは株主より上位に政治的・社会的目的を掲げるのか？　社会的目的を示すのは経営者ではなく政府ではないのか？
・この声明は，政治的・社会的目的のために，株主利益を否認するものではない。むしろ，声明は，会社が成功し，株主に継続的なリターンを届けるために，会社は，株主に加えて，幅広いステークホルダーの利益や適正な期待を考慮しなければならないという現実を反映したものである。

6. 他のステークホルダーの利益と株主の最善の利益が衝突した場合に，どのように対処するのか？

・短期的にはステークホルダー間の利益は対立するかもしれないが，長期的にはすべてのステークホルダーの利益は共通していることを認識することが重要である。

7. 新しい声明の浸透度合いはどうか？　次はどうするのか？

・すべてに適合するアプローチはないが，我々 CEO の共通する優先順位は，例えば，賃金の増額，スキルトレーニングの拡大，教育機会の拡大，長期志向の促進である。

このQAから明らかなように，この声明は，会社が成功し株主に継続的なリターンを届けるために，会社は株主に加えて幅広いステークホルダーの利益や適正な期待を考慮しなければならないという現実を反映したものであるとされている。すなわちこれは，会社の目的は株主の利益にあり，そのために（その範囲で）ステークホルダーの利益を考慮するという趣旨であり，第1章第6節で説明した啓発的株主価値のアプローチであると言える（多元的アプローチではないことに留意が必要である）。前述の通り，ビジネス・ラウンドテーブルの声明そのものでは，ステークホルダー間の優先順位づけはしていないが，米国の判例法などに基づき，株主利益が最優先であるという前提のもとで，声明が表明されたと考えることができる。また，経営者と投資家のスタンスを比較すると，どちらも啓発的株主価値アプローチの中ではあるが，経営者はステークホルダー重視の方向を向き，投資家は株主重視の方向を向いているように思われる。これらは第1章で検討した英国の状況と類似している。

コラム 2-1　エンロン事件

超優良会社でありコーポレートガバナンスの優等生と言われていたエンロンが，2001年11月に巨額の損失を含む業績の遡及修正を発表後，12月に米国連邦破産法の適用を申請して経営破綻した。この事件によって，米国のコーポレートガバナンスに不正防止の観点からの重大な欠陥があることが明らかとなり，この反省から規律づけが強化された。

もともとエンロンは，自社のパイプラインを使ってガスの輸送・販売を行うという伝統的な事業を主体とする会社であったが，エネルギー市場の規制緩和の波に乗り，1990年代半ばからガス・電気の売買取引（トレーディング）を拡大して急成長を遂げた。この業務を行うためには多額の資金調達とデリバティブの活用が必要となる。会社が直接，社債や銀行借り入れを行うとバランスシートが悪化し格付機関の信用格付けが低下してしまうが，デリバティブの活用のためには高い信用格付けが必要であり，デリバティブを多用するエンロンにとって信用格付けの低下はどうしても避けなければならない事項であった。

そこで，特別目的会社を設置して，借入などを特別目的会社で行いエンロンのバランスシートから除外することにより，エンロンは高い信用格付けを維持した。このためには本来，特別目的会社のリスクをエンロンから切り離すことが必要であるが，エンロンは監査法人のアーサーアンダーセンの協力も得ながら，事実上エンロンがリスクを負う特別目的会社をオフバランス化したと偽っていた。それに加えて，本体が利益を水増しして，その分の損失をこの特別目的会社に飛ばして隠蔽していた。

拡大路線を歩み続けていたエンロンであったが，2001年頃から会計処理の不透明さを指摘する声が大きくなり，それにつれて株価が低下し始めた。そして8月にスキリングCEOが突然辞任，その後不正会計が明らかとなった。2001年11月に巨額の業績修正を行った結果，マーケットの信頼が完全に失墜し，格付の低下，信用破綻不安をもたらし，12月に米国連邦破産法11条の適用に追い込まれることになった。

会社の不正会計を防止するのは，取締役や監査法人の役割であり，またそれを見抜くのはゲートキーパー（監査法人や証券アナリストなど会社が出す「シグナル」を的確に投資家に伝える仲介者）の役割であるが，エンロンの詐欺行為を見抜いたのは，市場の短期的な取引で利益を得ることを目的とする「空売り」業者であった。この反省から，監査法人，（セルサイド）証券アナリスト，取締役会に対する規律づけの強化などが行われた。具体的には以下の通りである。

監査法人は会社の決算書類の検証や認証を行い，投資家に対して中立・客観的な情報を提供する専門家集団である。ところが，エンロンの監査法人（会計監査人）であるアーサーアンダーセンは，自ら不正に加担し，財務諸表の粉飾に関するコンサルティングを行い，その対価として多額の報酬を得ていた。エンロンとアーサーアンダーセンの付き合いは10年にもおよび，持ちつ持たれつの関係に陥っていた。エンロン事件の結果，アーサーアンダーセンは消滅し，同一の監査法人が監査業務と非監査業務（コンサルティング業務など）を行うことが禁止され，監査対象の会社を担当する者は5年毎に交代することが義務づけられるようになった。

証券アナリストもゲートキーパーとして証券市場の規律づけを担う存在である。証券アナリストによる会社の評価（売り・買い・中立）は投資家にとって重要な判断基準となるものであり，証券アナリストは良心に従って自らの判断をレポートの形で顧客に開示することが求められる。ところがエンロンの場合，証券アナリストは，高収益が見込まれる引受業務に自社が参画することを支援するため，エンロンの先行きに懸念を持っていても，エンロン株の買い推奨を続けていた。エンロン事件の結果，調査部門と引受業務を担う投資銀行部門との間の垣根を高める様々な規制が採用されることとなった。

エンロン事件を受け，2002年7月にコーポレートガバナンスの規律づけを強化するサーベンス・オックスレー法（SOX法）が制定された。そこでは，財務報告書の内容に対する経営者の責任が明確化され，会社のCEOやCFO（最高財務責任者）は，四半期報告書や年次報告書について，それを精査したことを証明する文書に署名のうえ証券取引委員会に提出することが義務づけられた。個人に対する罰則が伴うものであり，個人の責任を明確化・強化するものであると言える。また財務報告に係る内部統制の有効性を評価した内部統制報告書の作成の義務づけなどが求められることになった。これに加えて証券取引所の規則で，取締役会の過半数は独立社外取締役で構成されること，監査委員会はすべて独立社外取締役から構成されることなどが定められた。

コラム2-2　スチュワードシップ理論

米国のコーポレートガバナンスに関する支配的な考え方はエージェンシー理論に基づくものであるが，これとは異なる理論もあり，その1つがスチュワードシップ理論* である。この理論はあまり普及していないが，エージェンシー理論に対抗する理論としてユニークなものである（比較によりエージェンシー理論の理解が深まるとも言える）。

エージェンシー理論は経済学にルーツを持ち，経営者は経済人として，専ら自己利益の最大化を図るために合理的に行動する者であるとする（性悪説的な考え方）。そして経営者の利益と株主の利益とは必ずしも一致しないことから，経営者の行動を（会社の所有者である）株主の利益と一致させるために，取締役会や株主・機関投資家による監視・監督，および経営者に対する金銭的インセンティブの付与（ストックオプション）等を重視する。

これに対してスチュワードシップ理論は，心理学と社会学にルーツを持ち，経営者は自己実現を図るために合理的に行動する組織人であり，マズローの欲求階層説における高次元の欲求によって動機づけられる人間であるとする（性善説的な考え方）。したがって経営者は，自己実現を図り自らの効用を高めるため，自発的に会社の業績を最大化するといった会社・組織の目的達成に向けて邁進するので，経営者の利益と株主利益とは一致する傾向にあると考える（たとえば経営者の名声は会社の業績と密接に関係する）。このように考えると，取締役会や株主・機関投資家によるモニタリングといった経営者に対するコントロールは不要となる。むしろコントロールを強めると，経営者のモチベーションが低下することにより会社の目的達成に逆効果になる可能性すらある。

この性善説的な考え方は，わが国の伝統的な大企業の経営者の認識に整合的な部分もあるという見方もできる。実際，わが国においてスチュワードシップ理論がよく当てはまるという研究もある**。現在わが国では米国のエージェンシー理論を是としたコーポレートガバナンス改革が進められているが，仮にスチュワードシップ理論がわが国の伝統的な経営者の考え方に馴染むものであるとすると，経営者の実際の認識とそれを規律づける根拠となる理論との間にギャップが生じることになる。

なお，スチュワードシップ理論におけるスチュワードシップは，会社に対する取締役の心構えを指すのに対して，現在の英国やわが国のスチュワードシップ・コードにおけるスチュワードシップは，最終投資家・最終受益者に対する機関投資家の心構えなどを指すものであり，両者のスチュワードシップの対象が異なることに留意する必要がある***。

*　Donaldson and Davis（1991），Davis, Schoorman and Donaldson（1997）。

**　Lee and O'Neill（2003），林（2013）。

***　投資家と経営者の間の対話が失敗に終わることが多い理由について，エージェンシー理論とスチュワードシップ理論を統合したプリンシプル・マネジャー間の選択モデルを用いて分析し，その改善のために相互スチュワードシップ関係の構築を提言した興味深

い研究がある（木下，2017，木下・森田，2019）.

[主な参考文献]

Berger, D. J. (2017). "In Search of Lost Time: What If Delaware Had Not Adopted Shareholder Primacy?" *Working Paper*, SSRN 2916960.

Berle A. A. and G. C. Means (1932) *The Modern Corporation and Private Property*.（北島忠男訳（1957）『近代株式会社と私有財産』文雅堂銀行研究社）.

Bower, J. L. and L. S. Paine (2017) "The Error at the Heart of Corporate Leadership", *Harvard Business Review May-June 2017*, 50-60.

Council of Institutional Investors (2019). *Council of Institutional Investors Responds to Business Roundtable Statement on Corporate Purpose.*

Davis, J. H., Schoorman, F. D. and Donaldson, L. (1997) "Toward a Stewardship Theory of Management," *Academy of Management Review*, 22(1), 20-47.

Donaldson, L. and Davis, J. H. (1991) "Stewardship Theory or Agency Theory: CEO Governance and Shareholder Returns," *Australian Journal of Management*, 16(1), 49-64.

Ford, H. (1926) *Today and Tomorrow*.（竹村健一訳（2002）『藁のハンドル』中央公論新社）.

Friedman, M. (1970). *The Social Responsibility of Business is to Increase Its Profits*, N.Y. Times Sep. 13, 1970.

Gordon, J. N. (2007), "The Rise of Independent Directors in the United States, 1950-2005: Of Shareholder Value and Stock Market Prices", *Stanford Law Review*, 59(6), 1465-1568.

Ghoshal, S. (2005) "Bad Management Theories Are Destroying Good Management Practices", *Academy of Management Learning and Education*, 4(1), 75-91.

Hamilton, R. W. (2000) "Corporate Governance in America 1950-2000: Major Changes But Uncertain Benefits", *Journal of Corporation Law*, 25(2), 349-373.

Jensen M.C. and W.H. Meckling (1976) "Theory of the Firm: Managerial Behavior, Agency Costs and Ownership Structure", *Journal of Financial Economics*, 3(4), 305-360.

Lee, P. M. and O'Neill, H. M. (2003) "Ownership Structures and R&D Investments of U.S. and Japanese Firms: Agency and Stewardship Perspectives," *Academy of Management Journal*, 46 (2), 212-225.

Mace M. L. (1971) *Directors: Myth and Reality*.（道明義弘訳　(1991)『アメリカの取締役：真実と現実』文眞堂）.

Reich R. B. (2007) *Supercapitalism*.（雨宮寛・今井章子訳（2008）『暴走する資本主義』東洋経済新報社）.

Reich R. B. (2015) Saving Capitalism.（雨宮寛・今井章子訳（2016）『最後の資本主義』東洋経済新報社）.

Roe, M. (2019). *Why America's CEOs Are Talking About Stakeholder Capitalism*. <https://www.fa-mag.com/news/why-america-s-ceos-are-talking-about-stakeholder-capitalism-52576.html>

Ruggie, J. G. (2019). "Corporate Purpose in Play: The Role of ESG Investing", *Working Paper*, SSRN 3483205.

The Business Roundtable (1981) *Statement on Corporate Responsibility*.

The Business Roundtable (1997) *Statement on Corporate Governance*.

The Business Roundtable (2019a) *Statement on the Principle of a Corporation*.

The Business Roundtable (2019b) *Redefined Purpose of a Corporation: Welcoming the Debate.*

The American Law Institute (1994) *Principle of Corporate Governance: Analysis and Recommendations.* (証券取引法研究会国際部会訳編 (1994)『コーポレートガバナンス―アメリカ法律協会「コーポレートガバナンスの原理：分析と勧告」の研究』日本証券経済研究所).

Warren, E. (2018) *Accountable Capitalism Act.* <https://www.warren.senate.gov/imo/media/doc/Accountable%20Capitalism%20Act%20One-Pager.pdf>

アイゼンバーグ・メルビン・A (2006)「コーポレートガバナンス，ソフトロー，証券取引所規則」『商事法務』No.1783, pp.4-18.

アイゼンバーグ・メルビン・A (2007)「アメリカの監査委員会と日本の監査役」『商事法務』No.1818, pp.33-43.

大杉謙一 (2013)「コーポレートガバナンスと日本経済：モニタリングモデル，金融危機，日本的経営」『日本銀行金融研究所 金融研究』32(4), 105-202.

木下靖朗 (2017)「なぜ投資家・経営者間の対話は失敗に終わるのか―コーポレートガバナンス理論を踏まえた一考察」『経営哲学』15(1), 4-17.

木下靖朗・森田充 (2019)「企業経営者とのエンゲージメントを担うバイサイドアナリストの役割―いかにして経営者との相互スチュワードシップ関係を構築するのか」『証券アナリストジャーナル』2019年12月号, 26-38.

佐久間信夫・水尾順一 (2010)『コーポレートガバナンスと企業倫理の国際比較』ミネルヴァ書房.

高橋文郎 (2012)『ビジネスリーダーのフィロソフィー』金融財政事情研究会.

龍田節 (1994)「会社の目的と行為」証券取引法研究会国際部会訳編『コーポレートガバナンス―アメリカ法律協会「コーポレートガバナンスの原理：分析と勧告」の研究』日本証券経済研究所.

林順一 (2013)「委員会設置会社導入の有無と企業の現金等保有高の関係分析―スチュワードシップ理論は日本企業の状況を適切に説明できるか」『マネジメント・ジャーナル』5, 53-65.

林順一 (2017)「社外取締役の活用とコーポレートガバナンス―日米での議論の歴史」北川哲雄編著『ガバナンス革命の新たなロードマップ―2つのコードの高度化による企業価値向上の実現』東洋経済新報社.

林順一 (2021)「英国・米国における「会社の目的」に関する最近の議論とわが国への示唆―株主のための会社か，ステークホルダーのための会社か」『日本経理倫理学会誌』28, 51-64.

吉村典久 (2010)「アングロサクソン型の会社統治―米国を中心に」加護野忠男・砂川伸幸・吉村典久編著『コーポレートガバナンスの経営学：会社統治の新しいパラダイム』有斐閣.

吉森賢 (2007)『企業統治と企業倫理』放送大学教育振興会.

第3章

わが国のコーポレートガバナンス[1]

わが国のコーポレートガバナンスは，不正行為の防止（適法性確保）と収益性・競争力の向上（効率性改善）という2つの観点から議論がなされてきた。最近では前者を「守りのガバナンス」，後者を「攻めのガバナンス」と言う[2]。歴史的に見ると，戦後のわが国のコーポレートガバナンスの議論は「守りのガバナンス」の議論が先行し，企業不祥事に対応して監査役の権限強化が進められた。1990年代中旬からは，外国人機関投資家の日本株式への投資増大（外国人持株比率の上昇）を背景として，外国人機関投資家から社外取締役の活用など，モニタリングモデルに基づくコーポレートガバナンス強化が求められるようになった。これは「守りのガバナンス」に加えて「攻めのガバナンス」の意味を持つ。その頃の外国人機関投資家の代表例としてカルパース，外国人機関投資家の要請に本格的に対応した最初の会社としてソニーを挙げることができる。それらの主張・対応は，30年近く経過した現在においても，決して陳腐化していない。

1990年代の米国経済・企業業績の復活と日本経済・企業業績の低迷の中，その原因の1つにコーポレートガバナンスの違いがあるのではないかという考え方が広まり，2002年の商法（現在の会社法）改正に際して，社外取締役の設置義務化などの米国型コーポレートガバナンスの導入が本格的に議論された。その段階では経団連等の経済界の強い反対により社外取締役の義務化は見

1　本章は，林（2017a）を要約のうえ加筆したものである。

2　神田（2015）24-25頁。

表 3-1　関係年表

出来事		説　明
株主構成の変化		
1993 年	カルパースの要請	米国型モニタリングモデル適用の要請
1997 年	ソニーの経営機構改革	米国型モニタリングモデルに基づく改革
2005 年	買収防衛策の指針	米国デラウェア州の判例法理の導入
社外取締役の設置義務化を巡る議論		
2000 年	商法改正	社外取締役設置義務化されず （指名）委員会等設置会社制度の新設
2008-9 年	外圧	東証規則による社外役員 1 人以上の義務化
2014 年	会社法改正	事実上の社外取締役設置義務化 監査等委員会設置会社制度の新設
アベノミクスによる大改革		
2014 年	スチュワードシップ･コード制定	英国スチュワードシップ・コードを模して策定
2015 年	コーポレートガバナンス･コード制定	OECD コーポレートガバナンス原則の枠組み 英国コーポレートガバナンス・コードの考え方
最近の動向		
2020 年	スチュワードシップ･コード再改訂	サステナビリティの考慮など追加
2021 年	コーポレートガバナンス･コード改訂	東証市場区分見直しとの平仄 米国型モニタリングモデルを展望

送られたが，米国のコーポレートガバナンスの枠組みをモデル化した委員会等設置会社（現在の指名委員会等設置会社）の選択的導入が認められた。

その後も日本経済・企業業績・株式市場の低迷が続く中，外国人機関投資家等からの要請を背景として，2008 年から 2009 年にかけて金融庁・経済産業省・東証によって，本格的に社外取締役の設置義務化の議論が進められた。最終的には安倍内閣の成長戦略（「攻めのガバナンス」を指向）と共鳴し，2014 年の改正会社法で社外取締役の事実上の設置強制（上場会社が対象），2015 年制定のコーポレートガバナンス・コードで社外取締役複数名の事実上の設置強制（市場第一部，第二部上場会社が対象）がなされたと言える。

安倍内閣の経済政策（いわゆる「アベノミクス」）では，英国のコーポレートガバナンスの枠組みを参考にして，日本版のスチュワードシップ・コードやコーポレートガバナンス・コードの制定が進められ，機関投資家や上場会社に対してあるべき姿（原則）が示されるようになった。また最近では，社会のサステナビリティへの関心の高まりや，投資家のESG要素重視の投資スタンスを反映して，コーポレートガバナンス・コードにそれらの要素が盛り込まれるようになり，「経営指南書」としてのコードの役割がさらに高まっている。

本章では，米国や英国の影響を強く受けて大きく変貌したわが国のコーポレートガバナンスについて，特に1990年代以降の経緯を概観する。なお，各節ごとの主要な出来事とその主な意義については，表3-1に示す通りである。

第1節　株主構成の変化～株式持ち合いから外国人持株比率の増大へ

1990年代半ば以降，日本企業の株式保有構造に大きな変化が見られた。この変化を端的に言えば，銀行等による株式の安定保有構造（株式持ち合い）が崩れ，外国人機関投資家や国内の機関投資家の保有比率が増加したことである。1990年から2020年にかけての5年毎の日本企業の株式保有構造の推移は表3-2の通りであるが，特に1995年から2005年にかけて，機関投資家等（表の外国法人等と信託銀行の合計）の株式保有比率が大幅に増加し，銀行等（表の都銀・地銀等と生損保等の合計）の株式保有比率が大幅に減少したことが明らかである。そして2020年には，過半数の株式が機関投資家等によって保有され，銀行等の保有比率はわずか6.7%にまで減少している。

この変化を大きく促進した原因が銀行等のリスク許容能力の低下であり，それがわが国の金融危機において顕在化した。具体的には，1997年11月の北海道拓殖銀行の経営破綻，1998年10月の日本長期信用銀行の国有化，同年12月の日本債券信用銀行の国有化等に示されるように，わが国の銀行の経営体力が大幅に低下したことから，株式保有リスクを低減させるために銀行は持ち合い株式の売却を進めた。また2002年1月に，銀行による株式保有の規模をBIS規制の中核的資本の範囲内に抑える「銀行等の株式等の保有の制限に関する法律」が施行されると，銀行の保有株式売却の動きはさらに加速した。その後も，株式持ち合いに対する否定的な考え方が支配的な中で，銀行保有株式の売却の動きが進行している。そしてこの銀行等の保有株式売却の受け皿となっ

表 3-2　日本企業の株式保有構造の推移

年度	外国法人等	信託銀行	小計	都銀・地銀等	生損保等	小計	事業法人等	個人・その他
1990	4.7	9.8	14.5	15.7	15.9	31.6	30.1	23.8
1995	10.5	10.3	20.8	15.1	14.7	29.8	27.2	22.2
2000	18.8	17.4	36.2	10.1	10.9	21.0	21.8	21.0
2005	26.3	18.0	44.3	4.7	7.2	11.9	21.3	22.5
2010	26.7	18.2	44.9	4.1	6.3	10.4	21.2	23.5
2015	29.8	18.8	48.6	3.7	4.7	8.4	22.6	20.4
2020	30.2	22.5	52.7	2.7	4.0	6.7	20.4	20.2
1990比 2020増減	25.5	12.7	38.2	▲13.0	▲11.9	▲24.9	▲9.7	▲3.6

（注）東京証券取引所等の「投資部門別株式保有比率の推移」から筆者作成。
ただし，カテゴリーを一部変更。具体的には
(1) 生保・損保，その他の金融機関を合わせて生損保等とした。
(2) 政府・地方公共団体，証券会社を個人・その他に含めた。
なお，信託銀行には投資信託および年金信託を含む。
（出所）日本証券取引所ホームページの株式分布調査（2021年版）による。

たのが，外国人機関投資家などの機関投資家である。

米国の場合は，第2章第3節で説明したように，機関投資家による上場会社の保有株式の増加にともない（機関投資家現象），それまでの株式保有の分散を前提とした経営者支配の時代から，株主の利益を最大限追求する株主第一主義の時代に移行したが，わが国の場合には，銀行等の株式保有比率の大幅低下と外国人機関投資家等の機関投資家の株式保有比率の大幅増加を背景として，徐々に米国型のコーポレートガバナンスへの転換が進んだと言える。以下では，これらの変化がまだ進行していない1990年頃までの状況を概観したのち，外国人機関投資家の代表格であるカルパースによるわが国企業に対する5項目の要請，ソニーの対応などについて説明する。

1. 1990年頃までの状況

わが国の戦後から1990年ごろまでのコーポレートガバナンスの特徴は，銀

行を中心とする株式持ち合いとそれを背景とした長期コミットメント主義[3]にある。戦後わが国を占領した連合国軍司令部（GHQ）は，いわゆる経済民主化政策の一環として財閥を解体し，これによって戦前に財閥本社が保有していた株式が分散した。その後1970年代初めに資本が自由化されて外資による乗っ取りが現実的な脅威となったため，旧財閥系企業は勿論その他の上場会社も，大手銀行（三井・三菱・住友・第一勧業・富士・三和）を中心に株式持ち合いを進めて安定株主中心の株主構成を構築するようになった[4]。

この時期のわが国経済・企業は，国際競争力を強化した時代であり，長期コミットメントに基づく「日本的経営」が競争力の源泉として評価されていた。この時代のわが国の大会社の行動について，岩田規久男教授は以下のように分析している[5]。

> 日本の大企業の経営者は株主の支配から自由でした。そのため，経営者は株主に株式市場で決まった株式収益率を保証するという目的も，株価を引き上げるという目的も持っていませんでした。経営の主たる目的は，高い売上高成長率やマーケットシェアの拡大，新製品や新事業の開発などでした。このような経営目的のもとで，高い経済成長率が実現したため，会社の収益も拡大し，その結果，株価は趨勢的に上昇しました。株価が趨勢的に上昇したために，低い配当にもかかわらず，長期保有の株式については，結果的に高い株式収益率が実現しました。また，株主と経営者および従業員との間にはほとんど利害対立が起きることがなかったのは，次の理由によると考えられます。まず，そもそも安定株主との利害対立はありません。それ以外の株主も株式を長期保有すれば満足できる収益率を確保できましたし，短期の売買で高い収益率を狙う投機家はもともと会社経営の目的には無関心でした。

3　加護野（2005）。

4　現在は，三井銀行と住友銀行などが合併して三井住友銀行，三菱銀行と三和銀行などが合併して三菱UFJ銀行，第一勧業銀行と富士銀行などが合併してみずほ銀行となっている。

5　岩田（2007）92-94頁。

会社の利益が普通の状態のときには，メインバンクが債権者として会社を監視し，利益が大幅に悪化したときには，メインバンクが債権者兼株主として経営に深く関与します。

ただし，このような長期コミットメント経営にも問題が内在していた。この点に関して加護野忠男教授は，(1) 長期的視点が短期的な非効率の源泉となりがちであること，(2) 集団内部が馴れ合いになる危険が増大すること，特に会社が資本市場からの直接資金調達を重視するようになったことから銀行の牽制力が弱まってきたことを挙げる[6]。実際，1980年代のバブル経済が破綻し，わが国の経済・企業の業績が低迷するようになると，わが国の会社経営に対して批判が巻き起こるようになり，好調な業績を導いていた米国型のコーポレートガバナンス導入を求める動きが盛んになった。以下では米国型のコーポレートガバナンスの考え方が導入されてきた経緯を説明する。

2. カルパースによる5項目の要請

長年に亘り外国人機関投資家はわが国の会社に対して，独立社外取締役の活用によるコーポレートガバナンスの強化を求めてきた。ここでは外国人機関投資家の代表的存在であるカルパース（カリフォルニア州職員退職年金基金）の事例を説明する。カルパースは1932年に設立された米国最大の公的年金基金であり，米国においても長年に亘り「物言う株主」として，会社に対してコーポレートガバナンスの改善を通じて株主重視の経営を行うよう強く働きかけてきたことで知られる。カルパースのように巨額の株式運用を行っている場合，株主重視の経営を行っていない会社の株式を「ウォールストリート・ルール」（投資先企業の経営に関して不満があれば，その企業の株式を売却する）に基づいて売却することが容易ではないことから，コーポレートガバナンスの改善を通じて会社に株主重視の経営を行うよう働きかける（エンゲージメントを行

6　加護野（2005）。

う）ことになる。実際，カルパース等の働きかけで，1992年から1993年にかけて，米国を代表する6社（ゼネラル・モータース，アメリカン・エクスプレス，ウェスティングハウス，IBM，イーストマン・コダック，ボーデン）のCEOが，株主重視の経営を行わず，企業業績が不振であったこと等を理由として退陣に追い込まれた（カルパースは，コーポレートガバナンスの改善が企業業績の改善，ひいては企業価値の向上につながると確信している）。

カルパースは1988年から外国株投資を始め，1992年には日本株を37億ドル保有していた。一方で日本株の株価は1989年末をピークに下落しており，日本株の投資パフォーマンスは芳しいものではなかった。このような背景の下，1993年5月にカルパースのウィリアム・D・クリスト理事長が来日し，経団連の海外事業活動関連協議会で講演した。その際に株主重視経営を求める観点から，日本企業に対して5項目の要望事項を示した[7]。

クリスト理事長が示した日本企業に対する要望事項は，第1に取締役会は主として独立社外取締役で構成され，かつ取締役数は多くとも10～15名であること。第2に会社の成長余力が乏しい場合には，余剰資金を株主に配当すること。第3に財務内容の開示の強化。第4に投資家対応を行うインベスター・リレーションズ（IR）部門の強化。第5に議決権行使を容易にすること（定時株主総会開催日の分散等）であった。このうち第1の要望事項の後半部分および第2から第5の要望事項については，日本企業は相応の対応を進めてきたが，第1の要望事項の前半部分（独立社外取締役中心の取締役会）については経団連を中心とする経済界の抵抗が強く，最後まで残る課題となった。

カルパースは海外資産の規模が増大したことを背景として，米国内向けのガバナンス原則に加え，米国外の経営者に株主重視の経営を求める観点から，1996年に「国際コーポレートガバナンスの基本原則」を策定し，1997年に英国とフランスで，1998年に日本で，それぞれの国情に適合した各国別のコーポレートガバナンス原則を公表した。カルパースは，この原則（カルパースの対日コーポレートガバナンス原則）に基づき，株主利益の重視，独立社外取締役の選任，および投資家への情報提供等を日本企業に求めた。

7　Jacoby（2007b）。

カルパースはこのようなマクロレベルのアプローチと並行させて，個別企業に対するミクロレベルのアプローチも進めた。個別企業に対しては，議決権行使や個別企業との対話を通じて，株主重視の経営や株主へのリターン拡大（株価上昇，株主還元の拡充）を強く求めていった。そしてこの個別企業へのアプローチはカルパースに数多くの利益をもたらしたと言われる[8]。このようにしてカルパースは，1990年代中旬から日本企業に対して，外国人機関投資家の株主重視の考え方を理解させていった。

3. ソニーの経営機構改革

外国人持株比率の増大等を背景として外国人機関投資家が日本企業に対してコーポレートガバナンス強化を要請してきた中で，最初に大規模な経営機構の改革を実施したのはソニーであった。ソニーは1997年6月に取締役会改革と執行役員制度導入を柱とする経営機構改革（ソニー改革）を行ったが，これはモニタリングモデルに基づく改革といえ，その主な特徴は以下の3点に纏めることができる。第1は取締役会の構成員数の適正化（取締役数の削減）である。米国企業の事例を参考に，取締役会の議論を活性化させる観点から，取締役数を従来の38人から10人に削減した。第2は社外取締役の増強による監督機能の強化である。従来から2人の社外取締役を置いていたが，これを3人に増員して監督機能の強化を図った。第3は執行役員制度の導入である。当時の商法（現在の会社法）の枠内で米国企業が実施している監督と執行の分離を実現するため，主に監督機能を担う取締役と業務を執行する者とを分離し，後者を執行役員と位置づけた。この執行役員制度の背景には，取締役数削減のために取締役から外れた者を処遇するという側面もあった。

このソニーの取り組みは，コーポレートガバナンスに関する日本企業の関心の高まりを背景に大きな話題となり，ソニー改革から1年後には100社以上が執行役員制度を導入，2年後には導入または導入を決めた企業数が179社になった。但し，これらの会社がソニー改革のすべての考え方を受け入れたわけ

8　Jacoby（2007a）。

ではない。具体的には，ソニー改革のうち，第1の取締役数削減と（それと表裏の関係にある）第3の執行役員制度の導入に関しては多くの会社で受け入れられたが，第2の社外取締役の導入・拡充については必ずしも十分に受け入れられなかった。これは，当時の日本の大企業の経営者が，経営者を監督するために外部の者を社外取締役として招聘することに対して，強い抵抗感を持っていたからである。

なお，ソニーに追随して経営機構を改革した代表的な事例として，東芝の事例が挙げられる。東芝は1998年6月にソニーの取り組みを参考として，執行役員制度の導入を含む大規模な経営改革を行った。改革の背景には，外国人持株比率の増大を踏まえて，外国人機関投資家等に株主重視の姿勢を示す必要があったこと，並びに収益力の低下を踏まえて，経営のスピードを向上させる必要が高まったこと等が挙げられる。具体的な経営改革として，取締役数を34人から12人に大幅削減し，また執行役員制を導入して業務執行は執行役員が行う体制とした，社外取締役は従前からの1人を維持し増員は行わなかった。

4. 買収防衛策

株式持合の解消が進み，会社は株主のものであるという考え方や株主の声に十分配慮した経営を行うべきであるという声が高まる中で，2000年代前半にはわが国でも敵対的買収が本格的に生じ得る環境になりつつあった。敵対的買収の際には，会社は誰のものかが問われることになる。わが国では敵対的買収に対する知識と経験が不足していたことから，経済産業省により2004年9月に企業価値研究会（座長：神田秀樹東京大学教授）が立ち上げられ，9回に亘る会合での審議を経て敵対的買収に対する防衛策の基本的な考え方が纏められて，2005年5月に「企業価値報告書」[9]が作成・公表された。そこで提示された考え方は，基本的には米国デラウェア州で構築された買収防衛策に関する判例法理に基づくものである。この報告書と同時に，経済産業省・法務省から「企業価値・株主共同の利益の確保又は向上のための買収防衛策に関する指針」

9　企業価値研究会（2005）。

（以下本節では「指針」という）[10]が公表された。指針には法的拘束力がないが，一定の規範性を有するものと言える。

指針では，適法で合理的な買収防衛策の在り方を提示する理由として，「敵対的買収に対する防衛策は，適正に用いられれば企業価値，ひいては，株主共同の利益の向上に役に立つものになる一方で，慎重に設計しなければ経営者の保身に使われ非効率な経営が温存される可能性も高い」ことを挙げている。そして原則として，(1) 企業価値・株主共同の利益の確保・向上の原則，(2) 事前開示・株主意思の原則，(3) 必要性・相当性確保の原則を示している。エージェンシー理論に基づけば，経営者は株主の代理人であり，その代理人が依頼主である株主の権利を制限する買収防衛策を採用するには相当の理由が必要である。この点，指針では以下のように説明している。

株式会社は，従業員，取引先など様々な利害関係人との関係を尊重しながら企業価値を高め，最終的には，株主共同の利益を実現することを目的としている。

買収者が株式を買い集め，多数派株主として自己の利益のみを目的として濫用的な会社運営を行うことは，その株式会社の企業価値を損ない，株主共同の利益を害する。また，買収の態様によっては，株主が株式を売却することを事実上強要され，または，真実の企業価値を反映しない廉価で株式を売却せざるを得ない状況に置かれることとなり，株主に財産上の損害を生じさせることとなる。

したがって，株式会社が，特定の株主による支配権の取得について制限を加えることにより，株主共同の利益を確保し，向上させることを内容とする買収防衛策を導入することは，株式会社の存立目的に照らし適法かつ合理的である。

---

[10] 経済産業省・法務省（2005）。

ここで，企業価値とは何か，株主共同の利益とは何かが問題となる。企業価値報告書では，「企業価値とは，会社の財産，収益力，安定性，効率性，成長性等株主の利益に資する会社の属性またはその程度をいう。換言すると，会社が生み出す将来の収益の合計のことであり，株主に帰属する株主価値とステークホルダーなどに帰属する価値に分配される」と定義されている。すなわち，企業価値は会社が将来にわたって生み出す付加価値であるとされ，株主に分配される株主価値よりも広い概念であり，ステークホルダーに対する配慮が示されている。また指針では，株主共同の利益を「株主全体に共通する利益の総体をいう」と定義され，少数株主にも配慮したものとなっている。

指針では，買収防衛策は株主総会決議または取締役会決議で導入されるものとされ，取締役会決議での導入の場合には特に独立社外者の判断の重視が求められている。また企業価値報告書では防衛策として，新株予約権を用いたライツプラン（買収者以外の株主だけが行使できる，いわゆる差別的行使条件のついた新株予約権を用いた防衛策）が典型例として示されている（以下簡単に説明するブルドックソースや東芝機械の事案もライツプランによる買収防衛策の導入事案である）。

わが国でも買収防衛策を巡る争いが様々生じたが，その中で争いが最高裁の決定まで進んだのがブルドックソースの事案である。これは，米投資ファンドのスチール・パートナーズがブルドックソースに対して株式公開買い付け（TOB）を仕掛け，これに対してブルドックソース側が株主総会で買収防衛策を可決承認したことに対して，この買収防衛策が適法であるかが争われた事案である。2007年8月に最高裁は，買収防衛策が株主総会で8割を超す圧倒的多数の賛成によって承認されたこと，敵対的買収者側が補償を得られることなどを理由として，本事案は株主平等の原則に抵触せず，著しく不公正な方法によるものとも言えないとして，本件買収防衛策は適法であるとの判断を下した。

指針の公表を機に，多くの会社で買収防衛策の導入が進められ，たとえば2006年には132社，2008年には461社が導入していたが，買収防衛策が経営者の保身に使われ非効率な経営が温存されるという批判の高まりや，機関投資家が株主総会で買収防衛策の導入・継続に反対するなど買収防衛策に強く反対する傾向があることを背景として徐々に減少し，2020年には導入企業が東証上場会社で283社（全体の7.7%）となった[11]。

ただし，機関投資家がすべての買収防衛策に反対しているわけではない。たとえば，2020年3月に買収防衛策導入の可否に関する株主総会が開催された東芝機械（現在の芝浦機械）の事案では，短期投資家として株主還元を得ることだけが目的とみられるような敵対的買収者をターゲットとした買収防衛策に対して，世界最大の運用機関であるブラックロックや議決権行使助言会社のISSが賛成を表明した（株主総会で買収防衛策が可決承認され，敵対的買収者による株式の公開買い付けが撤回された）。

第2節　社外取締役設置義務化を巡る議論

外国人機関投資家からの要請の中で，わが国の伝統的大会社の経営者に最も抵抗があったのが社外取締役の導入である[12]。これは社外取締役による経営者の監視監督（モニタリング）を基調とする米国型のコーポレートガバナンス（第2章第2節参照）と異なり，わが国の伝統的大会社では業務執行と監視監督を行う者が未分離で，その両方を内部昇進の社長などの経営陣が担っており，そこに外部者が入ることに抵抗があったからである。ただし，主として適法性の観点から監査を実施する監査役には，上場会社の場合，複数の社外監査役の設置が法定されていた。

2000年頃からアベノミクス前におけるわが国におけるコーポレートガバナンスの議論の中心は社外取締役設置の義務化であった。以下では，特にその議論が行われた（1）2002年の商法（現在の会社法）改正，（2）2008年から2009年にかけての動き，（3）2014年の会社法改正の内容について概観する。

11　東京証券取引所（2021）30頁。

12　わが国の社外取締役を巡る議論は，当初は「社内」取締役（典型的には新卒入社で昇進を重ねて取締役に就任した者）で構成される取締役会に，外部の有識者である「社外」取締役を導入することであった。その後，特にアベノミクスの頃から，社外取締役に「独立性」の要件が強く求められるようになった。これを踏まえ本章では原則として，アベノミクス前の記載には主として社外取締役を用い，アベノミクス以後は主として独立社外取締役の文言を用いる。

1. 2002年の商法改正

1997年6月のソニー改革に続き，2000年頃からは会社法制の見直しによってコーポレートガバナンスを強化しようとする動きが活発化した。そこでは，社外取締役の導入・拡充によって取締役会の監督機能を強化しようという論点が正面から議論された。

それまでの商法（現在の会社法）におけるコーポレートガバナンスの議論の力点は，企業不祥事の防止にあり，その観点から監査役制度の見直しが進められてきたが，2000年頃には商法学者の間にも「世界的にも，景気の良い国も含めて，制度の国際競争力みたいなものを意識した中で，コーポレートガバナンスの議論がされるようになって」[13]いるという認識があった。法務大臣の諮問機関である法制審議会では，2000年9月に法制審議会商法部会を開催し，企業統治[14]の実効性の確保等を含む4項目について検討を行うこととした。企業統治の実効性の確保等に関しては，企業統治の実効性を確保し企業競争力を向上させる観点から，会社機関のあり方や会社の情報開示のあり方が検討されることになった。

法制審議会での検討を踏まえて，2001年4月に「商法等の一部を改定する法律案要綱中間試案」（中間試案）が公表された。その中で，本章の論旨に関係して重要な点は，第1に商法特例法上の大会社に社外取締役1人以上の選任を義務づけること，第2に委員会等設置会社（現在の指名委員会等設置会社）を選択的に導入することができる（その場合，各委員会を構成する取締役は3人以上で，そのうち過半数は社外取締役でなければならない）ことが提案された点である。このうち第1の社外取締役選任義務が提案された理由として，法務省民事局参事官室の解説では，「現在の取締役会の問題点の1つとして，取締役が代表取締役の支配下にあり，十分な監督ができていないとの指摘がなされていることから，この問題に対処するため，大会社に1人以上の社外取締役の選任を義務づけようとするものである」と説明された。

13　前田他（2000）神田発言部分。

14　コーポレートガバナンスを企業統治と言うことがある。

この社外取締役選任を商法で義務化するという案については，賛否が大きく分かれた。たとえば経団連は，2001年4月に意見書（「会社機関の見直しに関する考え方」）を公表し，大会社における社外取締役の設置義務化について，「大会社に対する社外取締役の設置強制は，経済界が支持してきた監査役（会）機能の強化が議員立法で進められている中，これを考慮しない提案である。また，現実的にも供給源が限られていることから，適切な人材の確保が困難である」として強く反対した。法務省民事局参事官室は2001年6月を期限として各界の意見を取りまとめたが，その中で賛成意見を述べたのは，東証，アメリカ合衆国政府等であり，反対意見を述べたのは，経団連，経済同友会，日本鉄鋼連盟，全銀協等の業界団体等であった。反対の理由として，経済団体の多くは，それらは会社の自治に委ねるべき問題であるとした。大会社に対する社外取締役1人の設置強制案は，経団連が強く反対したことなどから，2001年12月の会社法部会の議論で取り下げられた。

中間試案の第2の論点として，委員会等設置会社の選択的導入が提案された背景について，法務省民事局参事官室は，「現状の取締役会制度については，理念的には，業務執行を監督すべき者が，同時に業務の執行を行っていることに問題があるとの指摘があり，現象面では，取締役の人数が増えすぎて機動性を欠くこと，従業員兼務取締役が大半となったため，代表取締役の実質的な支配下に置かれていること等の問題点が指摘されている」と解説している。これらの問題点を解決する新しい経営管理機構として提案されたのが，業務執行と監督の分離を図る米国型の経営管理機構（モニタリングモデル）である委員会等設置会社（現在の指名委員会等設置会社）であった。

この委員会等設置会社の選択的導入案については，賛成意見が多数を占めた。在日米国商工会議所やアメリカ合衆国政府等がこの案に賛成した。経団連，経済同友会，日本鉄鋼連盟，全銀協などの業界団体は，委員会等設置会社の選択的導入に肯定的な意見を示した上で，各種委員会を一体として導入する選択肢しかないのは硬直的であるので，企業に部分的な選択を認めるべきであるという意見を提出した。この委員会等設置会社の選択的導入については，強い反対意見がなかったことから，「商法等の一部を改正する法律」（2002年改正商法）に盛り込まれることになり，2002年改正商法は2002年5月に成立・

公布され，2003年4月から施行された。

主要企業の中では，2003年1月にコニカとミノルタが2003年8月の経営統合に当たって委員会等設置会社に移行すると発表，次いでソニーが2003年6月に移行する方針を明らかにした。その後東芝，日立製作所，オリックス，三菱電機等が相次ぎ移行を表明した。

このように，米国型のコーポレートガバナンス導入に熱心な会社の中には，2002年商法施行後の株主総会で委員会等設置会社に移行した会社もあるが，全体としてみるとこの委員会等設置会社は普及しなかった。その理由として，経営者は人事権および報酬決定権を社外取締役中心の委員会に委ねることに対して強い抵抗感を有していることが挙げられる。すなわち経営者は，経営者が事実上保有し経営者の権力の源でもある人事権や各役員の個別報酬決定権を手放すことに強い抵抗感があり，また社内の事情に詳しいとはいえない外部の社外取締役にそれらの権限を委ねた場合，十分に機能するのかについて強い疑問を有していたため，委員会等設置会社が普及しなかったと考えることができる。

2. 2008年から2009年にかけての動き

2006年から2008年にかけ，日米・日欧の政府間協議において欧米諸国から東京の株式市場の投資環境改善に関する要望が提示され，その中で日本企業は独立役員[15]を置いていないので投資判断がしにくく，コーポレートガバナンス改善が課題であると指摘されていた。また2008年5月にACGA[16]がカルパースやハーミーズといった欧米の有力年金基金や運用会社と共同で「日本のコーポレートガバナンス白書」を公表し，最低3人の独立した社外取締役の導入等を要望[17]するなど，外国人機関投資家等から社外取締役・監査役の独立性の問題や社外取締役の導入促進についての提言がなされていた。これらに対応する

15　社外取締役と社外監査役を総称して社外役員，独立性の基準を満たした社外取締役と社外監査役を総称して独立役員という。

16　ACGA（Asian Corporate Governance Association）は，1999年にアジア企業のガバナンスを長期的視点から改善することを目指す独立した非営利の組織として設立された。カルパース，ハーミーズ等，欧米亜の年金基金や運用会社等100余の会員を擁する団体である。

17　ACGA（2008）。

ため，経済産業省は2008年12月に経済産業政策局長の研究会として企業統治研究会を設置し，金融庁は金融審議会の「我が国金融・資本市場の国際化に関するスタディグループ」の中で，社外取締役の義務化や独立性等に関する議論を行った。これらの議論を踏まえて，東証は2009年12月に有価証券上場規程等を改正（上場会社に対する独立役員1人以上の義務づけ）した。以下ではこれらの議論の内容を概観する。

経済産業省の企業統治研究会（座長：神田秀樹東京大学教授）は2008年12月に設置され，5回に亘る会合での審議を経て，2009年6月に報告書が作成・公表された。そこでは，たとえば在日米国商工会議所から，取引所の上場規則に取締役の少なくとも3分の1は独立社外取締役とする旨規定すること，「独立」の定義をニューヨーク証券取引所等の基準を含む国際的なベストプラクティスに沿った基準に基づいて定めることが提案され，ACGAからは，経営者や主要な株主等から独立した取締役を最低3人設置すること等が提案された。

これに対して経団連は，社外取締役設置の義務化に関しては，ガバナンスのあり方は各企業の自主的な選択が認められるべきであり，取締役の質については開示情報に基づいて判断されるべきものであること，社外役員の独立性に関しては，形式的要件を厳格化するのではなく多様性が認められるべきであり，充実した開示によって株主の判断に委ねるべきであることなどを主張して，社外取締役設置の義務化や社外性要件の独立性要件への見直しに強く反対した。(2006年から2010年まで経団連会長を務めていた御手洗冨士夫氏の社外取締役に関する考え方については，コラム3-1参照)。

また，金融庁の金融審議会の「我が国金融・資本市場の国際化に関するスタディグループ」（座長：池尾和人慶応義塾大学教授）でも，2008年10月から8回に亘る会合での審議を経て，2009年6月に報告書が作成・公表された。そこでは，社外取締役のあり方と独立性確保については，ガバナンス機構をめぐる問題の中で議論がなされ，社外取締役のあり方について，独立性の高い社外取締役を1人ないし複数人選任して監査役会等と連携を図っていく形態を1つの望ましいモデルとした上で，取引所が株主・投資家等からの信任を確保していく上で相応しいと考えるコーポレートガバナンスのモデルを提示することが提案された。

東証は企業統治研究会報告や金融審議会スタディグループの報告を受け，2009年9月に「上場制度整備の実行計画2009」を策定，2009年12月に有価証券上場規程，同施行規則を改定した。この中で，上場会社に対して独立役員を1人以上確保することを求め，また独立役員に関する一定の内容を記載した「独立役員届出書」を東証に提出することを義務づけた。独立性に関する判断基準については，一般株主と利益相反の生じるおそれのないものを確保することを義務づけ，親会社や主要取引先の役職員を独立性のない者とした。

この東証の対応は，上場会社に対して独立役員の設置を義務づけたという点，並びに一般株主の立場を尊重し，経営者からの独立性に加えて大株主等からの独立性も求めた（社外役員より厳しい判断基準となった）点で外国人機関投資家等の意見を反映させたものであるといえる。一方で独立社外取締役だけでなく独立社外監査役でも基準を満たすとした点で，経済界の主張に配慮したものであると言える（社外監査役は会社法の規定により，監査役会設置会社には少なくとも2人存在しており，そのうちの1人が独立性の要件を満たせば，独立社外取締役を導入しなくとも，この基準が達成できることになる）。

3. 2014年の会社法改正

2010年2月に法務大臣から法制審議会に諮問がなされてから4年以上の年月を経て，難産の末，「会社法の一部を改正する法律」（2014年改正会社法）が2014年6月の国会において可決，成立した。2014年改正会社法は，2005年会社法では実現できなかった社外取締役の義務づけ等の取締役会制度の改革に本格的に取組み，戦後の会社法立法の最終的な総決算という側面を有するものであったと言える。

今回の会社法見直しの背景には，金融庁，経済産業省，東証等の間に，日本企業のコーポレートガバナンスが他国に劣後していることが，日本経済や日本企業の競争力低下・低収益性の一因であるという懸念があり，またそれが外国人機関投資家からの批判（株主軽視経営）を招き，日本の証券市場・資本市場が低迷しているという危機感があった。2014年改正会社法は，経団連に代表される経済界が長年の間反対していた社外取締役の義務化に関して，社外取締役の事実上の設置強制を意味するものであった。以下では，社外取締役の義務化の議論を中心に，2014年改正会社法成立に至る経緯を概観する。

2010年2月の法制審議会第162回会議において，法務大臣から会社法制の見直しに関する諮問第91号が発せられ，同諮問を受けて法制審議会会社法制部会（部会長：岩原紳作東京大学教授）が設置された。2010年4月の第1回会議以降16回にわたって審議がなされ，2011年12月に法制審議会会社法部会において「会社法制の見直しに関する中間試案」（中間試案）が取りまとめられ，法務省民事局参事官室から「会社法制の見直しに関する中間試案の補足説明」が公表された。中間試案については，2012年1月を期限として，パブリックコメント手続が行われた。

中間試案では，企業統治の在り方や親子会社に関する規律等に関する見直しが提案されたが，その中で取締役会の監督機能の強化策として，第1に社外取締役の選任の義務づけ，第2に監査・監督委員会設置会社制度の導入，第3に社外取締役等の要件の厳格化が提案された。経団連は，2010年7月に意見書（「企業の競争力強化に資する会社法制の実現を求める」）を公表し，(1)諸外国の制度の安易な移植は避けるべきであり，わが国では多くの企業で経営者と従業員が一体感を持って企業価値の向上に努めているという，わが国の社会・企業風土を踏まえた会社法制とすべきであること，(2)会社のガバナンス機構の在り方について一律に形式的なルールを導入するのではなく，実質を重視した各企業の自主的な判断に委ねるべきであること等を主張し，社外取締役の義務づけに強く反対した。

中間試案に対するパブリックコメントでも，第1の社外取締役の選任義務づけの案については，賛否が大きく分かれた。第2の監査・監督委員会設置会社制度の創設については，賛成意見が多数を占めた。また第3の社外取締役等の要件の厳格化については，意見は分かれたが，社外取締役の要件に，親会社の取締役等でないものを追加するといった厳格化意見に賛成する意見が多数であった。

これらの意見を踏まえ，その後，法制審議会会社法制部会において更に8回にわたって審議がなされ，2012年9月に「会社法制の見直しに関する要綱案」が決定された。そこでは，最大の論点であった第1の社外取締役の選任義務づけについて，反対意見に配慮して義務づけそのものは断念したが，一定の会社（監査役会設置会社で有価証券報告書の提出義務を負う会社）が社外取締役を置いていない場合には，社外取締役を置くことが相当でない理由を事業報告の内容とすることが盛り込まれた。また併せて，取引所規則において，上場会社に取締役である独立役員を１人以上確保するよう努める旨の規律を設ける必要がある等とする附帯決議もなされた。第２の監査・監督委員会設置会社制度の創設については試案と同様のもの，第３の社外取締役等の要件については厳格化を求める案が要綱に盛り込まれた。

法制審議会の答申を受けて法務省民事局が法案提出の準備を進めたが，法案提出までの間に，「日本再興戦略」が2013年６月に閣議決定され，そこに「会社法を改正し，外部の視点から，社内のしがらみや利害関係に縛られず監督できる社外取締役の購入を促進する。【次期国会に提出】」と記載された。そして改正法案の国会提出に先立つ自由民主党政務調査会法務部会での議論を踏まえ，法案に「社外取締役を置くことが相当でない理由」の株主総会での説明義務が追加された。また東証の有価証券上場規定が改定され，「取締役である独立役員を少なくとも１名以上確保するよう努めなければならない」とする内容が盛り込まれた（2014年２月施行）。要綱では新たに設ける委員会の名称を「監査・監督委員会」としていたが，当該委員会が「取締役の職務の執行の監督」という取締役会の監督機能全般を担うわけではないことから，政府内における検討の結果，「監査等委員会」として法案が提出された。

法案は2014年６月に参議院本会議において賛成多数により可決・成立の上公布され，2015年５月から施行された。2014年改正会社法によって，わが国において長年に亘り議論がなされてきた社外取締役設置の義務化については，事実上の設置強制という形で決着したと言える。経団連を中心とする経済界の強い反対によって，社外取締役設置の義務化そのものは法律には盛り込まれなかったものの，社外取締役を設置していない場合の説明義務が煩雑・困難であり，新たに社外取締役を設置する場合のコストを大幅に上回ることから，従来社外取締役を設置していなかった上場会社も，社外取締役を設置するようになった。

市場第一部の会社で見ると，表3-3に示されるように，社外取締役を選任し

表3-3　政府・審議会等の動向と企業の対応状況

	政府・審議会等の動向		企業の対応			
					a	b
2009年	6月 6月 12月	金融審議会 報告書 企業統治研究会 報告書 東証が独立役員制度導入			46.3%	n.a.
2010年	2月	法務大臣からの諮問(会社法制見直し)			48.5%	12.9%
2011年	12月	会社法制見直しに関する中間試案公表			51.4%	15.0%
2012年	9月 12月	会社法制見直しに関する要綱案答申 安倍政権誕生			55.4%	16.7%
2013年	6月 11月	日本再興戦略 閣議決定 改正会社法案 国会提出	6月	トヨタが3人の社外取締役選任	62.3%	18.0%
2014年	2月 6月 6月 8月	スチュワードシップ・コード公表 改正会社法成立 日本再興戦略 改訂2014 閣議決定 伊藤レポート公表	3月 6月	キヤノンが2人の社外取締役選任 新日鉄住金が2人の社外取締役選任	74.3%	21.5%
2015年	3月 5月 6月 6月	コーポレートガバナンス・コード原案公表 改正会社法施行 コーポレートガバナンス・コード施行 日本再興戦略改訂2015 閣議決定			94.3%	48.4%

（注）a：社外取締役選任上場会社（市場第一部）の比率
　　　b：独立社外取締役を2名以上選任する上場会社（市場第一部）の比率
（出所）各種資料により筆者作成。比率は東証ホームページによる。

ていた会社の比率は，会社法制の見直しが法制審議会に諮問された2010年には50%未満であったのに対して，改正会社法が施行された2015年には90%を超えるまでに増加した。また，経団連の会長を過去輩出し，社外取締役設置に否定的な態度をとっていたトヨタ，キヤノン，新日鉄住金（現在の日本製鉄）が，それぞれ2013年6月，2014年3月，6月に社外取締役を設置した。特に長年に亘り社外取締役不要論を主張してきたキヤノンまでが，社外取締役を設置したことが注目される。この背景として，2013年3月の株主総会において，御手洗会長兼社長の取締役選任議案の賛成比率が低水準であったこと（ISSの議決権行使助言等に基づき外国人機関投資家の多くが再任に賛成しなかったと推察される）が影響していると考えることができる。また併せて，3番目のガバナンス形態となる監査等委員会設置会社制度が導入された。

社外取締役の設置義務化の議論に関して，2002年の商法改正時とほぼ同様の議論を辿りながら，最終的に事実上の設置強制となり，多くの会社が社外取締役を設置するようになった要因として，以下の３点を指摘することができる。第１は外国人機関投資家からの圧力が引き続き強かった点である。第２は，金融庁・経済産業省・東証が，日本経済・日本企業の競争力向上，証券市場の活性化のために，コーポレートガバナンス改革を強力に推進した点である。第３は，安倍内閣の日本再興戦略の影響である。日本再興戦略は2014年改正会社法における社外取締役設置の事実上の義務化を最終局面で後押した。なお，この日本再興戦略に基づく諸施策によって，コーポレートガバナンス・コードの制定等が実施され，このコードによってさらに日本企業の社外取締役の設置が進展したと言える。コーポレートガバナンス・コードの制定に至る経緯とその内容については次節で概観する。

4．３つのガバナンス形態

以上の経緯を経て，わが国の上場会社は現在，(1) 監査役会設置会社，(2) 監査等委員会設置会社，(3) 指名委員会等設置会社の３つのガバナンス形態のうちから１つを選択することができるようになった。

監査役会設置会社はわが国の伝統的なガバナンス形態で，株主総会によって取締役と監査役が選任される。すべての取締役で構成される取締役会で，①会社の業務執行の決定，②取締役の職務の執行の監督，③代表取締役の選定および解職が行われ，取締役会で選定された代表取締役等によって実際の職務の執行が行われる。監査役は主として取締役の職務が法令・定款・社会規範に適合しているかといった適法性の観点から，取締役の職務の執行を監督する。歴史的には不祥事が発生すると監査役の権限が強化されており，現在では，①社外の目の導入（監査役は３人以上でその半数以上は社外監査役），②独任制（監査役のうち１人でも問題があると認めた場合には当該監査役が単独で監査権限を行使できる），③任期（独立性を確保するため取締役よりも長い４年）が確保されている。業務執行（取締役）と適法性の観点からのチェック（監査役）が明確に分離された形態であり，多くの上場会社が採用しているわが国の典型的なガバナンス形態である。ただしこの形態は日本独自のもので，外国人機関投資家等にはこの形態の良さが十分には理解されていない。

監査等委員会設置会社は2014年会社法改正によって新しく導入されたガバナンス形態で，株主総会によって取締役と取締役兼監査等委員が別々に選任される（監査役は存在しない）。監査等委員会が取締役会に置かれ，そのメンバー（監査等委員）は3人以上でその過半数は社外取締役でなければならない。単純化すると，監査等委員は監査役会設置会社の監査役の役割と取締役の役割を兼ねた存在であるが，監査役が有する独任制が明確には認められておらず，任期が2年に短縮されている。また一定の条件のもと（取締役会の過半数が社外取締役である場合または定款で定めた場合）では，業務執行の決定権限を取締役会から個別の取締役に大幅に委任することが認められており，これを行えば，業務執行と監督の分離（モニタリングモデル）を実現することができる。一方で，監査役会設置会社から監査等委員会設置会社に単純に移行した場合（監査役が監査等委員に横滑り），上場会社の場合には社外監査役が必ず2人以上存在することから，監査等委員である社外取締役も2人以上存在することになり，社外役員の総数を増加させなくとも2015年に制定されたコーポレートガバナンス・コードが求める（社外取締役2人以上の）要件を満たすことが容易になる。監査役会設置会社から監査等委員会設置会社への転換には，監督機能強化を目的とした会社とコーポレートガバナンス・コードの要件を満たすことを目的とした会社（2種類の動機を有する会社）が含まれていたこともあり[18]，新しいガバナンス形態でありながら1,000社を超える上場会社がこの形態を採用している。

指名委員会等設置会社は2002年の商法（現在の会社法）改正によって導入されたガバナンス形態で，米国のモニタリングモデルを模したものである。指名委員会等設置会社では，取締役会の役割は，基本事項の決定と監督機能が中心となり，取締役で構成される指名委員会・監査委員会・報酬委員会が設置される。指名委員会は株主総会に提出する取締役の選任・解任に関する事項，監査委員会は監査役設置会社の監査役の役割に相当する事項，報酬委員会は執行役（米国のCEO等のオフィサーに相当する。執行役員とは異なり役割が会社

---

[18] 林（2017b）。

法で明確に定義されている）等の個人別の報酬の決定に関する事項を担う。また業務執行と監督が明確に分離され，業務執行は執行役（代表執行役が会社を代表する）が担当し，業務執行に関する意思決定が大幅に執行役に委ねられる。各委員会はそれぞれ取締役である委員3人以上で構成され，その過半数は社外取締役でなければならない。同じ取締役が複数の委員会の委員を兼務することは可能である（したがって，指名委員会等設置会社には最低2人の社外取締役が存在する）。監査役会設置会社では（通常）代表取締役社長が有する取締役の選任・解任権限や報酬決定権限が，社外取締役中心の指名委員会・報酬委員会に移譲されることなどから，このガバナンス形態に移行する会社が限られており，上場会社での採用は100社に満たない。

なお，コーポレートガバナンス・コードで指名委員会・報酬委員会の設置が明記され求められていることもあり，監査役会設置会社や監査等委員会設置会社においても，任意で指名委員会・報酬委員会を設置する事例が増加している。ただしそれらの任意の委員会では，指名委員会等設置会社で求められる各委員会の厳格な要件が必ずしも満たされているわけではない。

第3節　アベノミクスによる大改革

コーポレートガバナンスの強化が第2次安倍内閣の成長戦略（アベノミクス）の主要施策の1つとして位置づけられたことにより，わが国のコーポレートガバナンスが大変革を遂げた。具体的には，英国のコーポレートガバナンスをモデルとして，スチュワードシップ・コードとコーポレートガバナンス・コードが制定され，機関投資家や取締役・企業経営者に対する規律づけが大幅に強化された。これらは官邸・官僚主導の改革であったと言える。

1. スチュワードシップ・コードの制定

2013年5月の自由民主党日本経済再生本部の中間提言を受け，2013年6月に日本再興戦略が閣議決定された。その中で，コーポレートガバナンスに関しては，以下の内容が示された（抜粋）。

> 1. 会社法を改正し，外部の視点から，社内のしがらみや利害関係に縛られずに監督できる社外取締役の導入を促進する。【次期国会に提出】
> 2. 機関投資家が，対話を通じて企業の中長期的な成長を促すなど，受託者責任を果たすための原則（日本版スチュワードシップコード）について検討し，取りまとめる。【年内に取りまとめ】

このうち，1については前節での説明の通り，2014年会社法改正に盛り込まれた。2については，この閣議決定を受け，金融庁内に「日本版スチュワードシップ・コードに関する有識者検討会」（座長：神作裕之東京大学教授）が設置され，2013年8月から6回に亘る検討会およびパブリックコメント手続を経て，2014年2月に「『責任ある機関投資家』の諸原則《日本版スチュワードシップ・コード》～投資と対話を通じて企業の持続的成長を促すために～」が制定された。

この日本版スチュワードシップ・コードは英国のスチュワードシップ・コードを参考にして作成されたもので，機関投資家の規律づけに多大な影響を与えた。加えて，わが国のコーポレートガバナンス・コード制定に際しての「地ならし」的な意義も有していた。具体的には，(1) プリンシプルベース・アプローチ（原則主義）とコンプライ・オア・エクスプレイン（原則を実施するか，実施しない場合にはその理由を説明するか）の概念を導入して，コードというものに対する理解を広めたこと[19]，(2) 株主に対する規律を先行させることによって，上場会社サイドの規律受け入れの抵抗感を削減したことが指摘できる。また，(3) 海外では，コーポレートガバナンス・コードが制定された後にスチュワードシップ・コードが制定されるのが通常であることから，わが

[19] 従来わが国では，米国型の細則主義（ルール・ベース）に基づく規律づけが行われてきたが，日本版スチュワードシップ・コードの制定を機に，英国型の原則主義（プリンシプル・ベース）の規律づけが本格的に導入されたと言える。

表 3-4　日本版（2014 年版）と英国版（2012 年版）のスチュワードシップ・コードの比較

日本版スチュワードシップ・コード		英国版スチュワードシップ・コード	
原則 1	機関投資家は，スチュワードシップ責任を果たすための明確な方針を策定し，これを公表すべきである。	原則 1	機関投資家は，スチュワードシップ責任をどのように果たすのかについての方針を開示すべきである。
原則 2	機関投資家は，スチュワードシップ責任を果たす上で管理すべき利益相反について，明確な方針を策定し，これを公表すべきである。	原則 2	機関投資家は，スチュワードシップに関連する利益相反をどのように管理するのかについての堅固な方針を策定し，それを開示すべきである。
原則 3	機関投資家は，投資先企業の持続的成長に向けてスチュワードシップ責任を適切に果たすため，当該企業の状況を的確に把握すべきである。	原則 3	機関投資家は，投資先企業をモニタリングすべきである。
原則 4	機関投資家は，投資先企業との建設的な「目的を持った対話」を通じて，投資先企業と認識の共有を図るとともに，問題の改善に努めるべきである。	原則 4	機関投資家は，いつ，どのような方法でスチュワードシップ活動を強化するのかについての明確なガイドラインを策定すべきである。
		原則 5	機関投資家は，適切な場合には，他の投資家と協調して行動すべきである。
原則 5	機関投資家は，議決権の行使と行使結果の公表について明確な方針を持つとともに，議決権行使の方針については，単に形式的な判断基準にとどまるのではなく，投資先企業の持続的成長に資するものとなるよう工夫すべきである。	原則 6	機関投資家は，議決権行使およびその結果の公表について，明確な方針を持つべきである。
原則 6	機関投資家は，議決権の行使を含め，スチュワードシップ責任をどのように果たしているのかについて，原則として，顧客・受益者に対して定期的に報告を行うべきである。	原則 7	機関投資家は，スチュワードシップ活動および議決権行使活動について，（委託者等に対して）定期的に報告すべきである。
原則 7	機関投資家は，投資先企業の持続的成長に資するよう，投資先企業やその事業環境等に関する深い理解に基づき，当該企業との対話やスチュワードシップ活動に伴う判断を適切に行うための実力を備えるべきである。		

（出所）各種資料により筆者作成。

国でスチュワードシップ・コードが制定されたことにより，次は当然コーポレートガバナンス・コードが制定されるであろうという雰囲気が，会社と投資家双方に醸成されたことも指摘できよう[20]。

この日本版スチュワードシップ・コードは英国版（2012年版）の内容を概ねそのまま取り入れたものである。両者を簡単に比較すると表3-4のようになる。

両者の大きく異なる点は表から明らかなとおり，英国版の原則5（集団的エンゲージメント）が日本版にはないこと，および英国版にはない原則（機関投資家が実力を備えるべき）が日本版の原則7に加えられていることである。集団的エンゲージメントが原則に明記されていない理由について，「機関投資家ごとに運用方針には違いがあり，また，投資先企業ごとに把握すべき事項の重要性も異なることから，機関投資家は，自らのスチュワードシップ責任に照らし，自ら判断を行うべきである（指針3-3の一部）」と説明されている（英国では集団的エンゲージメントの歴史がある）。また機関投資家が実力を備えるべきとの記載は，英国とは異なりわが国の機関投資家がスチュワードシップ活動を必ずしも長年行っているとは言えないことを反映していると考えることができる。

なお，日本版では「スチュワードシップ責任」を，以下のように定義している（下線部分は2020年のコード改訂で追加された文言）。この点は英国版とまったく同じというわけではない（英国版については第1章第7節参照）。

> 本コードにおいて，「スチュワードシップ責任」とは，機関投資家が，投資先企業やその事業環境等に関する深い理解<u>のほか運用戦略に応じたサステナビリティ（ESG要素を含む中長期的な持続可能性）の考慮</u>に基づく建設的な「目的を持った対話」（エンゲージメント）などを通じて，当該企業の企業価値の向上や持続的成長を促すことにより，「顧客・受益者」（最終受益者を含む。以下同じ。）の中長期的な投資リターンの拡大を図る責任を意味する。

[20] 2014年8月に公表された経済産業省の「伊藤レポート」において，会社と投資家の「協創」や「高質の対話」の概念などが示されたことも，会社と投資家の意識醸成に多大な影響を及ぼしたと考えられる。

2. コーポレートガバナンス・コードの制定

2014年5月の自由民主党日本経済再生本部の日本再生ビジョンを受け，2014年6月に日本再興戦略改訂2014が閣議決定された。その中で，日本の「稼ぐ力」を取り戻す施策の1つとして，コーポレートガバナンスの強化が示された。その主な内容（抜粋）は以下の通りである。

○「コーポレートガバナンス・コード」の策定
持続的成長に向けた企業の自律的な取組みを促すため，東京証券取引所が，新たに「コーポレートガバナンス・コード」を策定する。上場企業に対して，当該コードにある原則を実施するか，実施しない場合はその理由の説明を求める。【来年の株主総会のシーズンに間に合うよう策定】

○新たに講ずべき具体的施策
①「コーポレートガバナンス・コード」の策定等

コーポレートガバナンスは，企業が，株主をはじめ顧客・従業員・地域社会等の立場を踏まえた上で，透明・公正かつ迅速・果断な意思決定を行うための仕組みである。コーポレートガバナンスに関する基本的な考え方を諸原則の形で取りまとめることは，持続的な企業価値向上のための自律的な対応を促すことを通じ，企業，投資家，ひいては経済全体にも寄与するものと考えられる。

こうした観点から，上場企業のコーポレートガバナンス上の諸原則を記載した「コーポレートガバナンス・コード」を策定する。コードの策定に当たっては，東京証券取引所のコーポレートガバナンスに関する既存のルール・ガイダンス等や「OECDコーポレートガバナンス原則」を踏まえ，わが国企業の実情等にも沿い，国際的にも評価が得られるものとする。このため，東京証券取引所と金融庁を共同事務局とする有識者会議において，秋頃までを目途に基本的な考え方を取りまとめ，東京証券取引所が，来年の株主総会のシーズンに間に合うよう新たに「コーポレートガバナンス・コード」を策定することを支援する。新コードについては，東京証券取引所の上場規則により，上場企業に対して“Comply or Explain”（原則を実施するか，実施しない場合にはその理由を説明するか）を求めるものとする。

このように閣議決定で，(1) OECDのコーポレートガバナンス原則を踏まえて，わが国のコーポレートガバナンス・コードを策定すること，(2) 東証と金融庁を共同事務局とする有識者会議で基本的考え方を取りまとめ，東証が2015年の株主総会シーズンに間に合うようにコードを策定すること，(3) コードにはコンプライ・オア・エクスプレインの考え方を取り入れることが示された。この閣議決定を受け，金融庁・東証を共同事務局とする「コーポレートガバナンス・コードの策定に関する有識者会議」（座長：池尾和人慶應義塾大学教授）が設置され，2014年8月から8回の会議で議論が重ねられた上で，2014年12月に「コーポレートガバナンス・コード原案」が策定され，パブリックコメントに付された。パブリックコメントでは，コード策定に反対の意を明らかにしたものが数件に止まったことから，ほぼ原案に沿った形で，2015年3月に有識者会議からコード原案が示され，2015年6月に東証からこの原案通りに，「コーポレートガバナンス・コード～会社の持続的な成長と中長期的な企業価値の向上のために～」が公表された。このコーポレートガバナンス・コードはスチュワードシップ・コードと車の両輪の関係にあり，両者が適切に相まって実効的なコーポレートガバナンスが実現されることが期待された。

3. コーポレートガバナンス・コードの内容

閣議決定を踏まえ，わが国のコーポレートガバナンス・コードは，OECDのコーポレートガバナンス原則（2004年版）（以下「OECG原則」という）[21]

[21] OECD (2004)。

表 3-5　コーポレートガバナンス・コードと OECD コーポレートガバナンス原則の比較

コーポレートガバナンス・コード		OECD コーポレートガバナンス原則（2004 年）	
		原則 1	有効なコーポレートガバナンスの枠組みの基礎の確保（監督当局等への要望）
原則 1	株主の権利・平等性の確保	原則 2	株主の権利および主要な持分機能
		原則 3	株主の平等な取扱い
原則 2	株主以外のステークホルダーとの適切な協働	原則 4	コーポレートガバナンスにおけるステークホルダーの役割
原則 3	適切な情報開示と透明性の確保	原則 5	開示および透明性
原則 4	取締役会等の責務	原則 6	取締役会の責任
原則 5	株主との対話		

（出所）各種資料により筆者作成。

を参考に作成されている。これは，当時の英国のコーポレートガバナンス・コードでは株主利益を特に重視する姿勢が前面に出ており（2018 年のコード改訂でステークホルダーの利益考慮が大幅に取り入れられたことについては第 1 章第 6 節参照），これがわが国の経営者の認識と適合しない懸念があったことから，わが国のコードは，株主利益とともにステークホルダーの利益を重視した OECD 原則に基づいて作成されたと考えることができる。なお，OECD 原則はソフトローではあるがコンプライ・オア・エクスプレインではないことから，わが国のコードのコンプライ・オア・エクスプレインの部分については英国のコードの考え方が取り入れられたと言える。

わが国のコーポレートガバナンス・コードと OECD 原則の項目を比較すると表 3-5 のようになる。

表 3-5 の通り，わが国のコーポレートガバナンス・コードと OECD 原則の項目はほぼ一致している。OECD 原則の原則 1 は，各国の監督規制当局への要望事項等が記載されているところで，わが国のコードに該当するものはない。一方でわが国のコードの原則 5（株主との対話）は OECD 原則に該当するものはない。これはわが国において株主との建設的な対話の重要性が認識され，またスチュワードシップ・コードとの関係からこれが加えられたものと考えることができる。

ここで，コーポレートガバナンス・コード（2015 年版）の特徴的な内容について見ておく。取締役会等の責務はコーポレートガバナンス・コードの第4章に記載されている。そこでは，「攻めのガバナンス」を実現する観点から，取締役会は，上場会社の経営陣による適切なリスクテイクを後押しする役割・責務があることが謳われている（基本原則4，原則4-2）。コードでは経営の監督と執行の分離（モニタリングモデル）が指向され（原則4-6），経営の監督における取締役会の独立性・客観性を確保するために，独立社外取締役の活用が求められている。この観点から，独立社外取締役の2人以上の選任が求められ，さらに独立社外取締役の比率の向上に向けた自主的な取組みを促す観点から，「業種・規模・事業特性・機関設計・会社をとりまく環境等を総合的に勘案して，自主的な判断により，少なくとも3分の1以上の独立取締役を選任することが必要と考える上場会社は，上記にかかわらず，そのための取組み方針を開示すべき」とされている（原則4-8）。ここでいう独立性とは，取引所が定める独立性基準に基づき，実質性を重視して各社が定めるものとされる（原則4-9）。なお，第4章では，取締役会の実効性確保の前提条件として取締役会評価の開示が求められること（補充原則4-11③），並びに取締役会が最高経営責任者等の後継者の計画（サクセションプラン）の監督を行うべきこと（補充原則4-1③）が謳われている。

このコーポレートガバナンス・コードによる規律づけによって，市場第一部または第二部の上場会社に対して事実上の社外取締役の複数名設置強制がなされた。事実上の強制となった理由は，コーポレートガバナンス・コードが全体として，社外取締役の役割を重視したモニタリングモデルを指向している中，社外取締役の2人以上の選任という原則を適用しない理由を説明（エクスプレイン）することが，事実上困難であるからである。実際，表3-3に記載の通り，コーポレートガバナンス・コード導入の前後から，独立社外取締役を2人以上選任する市場第一部の上場会社の比率が急上昇している。ここに長年に亘る社外取締役の設置義務化を巡る議論が，形式面では一応の決着を見たと言える。

なおコーポレートガバナンス・コードでは，企業価値（株主利益を指すのか，または株主利益を含むステークホルダー全体の利益を指すのか）が明確に定義されておらず，株主利益とステークホルダー利益の優先劣後関係が示されていない（啓発的株主価値の考え方を採用するのか，多元的アプローチを採用するのかが明確ではない。英国の事例については第 1 章第 6 節参照）。どちらを優先するのかという議論は哲学論争に陥る懸念があり，限られた時間内にコードを纏めるためには，優先劣後関係を明確に定義しないことは正しい選択であったと考えるが，今後株主利益とその他のステークホルダー利益が相反するような事態に陥った場合（たとえば労働分配率と株主還元率のどちらを優先させるのかについての議論，業績悪化時に労働者を解雇することの評価）については，コードとは別の基準で判断する必要が生じることになる[22]。

アベノミクスによる一連のガバナンス改革によって，わが国のコーポレートガバナンスの枠組みは英国と類似した形となった（英国の枠組みは第 1 章第 3 節および図 1-1 参照）。具体的には，効果的な取締役会の実務指針として，コンプライ・オア・エクスプレインのアプローチを採用するコーポレートガバナンス・コードが制定され，コードの原則に従わない場合には，株主（機関投資家）等に対してエクスプレイン（説明）することが求められる。機関投資家の実務指針として，スチュワードシップ・コードが制定され，投資先企業やその事業環境などに関する深い理解に基づく建設的な「目的を持った対話」（エンゲージメント）などを通じて，当該企業の企業価値の向上や持続的な成長を促すことにより，機関投資家の顧客（最終投資家を含む）の中長期的な投資リターンの拡大を図ることが求められる。ここでは会社と投資家の建設的な対話が強調されており，2 つのコードが連携してコーポレートガバナンスを強化していく姿勢が打ち出されている。

第 4 節　最近の状況

アベノミクスによるガバナンス改革の枠組みの中で，その後もコーポレートガバナンスの改善が進められている。以下ではその特徴について説明する。

22　林（2015）。

1. スチュワードシップ・コードの改訂（2017年5月）

2014年2月に制定・公表されたスチュワードシップ・コードは，2017年5月に改訂され，2020年5月に再度改訂されている。2017年5月の改訂では，コードの受入れを表明した機関投資家が200を超えるなかで，コーポレートガバナンス改革を「形式」から「実質」へと深化させていくために，(1) アセットオーナーによる実効的なチェック，(2) 運用機関のガバナンス・利益相反管理等，(3) パッシブ運用における対話等，(4) 議決権行使結果の公表の充実，(5) 議決権行使助言会社への規律づけ，(6) 運用機関の自己評価などの観点からの改訂が行われた。

ここで特に大きな影響を及ぼしたのが，機関投資家に対する議決権行使結果の公表の要請である。指針5-3が下記のように改訂され，機関投資家は議決権の行使結果を個別の投資先企業および議案ごとに公表することが原則とされた。

> 5－3. 機関投資家は，議決権の行使結果を，少なくとも議案の主な種類ごとに整理・集計して公表すべきである。
>
> また，機関投資家がスチュワードシップ責任を果たすための方針に沿って適切に議決権を行使しているか否かについての可視性をさらに高める観点から，機関投資家は，議決権の行使結果を，個別の投資先企業及び議案ごとに公表すべきである。それぞれの機関投資家の置かれた状況により，個別の投資先企業および議案ごとに議決権の行使結果を公表することが必ずしも適切でないと考えられる場合には，その理由を積極的に説明すべきである。
>
> 議決権の行使結果を公表する際，機関投資家が議決権行使の賛否の理由について対外的に明確に説明することも，可視性を高めることに資すると考えられる。

この背景として，「わが国においては，金融グループ系列の運用機関が多く見られるところ，こうした運用機関において，議決権行使をめぐる利益相反への適切な対応がなされていない事例が多いのではないかとの懸念を払拭するためにも，個別の議決権行使結果を公表することが重要である」と説明された。なお，この点に関連して，指針7-2に「特に，機関投資家の経営陣はスチュワードシップ責任を実効的に果たすための適切な能力・経験を備えているべきであり，系列の金融グループ内部の論理などに基づいて構成されるべきではない」との原則が示されている。

利益相反取引を排除することは，コードで定められているか否かにかかわらず，機関投資家としては当然遵守すべき事項であるが，これを対外開示するとなると，利益相反取引が想定される会社（たとえば，資本関係がある証券会社の主幹事先の会社，資本関係がある銀行がメインバンクである会社）に対する議決権行使に際しては安易な対応は許されず，誤解を回避するために，利益相反取引が想定されない会社に対するものと比較して一段と厳しく審査する必要があり，株主総会の議案に賛成する積極的な理由がない場合には，むしろ反対票を入れる可能性がある。これらは，株主総会の議決権行使に際して，機関投資家による反対票が増加することに繋がる。

2. スチュワードシップ・コードの再改訂（2020年5月）

2020年5月の再改訂では，特にサステナビリティ（ESG要素を含む中長期的な持続可能性）の考慮，議決権行使結果の理由の公表，および議決権行使助言会社等の機関投資家向けサービス提供者に対する規律づけの強化が行われた。サステナビリティの考慮については，「スチュワードシップ責任」の定義の中に運用戦略に応じたサステナビリティの考慮が含まれたほか，原則7および複数の指針の中にもその旨が明記された。改訂後の原則7は以下の通りである（下線部が今回追加）。

> 7. 機関投資家は，投資先企業の持続的成長に資するよう，投資先企業やその事業環境等に関する深い理解のほか運用戦略に応じたサステナビリティの考慮に基づき，当該企業との対話やスチュワードシップ活動に伴う判断を適切に行うための実力を備えるべきである。

英国で2020年1月から適用されているスチュワードシップ・コード（2020年コード）にも，ESGに関する原則（原則7）が新たに設けられており（第1章第7節参照），日本版スチュワードシップ・コードもこれと平仄が取れたものとなっている。これらは，ESG投資を重視するグローバルな流れの中での対応と位置づけることができる（ESG投資については，第4章で詳しく説明する）。

議決権行使結果の公表に関しては，2017年5月の改訂に際して，前述の通り，議決権行使の結果の公表が求められたが，2020年5月の再改訂では，これに加えて，一定の場合には議決権行使の理由の公表が求められ，機関投資家に対する規律づけが一層強化された。指針5-3に追加された文言は以下の通りである。

> 特に，外観的に利益相反が疑われる議案や議決権行使の方針に照らして説明を要する判断を行った議案等，投資先企業との建設的な対話に資する観点から重要と判断される議案については，賛否を問わず，その理由を公表すべきである。

議決権行使助言会社は，機関投資家に対して議決権行使の「助言」を行う機関であり，決定権を持つ機関ではないが，実際には機関投資家が助言通りに議決権を行使する傾向があることから，事実上の権力を有する機関と言え，これらに対する規律づけが必要となる。英国ではその重要性に鑑み，2020年のコード改訂に際して，機関投資家向けの原則とは区別して，サービス提供者向けに6つの原則設けられているが（第1章第7節参照），わが国の今回の再改訂では，既存の7原則に加えて，1つの原則が追加される形となった。追加された原則は以下の通りである。

原則8　機関投資家向けサービス提供者は，機関投資家がスチュワードシップ責任を果たすに当たり，適切にサービスを提供し，インベストメント・チェーン全体の機能向上に資するものとなるよう努めるべきである。

わが国のスチュワードシップ・コードは英国のコード（2012年版）に基づいて作成され，その原則には類似点が多かったが（第3節参照），英国の2020年コードはそれまでのコードを大幅に改訂したのに対して，わが国の今回の再改訂は既存のコードの一部変更にとどまる。したがって，英国の2020年コードとわが国の2020年再改訂コードを比較すると，基本的な精神には多くの共通点があるものの，構成など表面的には大きく異なったものとなっている。わが国のコードは，わが国のおかれた環境に適合して，英国とは異なる独自の発展を遂げていると考えることができる。

スチュワードシップ・コードの浸透に伴い，機関投資家は会社に対して英国・米国のコーポレートガバナンス形態の採用をより強く求めるようになっている。たとえば野村アセットマネジメントは，2020年11月に定めた「日本企業に対する議決権行使基準」[23]において，会社にモニタリングモデルに基づく取締役会（モニタリングボード）を求めている。以下で説明するコーポレートガバナンス・コードの改訂と合わせ，この動きはさらに強まると考えられる。

[23] 野村アセットマネジメント（2020）。

3. コーポレートガバナンス・コードの改訂（2018年6月）

2015年6月に制定・公表されたコーポレートガバナンス・コードは，2018年6月に改訂され，2021年6月に再度改訂されている。2018年6月の改訂では，コーポレートガバナンス改革をより実質的なものへと深化させていくため，「スチュワードシップ・コード及びコーポレートガバナンス・コードのフォローアップ会議」（共同事務局：金融庁・東証）の提言に基づいて，コーポレートガバナンス・コードが改訂され，また「投資家と企業の対話ガイドライン」が新たに策定された。

フォローアップ会議では，(1) 経営環境の変化に対応した経営判断，(2) 投資戦略・財務管理の方針，(3) CEOの選解任・取締役会の機能発揮等，(4) 政策保有株式，(5) アセットオーナーの項目について提言がなされた。2018年6月の改訂では，コードの基本原則の改訂はなされなかったが，フォローアップ会議の提言を踏まえてコードの原則や補充原則が改訂されている。主な改訂箇所を具体的に挙げると，まずフォローアップ会議の (1) と (2) の提言に対応して，自社の資本コストを的確に把握すべきこと，事業ポートフォリオの見直しなどの実行と株主に説明すべきことが明確化された（原則5-2）。

フォローアップ会議の (3) の提言に対応して，CEOの選解任に関する客観性・適時性・透明性のある手続の確立（補充原則4-3②③），CEO等の後継者計画に対する取締役会の主体的な関与（補充原則4-1③），指名委員会・報酬委員会など独立した諮問委員会の活用（補充原則4-10①），取締役会におけるジェンダーや国際性等の多様性の確保（原則4-11）の対応がなされた。フォローアップ会議の (4) の提言に対応して，政策保有株式の削減に関する方針・考え方などの開示，保有の適否の検証とその内容についての開示（原則1-4）が明記され，(5) の提案に対応して，母体企業として企業年金にアセットオーナーとしての機能を発揮させる旨の原則が新設された（原則2-6）。

また，東証が提示したコードの原案に対して，市中から「会社の持続的な成長と中長期的な企業価値の向上のためには，いわゆるESGへの取組みが不可欠となっており，また，中長期的な観点からエンゲージメントを実施する投資家と，企業との対話は，ESGに関する議論が中心となっている」といった趣旨のコメントが複数寄せられたことから，第 3 章の考え方の中で，適切な情報開示を行うべき非財務情報の中に，ESG 要素が含まれることが明確化された。

これらに加え，機関投資家と企業との間の実効的な対話を促すため，重点的に議論されることが期待される事項を取りまとめた「投資家と企業の対話ガイドライン」が作成・公表された。このガイドラインは，コンプライ・オア・エクスプレインの対象ではないが，コーポレートガバナンス・コードとスチュワードシップ・コードの附属文書として位置づけられるものである。

4. 東証の市場区分の見直しとコーポレートガバナンス・コードの再改訂（2021 年 6 月）

2021 年 6 月のコーポレートガバナンス・コードの再改訂は，2022 年 4 月に実施される東証の新市場区分を前提として，わが国を代表する会社に対しては，英国・米国型のコーポレートガバナンス形態の採用をさらに求めるものである。基本原則には変更はなく，原則と補充原則および基本原則の考え方が変更されている。

東証の新市場区分は，従来の東証の 5 つの市場区分（市場第一部，市場第二部，マザーズ，JASDAQ スタンダードおよび JASDAQ グロース）のコンセプトが曖昧であり多くの投資家にとって利便性が低いなどの理由から，3 つの市場区分（プライム市場，スタンダード市場，グロース）に整理するものである。それぞれの市場のコンセプトとコーポレートガバナンス・コードの適用については表 3-6 の通りである。

機関投資家が投資対象とするようなわが国を代表する会社はプライム市場に上場することが想定されることから，プライム市場上場会社には特に高い水準の（英国・米国型の）コーポレートガバナンスが求められることになる。2021 年 6 月のコードの再改訂に際して，投資家と企業の対話ガイドラインも改訂された。これらの改訂は「スチュワードシップ・コード及びコーポレートガバナンス・コードのフォローアップ会議」が提言したもので，そこでは（1）取締役会の機能発揮，（2）企業の中核人材における多様性（ダイバーシティ）の確保，（3）サステナビリティ（ESG 要素を含む中長期的な持続可能性），（4）そ

表3-6　3つの市場区分とコーポレートガバナンス・コードとの関係

市場名	コンセプト	コードとの関係
プライム市場	多くの機関投資家の投資対象になりうる規模の時価総額・流動性を持ち，より高いガバナンス水準を備え，投資家との建設的な対話を中心に据えて持続的な成長と中長期的な企業価値の向上にコミットする企業向けの市場	全原則の適用（より高い基準）
スタンダード市場	公開された市場における投資対象として一定の時価総額・流動性を持ち，上場企業としての基本的なガバナンス水準を備えつつ，持続的な成長と中長期的な企業価値の向上にコミットする企業向けの市場	全原則の適用
グロース市場	高い成長可能性を実現するための事業計画およびその進捗の適時・適切な開示が行われ一定の市場評価が得られる一方，事業実績の観点から相対的にリスクが高い企業向けの市場	基本原則の適用

（出所）各種資料により筆者作成。

の他個別の項目（グループガバナンスの在り方，監査に対する信頼性の確保及び内部統制・リスク管理など）についての基本的な考え方が示されている。

これらの提言がコードとガイドラインに反映している。まず（1）の取締役会の機能発揮に関しては，①独立社外取締役の必要人数の増加，②指名委員会・報酬委員会の原則設置とその独立性の強化，③スキル・マトリックスの開示，④他社での経営経験を有する独立社外取締役，⑤筆頭独立社外取締役（lead independent director）の役割に関する改訂などがなされている。①に関して，改訂前は，独立社外取締役を少なくとも2人，必要な場合には少なくとも3分の1以上選任すべきとしていたのに対して，改訂後は，プライム市場では少なくとも3分の1以上，必要に応じて過半数の独立社外取締役の選任が原則とされた（その他の市場の上場会社に対する原則に変更はない）（原則4-8）。また支配株主を有する上場会社の場合は，独立社外取締役を少なくとも3分の1以上（プライム市場上場会社では過半数）選任することなどが補充原則として追加された（補充原則4-8③）。これは大株主であるヤフーによるアスクルの独立社外取締役の再任否認の事案が影響していると考えられる（コラム3-3参照）。

②の指名委員会・報酬委員会に関しては，その設置を求めることに加えて，プライム市場上場会社では，各委員会の構成員の過半数を独立社外取締役で構

成することが基本とされた（補充原則 4-10 ①）。③に関しては，各取締役の知識・経験・能力等を一覧化したいわゆるスキル・マトリックスを開示すべきこと（補充原則 4-11 ①），④に関しては，独立社外取締役には，他社での経営経験を有する者を含めるべきこと（補充原則 4-11 ①）が原則とされた。また⑤に関しては，従来期待されていた経営陣との連絡・調整の機能（補充原則 4-8 ②）に加え，筆頭独立取締役に株主との面談に対する対応が求められた（対話ガイドライン 4-4-1）。

（2）の企業の中核人材における多様性（ダイバーシティ）の確保に関しては，管理職層におけるジェンダー，国際性，職歴，年齢等の多様性確保と女性取締役の選任などが求められた（補充原則 2-4 ①，ガイドライン 3-6）。

（3）のサステナビリティ（ESG 要素を含む中長期的な持続可能性）を巡る課題への取組みに関しては，これをリスクの減少のみならず収益機会にもつながる重要な経営課題であると認識して，中長期的な企業価値向上の観点から積極的・能動的に取り組むべきこと（補充原則 2-3 ①），プライム市場上場会社には気候変動に係るリスクと収益機会が自社の事業活動や収益等に与える影響について，気候関連財務情報開示タスクフォース（TCFD）やこれと同等の枠組みに基づく開示の質と量の充実を進めるべきこと（補充原則 3-1 ③）などが求められた。

このように，わが国のコーポレートガバナンス・コードは２回の改訂を経て，現在の環境下で会社がどのように対応すべきかという原則がコンプライ・オア・エクスプレインの形で丁寧に説明されるものとなっている。わが国のコードの特徴を簡単に示せば，（1）OECD のガバナンス原則の枠組みを用いて，（2）英国のコードのコンプライ・オア・エクスプレインの手法を活用し，（3）米国のモニタリングモデルの方向に会社を導くものであると言える[24]。

OECD の原則は本来，OECD 加盟国に対して，良いコーポレートガバナンス慣行の発展にとって重要な共通の基礎を提供することを目的としたものであり，記載内容は抽象的なものとなっている。これに対して，英国のコードは上

24　林（2022）。

場会社の取締役会に対して，かなり具体的な原則（最善慣行規範）を示すものであり，取締役会に対する指南書と言えるものである。またその前提として，株主利益とステークホルダー利益の優先劣後関係（2006年会社法172条，啓発的株主価値の考え方）などが明確化されている。

これに対して，わが国のコードは会社・経営者に対する具体的な原則を示す経営指南書となっている。一方で，コードで用いられる「企業価値」の定義が明確ではなく，また基本原則1で株主の権利・平等性の確保，基本原則2で株主以外のステークホルダーとの適切な協働の重要性を謳っているが，それらの優先劣後関係が明確には示されていない。さらに，英国のコードでは明確に示されている取締役会議長と最高業務執行取締役（CEO）の分離が含まれていない。このようにわが国のコードは，本質的な議論の対立点には立ち入らずに，実務的な「あるべき姿」を示したものとなっている。またここでいう「あるべき姿」は，独立社外取締役の位置づけなど，米国のモニタリングモデルを範としてその方向に向けられていると考えられる。すなわちわが国のコードは，「米国型のモニタリングボードへの移行の道筋を示す実務的な経営指南書」と言える。なお，わが国のコードが（英国とは異なり）強力な規制当局の関与の下に進められていることなどから，これはコンプライ・オア・エクスプレインの姿を借りた行政指導であり「忖度の強制」であるとの指摘もある[25]。

5. 独立社外取締役と指名・報酬委員会の推移

ここで，コーポレートガバナンス・コード制定以降の独立社外取締役と指名・報酬委員会の推移を見ておく。コーポレートガバナンス・コードによる規律づけや機関投資家からの要請に対応して，独立社外取締役の人数が増加し，また指名・報酬委員会（法定・任意）を設ける会社の数が顕著に増加している。市場第一部上場会社における2014年から2021年の推移は表3-7の通りである。当初のコーポレートガバナンス・コード（2015年版）から独立社外取締役2人以上が求められていたこともあり（原則4-8），2021年時点では市場

[25] 福井（2021）99頁。

表3-7　独立社外取締役と指名・報酬委員会の推移（市場第一部）

	2014年	2015年	2016年	2017年	2018年	2019年	2020年	2021年
独立社外取締役2人以上	21.5	48.4	79.7	88.0	91.3	93.4	95.3	97.0
独立社外取締役3分の1以上	6.4	12.2	22.7	27.2	33.6	43.6	58.7	72.8
独立社外取締役過半数	1.4	1.4	2.5	2.9	3.2	4.3	6.0	7.7
指名委員会設置会社		10.5	27.1	31.8	34.3	49.7	58.0	66.3
報酬委員会設置会社		13.4	29.9	34.9	37.7	52.4	61.0	70.3

（注1）上記の数値は市場第一部の会社に占める当該対応会社の比率（パーセント表示）
（注2）指名・報酬委員会の数値は法定と任意の合計
（出所）東証のデータから筆者作成

第一部上場会社の97.0%がこの原則に適用している。また取締役全体に占める独立社外取締役が3分の1以上の会社も増大している。ただし，（英国・米国では当然とされている）独立社外取締役が過半数の会社は未だ低位にとどまっている。指名委員会や報酬委員会を設置している会社（指名委員会等設置会社は法定，その他のガバナンス形態の会社は任意で設置）も増加し，2021年では市場第一部上場会社の過半数を大きく上回っている。なお，2021年6月のコードの再改訂で，プライム市場上場会社に対する独立社外取締役の数の増加などが求められた関係もあり，2022年7月現在，プライム市場上場会社における独立社外取締役3分の1以上選任の会社は92.1%，過半数選任の会社は12.1%，指名委員会設置会社は83.6%，報酬委員会設置会社は85.5%となっている。これらの数値がさらに増加していくことが見込まれる。

コラム3-1　独立社外取締役にふさわしい人物像

わが国では米国型のモニタリングモデルを1つの手本として，またコーポレートガバナンス・コードや機関投資家による規律づけの影響で，独立社外取締役の数の増強が進められ，独立社外取締役の属性の重要性についても指摘がなされている。では独立社外取締役として適性がある者とはどのような人物なのであろうか。それは単なる表面的な属性では量れないはずである。この点を考えるうえで，キヤノンの御手洗冨士夫社長（当時）が2003年に執筆された論考*が参考になると思われるので，関係部分を紹介する。なお，御手洗社長は米国でのビジネス経験が豊富で，米国社会をよく認識された方である。

とにかく日本人は強い思い込みで突っ走り，道を誤ることがなきにしもあらずだ。アメリカ型が良いと聞けば，あっさり日本の良いところは見向きもせずに，アメリカ型に熱い視線を向ける。

アメリカのコアを形成する優良な市民は，幼いころから毎日曜の朝，両親や祖父母に手を引かれて礼拝に行き，説教を聞いて育つ。アメリカで優れた経営者と賞される人物の多くは，キリスト教に養われた倫理観を身につけている。…彼らには，人生のひとこま，彼らが信じるところのキリストに倣って「サービス&サクリファイス（奉仕と自己犠牲）」に身を捧げる生き方こそ崇高だととらえる人生観がある。…そうした個人の倫理観があればこそ，アメリカの社外取締役制度は機能してきた。日本がアメリカのコーポレートガバナンスの現象のみをとらえて輸入したとしても，結局は，「仏つくって魂入れず」で，大きな実りは期待できないと思う。

この指摘を敷衍すると，米国では倫理観に溢れインテグリティのある人物が独立社外取締役として，アニマルスピリットが豊富なCEOなどの業務執行部門をモニタリングして規律づけている（これが理念型である）と理解することができる。わが国で独立社外取締役を議論する際には，単に表面的な属性だけを問題とするのではなく，その人物の倫理観やインテグリティがある人物か否か（それを実証する経歴などを含む）にも十分配慮する必要があると言えよう。

*御手洗（2003）。

コラム 3-2　オリンパスの粉飾決算事件

企業犯罪の特徴は国によって大きく異なる，この点櫻井通晴教授は，米国のエンロン事件とわが国のカネボウの粉飾決算の事例を比較して，「エンロンの経営者は個人的な利益の追求の要素が大きかったのに対し，カネボウの経営者が大義名分としたのは，個人的な利益の追求というよりは保身と会社の持続的発展であった」「日本では，企業経営者であっても監査人であっても，自己の利益のためというよりは，会社の持続的発展のために時には自己を犠牲にしても組織を守るために粉飾を行う（違法行為に加担する）という構図が浮かび上がってきた --- 私利私欲のために違法行為を働いたという者は一人も浮かび上がってこなかったのである」と指摘する*。この日本的な企業犯罪の事例の1つに，海外でも大きな話題となったオリンパスの粉飾決算事件がある。

オリンパスは，1919年に国産顕微鏡の生産を目的として設立された会社で，その後カメラ事業に参入し，1980年頃にはカメラ事業が収益の柱となっていた。1985年のプラザ合意後の円高の影響で，輸出比率の高いカメラ事業の採算が悪化し，会社の利益が大幅に悪化したことから，収益を回復させる対策の1つとして，当時比較的多くの会社が手を染めていた，いわゆる財テク（会社が本業ではなく資産運用で利益を上げること。1980年代後半のバブル期に株式市場が活況を呈する中，証券会社などのセールスもあり盛んに行われていた）に取り組んだ。1980年代後半から1990年代初めにかけては，市場環境が好調であったこともあり，この財テクは収益を生み，同社の利益を支えていた。

しかし，1989年末をピークに，日本の株式市場が低迷し始める中で，オリンパスの運用資産も含み損を抱えるようになった。当時の会計基準では，この含み損を決算に反映させる必要がなかったことから，この損失を表面化させずに，なんとか取り戻そうとさらなる運用を行ったが，株式市場等の低迷が継続する中で，損失が雪だるま式に膨らんでいった。

1997年ごろから，金融商品の評価を（従来の取得原価から）時価評価とする議論が進む中で（時価評価すると，含み損が実現損となり決算に反映される），当社では，自己資本の半分程度（950億円）にまで拡大していた含み損の処理が問題となった。その処理のため，当社の金融資産の含み損を同社の財務諸表から切り離す「飛ばし」のスキームを導入し，損失を隠蔽することとした（不正に手を染めた）。

この金融商品の時価評価の導入により，金融商品の含み損を決算に反映させ，大幅な赤字を計上した会社も多い。オリンパスの場合は，それだけの体力がなかったので，違法な「飛ばし」に走ったと考えられる。なお，「飛ばし」を行った金融資産の含み損は，いつかは表面化する。市況が回復して含み損が解消されるか，または会社が収益を上げて内部留保を積み上げ，それを原資に含み損を解消しない限り，含み損がスパイラル式に拡大することになる。オリンパスの当時の経営陣は「飛ばし」によって時間を買い，市況回復または企業収益の拡大に賭けたと考えられる。

オリンパスの内視鏡ビジネスは大成功を収めた。たとえば2007年度にオリンパスは1,400億円を超える営業利益を計上したが，その大部分は医療事業（内視鏡ビジネス）の利益であった。このように本業で収益を上げる中，オリンパスは金融資産の含み損解消のために，この収益を活用したいくつかの不正な取組みを行った。その代表的なものが，M&A 案件を活用した損失解消スキームである。

このスキームは概ね以下のようなものである。すなわち，ファンドにダミーとも思える実態がほとんどない会社の増資を引き受けさせ，オリンパスがそれらの会社の株式を著しく高い価額で買い取って，ファンドに多額の利益を落とす。著しく高い価額を正当化するために，常識では考えられないほどの成長見込みを立てる（高いキャッシュフロー見込を作成し，DCF 法により NPV を算出して買収価格を正当化する）。オリンパスはそれらの会社を子会社化し，その後にそれらの子会社の成長が見込めなくなったことを理由として，減損処理を行う。加えて，M&A に際して，FA（ファイナンシャル・アドバイザー）に多額の報酬を支払い，FA からファンドに利益を還元させる（結局オリンパスからファンドに資金が還流される）。かなり無理なスキームであるが，オリンパスの取締役会はこれを承認し，また外部からの指摘はなかった。これはオリンパスの内視鏡ビジネスを中心とした本業が順調であったため，経営陣に対する批判が憚られたためと考えられる。

これらの処理により「飛ばし」による金融資産の含み損が解消され，ほとんど「完全犯罪」目前であったが，2011 年 4 月に菊川元社長が英国人のマイケル・ウッドフォードを社長に据えたことから，菊川元社長らの目算が狂った。内部告発者の情報に基づいて，情報誌がオリンパスの不正会計問題を記事にしていたが，この記事に基づいて，ウッドフォード社長が一連の処理を問題視したことから，一気にこの問題が表面化した。伝統的日本企業で長年育った企業人（日本人）と，英国人との間の倫理観が大きく異なっていることが，この問題発覚の背景にある。

不正会計問題が表面化したころから，オリンパスの株価は急落し（1 週間で半値），市場関係者から批判が寄せられる中で，オリンパスは 2011 年 11 月に第三者委員会を設置。この調査の過程で，オリンパスの一連の不正会計の内容が明らかとなり，また菊川元社長ら 3 人の元経営者が損失隠しに関与していたことを認めた。その後，東京地検特捜部が捜査に乗り出し，3 人に刑事責任が問われることになった。

不正会計は市場の信頼を欺くものであり，厳しく指弾されるのは当然である。しかし，これら 3 人の元経営者が不正会計処理を行った主たる動機が，自己の利益というよりは会社の維持存続という組織防衛であったことも指摘できる。

*櫻井（2007）。

コラム 3-3　ヤフー対アスクルの事案～親子上場問題

わが国では比較的多く行われている親子上場の問題が顕在化したのが，ヤフー対アスクルの事案であり，これが 2021 年のコーポレートガバナンス・コードの改訂にも影響を及ぼした。

2019 年 8 月に開催されたアスクル（オフィス用品流通大手）の株主総会で，当時の社長（実質的な創業者）と独立社外取締役 3 人全員が，親会社のヤフー（議決権ベースでの保有持株比率 45.12％）とこれに同調するプラス（同 11.63％）の選任反対により，再任されなかった。この背景には，アスクルの個人消費者向け通販「LOHACO」事業を巡る対立があった。

アスクルは，1993 年 3 月にプラスのアスクル事業部として，オフィス用品の中小事業所向けカタログ通信販売を目的とする新規流通事業を営む目的で事業を開始し，1997 年 5 月，通信販売業としての位置づけを明確にするためにメーカーであるプラスから分社した。その当時から岩田彰一郎氏が社長を務めており，岩田氏は実質的な創業者と言える。ニッチなマーケットで支配的なポジションを確立し，2000 年 11 月には JASDAQ 市場に上場，2004 年 4 月には東京証券取引所市場第一部に上場した。その後ヤフーとの業務・資本提携により，2012 年 11 月には一般消費者向け通信販売サイト「LOHACO（ロハコ）」のサービスを開始した。

会社全体の業績は比較的順調に推移していたものの，LOHACO 事業の業績が芳しくないことから，親会社であるヤフーが子会社であるアスクルに対して，（B to C の E コマースとして将来性があるものの現状の業績が芳しくない）LOHACO 事業を親会社に譲渡するように要請したところ，アスクルの岩田社長がこれを拒否し，また独立社外取締役 3 人全員が社長の主張を支持したことから，ヤフーがアスクルの社長と独立社外取締役全員の再任に反対することを企図し，他の大株主であるプラスとともに，株主総会で再任の議案に反対した。

株主総会では，岩田社長と独立社外取締役 3 人の再任賛成割合が 2 割台でともに再任が否決された。ただし，アスクルとプラスの議決権を除いた場合の賛成割合は 7～9 割台（独立社外取締役は 3 人とも 9 割台）であり，多数の少数株主は再任に賛成していた。

支配的株主が存在する会社では，支配的株主の横暴を牽制し少数株主の利益を保護するために独立社外取締役が存在すると考えられるが，緊急性も違法行為もない独立社外取締役が親会社の意向に沿わなかったことを理由として再任されずまたは解任されると，その役割を果たすことができなくなる。一方で会社法では，独立社外取締役を含む取締役は株主総会で多数の株主の賛成によって再任されず，また解任されることが可能である。

わが国には多くの親子上場会社が存在するが，従前はこのような問題が顕在化することはあまりなかった。今回この問題が大きくクローズアップされ，2021年改訂のコーポレートガバナンス・コードで，基本原則4の考え方への追記および補充原則4-8③の新設がなされて追加の規律づけが行われた。しかし，株主の権利として取締役を再任せず，また解任することは否定されないので，この問題が今回のコード改訂によってすべて解決されたとは言えない。

[主な参考文献]

ACGA (2008) *ACGA White Paper on Corporate Governance in Japan.*

Jacoby S. M. (2007a) "Principles and Agents: CalPERS and Corporate Governance in Japan", *Corporate Governance: An International Review,* 15(1), 5-17.

Jacoby S.M. (2007b) "Convergence by Design: The Case of CalPERS in Japan", *American Journal of Comparative Law,* 55(2), 239-293.

OECD (2004) OECD Principle of Corporate Governance（外務省訳（2004）『OECDコーポレートガバナンス原則』）.

井上泉（2015）『企業不祥事の研究―経営者の視点から不祥事を見る』文眞堂.

井上泉（2021）『企業不祥事とビジネス倫理―ESG，SDGsの基礎としてのビジネス倫理』文眞堂.

今井祐（2021）『新コンプライアンス経営―近年における数々の不祥事事件を踏まえて』文眞堂.

岩田規久男（2007）『そもそも株式会社とは』ちくま新書.

加護野忠男（2005）「企業統治と競争力」伊丹敬之・藤本隆宏・岡崎哲二・伊藤秀史・沼上幹編『日本の企業システム　第Ⅱ期第2巻　企業とガバナンス』有斐閣.

姜理恵（2017）『インベスター・リレーションズの現状と課題－企業情報開示における時間軸と外部評価の観点から』同文舘出版.

神田秀樹（2015）『会社法入門（新版）』岩波新書.

神田秀樹（2021）『会社法（第23版）』弘文堂.

企業価値研究会（2005）『企業価値報告書―公正な企業社会のルール形成に向けた提案』.

北川哲雄（2007）『資本市場ネットワーク論－IR・アナリスト・ガバナンス』文眞堂.

北川哲雄（2009）『IRユニバーシティ－IRオフィサー入門』国際商業出版.

経済産業省・法務省（2005）『企業価値・株主共同の利益の確保又は向上のための買収防衛策に関する指針』.

櫻井通晴（2007）「カネボウの粉飾決算とエンロン事件から学ぶもの―旧中央青山とアンダーセンの対比を含めて」『企業会計』59（2），4-14.

東京証券取引所（2021）『東証上場会社コーポレートガバナンス白書2021』.

野村アセットマネジメント（2020）『日本企業に対する議決権行使基準』.

林順一（2015）「英国のコーポレートガバナンスの特徴とわが国への示唆」『証券経済学会年報』第50号別冊，1-2-1～1-2-9.

林順一（2017a）「社外取締役の活用とコーポレートガバナンス―日米での議論の歴史」北川哲雄編著

『ガバナンス革命の新たなロードマップ―２つのコードの高度化による企業価値向上の実現』東洋経済新報社.
林順一（2017b）「コーポレートガバナンス強化に向けた新たな動き」北川哲雄編著『ガバナンス革命の新たなロードマップ―2つのコードの高度化による企業価値向上の実現』東洋経済新報社.
林順一（2022）「わが国CGコードの特徴と今後の課題―経営指南書としてのわが国CGコード」北川哲雄編著『ESGカオスを超えて―新たな資本市場構築への道標』中央経済社.
福井義高（2021）『たかが会計―資本コスト，コーポレートガバナンスの新常識』中央経済社.
前田庸・江頭憲治郎・森本滋・神田秀樹・二宮博昭・角田博（2000）「新春座談会 今後の会社法改正に関する基本的な視点」『商事法務』1548，8-33.
水尾順一「日本における経営倫理の過去・現在・未来―その制度的枠組みと，ECSRによる三方よし経営を考える」『駿河台経済論集』27（2），1-43.
御手洗冨士夫（2003）「コーポレートガバナンス議論の盲点」『青山マネジメントレビュー』4，4-13.

第4章

ESG 投資

最近，ESG 投資（環境，社会，ガバナンスの各要素を考慮した投資）に関する議論が活発に行われている。そこには，機関投資家が，社会目的を投資の中にどのように組み入れていくのかという課題・論点が存在する。第 1 節では，社会目的を投資の中にどのように組み入れていったのかについて歴史的に考察する。

機関投資家が社会目的を投資の中に組み入れるに際しては，機関投資家の受託者責任との関係を整理する必要がある。またその整理の過程で，ESG 要素を考慮した投資のリターンが，考慮しない場合と比較して，増大するのか減少するのかが論点となる。第 2 節では受託者責任との関係について考察する。

米国では，企業年金プランの受託者責任を巡り，共和党・民主党政権によって ESG 投資に対するスタンスが変化している。第 3 節ではこの変遷の内容とその背景について考察する。本章の構成とその主なポイントについては，表 4-1 に示される通りである。

ESG 投資が世界的な潮流となる中で，米国では ESG に関連する株主提案がかなり行われている。わが国でも環境 NGO・NPO や機関投資家による会社の環境対応に関する株主提案が行われるようになった。その中で，2021 年 5 月に行われたエクソンモービルの株主総会で，小型・新興のアクティビスト投資家の取締役選任提案が採択されたことが注目される。コラムではこの概要について説明する。

表4-1　構成とポイント

構　成	ポイント
ESG投資の歴史（社会的価値 v. 投資価値）	
SRIの時代	社会的価値重視
ESG投資の時代	社会的価値と投資価値の両立（投資価値を棄損しないのだからESG要素を考慮する）から投資価値優先（投資価値を向上させるのでESG要素を考慮する）へ
SDGsの影響を受けたESG投資の時代	社会的価値重視の方向（投資価値が同等であれば，ESG要素を優先させる）
インパクト投資	環境・社会へのインパクトを重視（ただし，現状は投資価値最大化の範囲内であることが前提）
受託者責任とESG投資	
受託者責任	専ら受益者のために（経済的リターンの最大化）
社会目的と投資目的の関係	社会目的重視の立場と投資目的重視の立場が併存
英国での整理	2014年の法律委員会報告書の解釈が統一見解
米国労働省のESG投資に対するスタンスの変遷	
エリサ法	社会的価値に対して投資価値を優先
米国労働省の解釈	社会的価値の考慮をどの程度許容するのかについて，解釈通知・規則という形で時の政権の意向が反映される

第1節　ESG投資の歴史[1]

ESG投資を巡っては，様々な角度から多くの議論がなされている。歴史的に見ると，責任投資（SRI，ESG投資，インパクト投資）には2つの考え方がある。1つは社会に対する責任（社会的価値）を重視する考え方で，もう1つは経済的リターンの最大化を求める委託者・受益者に対する責任（投資価値）を重視する考え方である。時代とともに，どちらに重点を置くかが変化している。

本節では，責任投資に関する2つの考え方を軸に，投資家の責任投資を行う動機について，時系列での推移を俯瞰する。具体的には，SRI（Socially Responsible Investment：社会的責任投資）の時代，ESG投資の時代，SDGs

1　本節は，林（2019）の一部を再構成し加筆したものである。

の影響を受けたESG投資の時代に3区分したうえで，最近のインパクト投資の動きを含めて，投資家の動機を検討する。

1. SRIの時代

SRIは社会的価値を重視した投資手法であり，ESG投資の前身と位置づけられる。SRIには，100年以上の歴史がある[2]。SRIの起源は，キリスト教の社会的信条に基づき，酒・たばこ・ギャンブルに関わる会社には投資しないという対応である。その後米国では，1970年前後から，人種差別，消費者軽視，ベトナム戦争といった社会問題に対して，1980年代には南アフリカのアパルトヘイト政策に対して，それらに反対する株主行動が活発化し，またそれらに関係する会社には投資しないというSRIの考え方が，年金基金や個人投資家の間に急速に広まっていった[3]。これらは，社会的価値（倫理）を優先した投資であり，また投資によって社会を変革しようとする意図を有したものである。

当初SRIはごく少数の投資家によって行われており，かなり小規模なものであったが，2000年前後から，年金基金や生命保険会社といった巨大な機関投資家が，SRIを投資方針として採用するようになった。Sparkes and Cowton（2004）は，この要因として，政府による規制，SRIのインデックス化（FTSE4Good seriesなどの出現），NGOsからのプレッシャーを指摘する。たとえば英国では，年金基金に対して直接SRIの受け入れを求めたわけではないが，1999年改正年金法で「投資銘柄の選択，保有，売却に関して，社会，環境，倫理面の考慮を行っている場合には，その程度」を投資方針書の中に記載することを求めた結果，環境や社会への配慮を投資方針に謳う英国の企業年金が増加した[4]。これは政府規制によりSRIが推進された例と言える。

年金基金などの機関投資家が本格的にSRI投資を進める上で，(1) 投資に際してどのような要素を考慮すべきなのか，(2) それが受託者責任（資産の運

---

[2] 小方（2016）52頁。
[3] 小方（2016）54-75頁，水口（2013）36-42頁。
[4] 水口（2013）211頁。

用に携わる者の法的責任）と整合的かが論点となる。これらの論点に一定の結論がつけられた上で，2006 年に PRI から責任投資原則[5] が示され，ESG 投資の時代を迎えることになった。次項でこれらの経緯について検討する。

2. ESG 投資の時代

本項では，2006 年の PRI による責任投資原則の公表から，ESG 投資が SDGs の影響を受ける前までを，ESG 投資の時代と位置づけて検討する。この 10 年余りの間に，ESG 投資の残高が大幅に増加する一方で，投資家の動機が，社会的価値と投資価値の両立（投資価値を棄損しないのだから ESG 要素を考慮する）から，投資価値優先（投資価値を向上させるので ESG 要素を考慮する）に変容したといえる。

責任投資原則公表に至る経緯

2004 年公表の UNGC（国連グローバルコンパクト）や UNEP-FI（国連環境計画・金融イニシアチブ）の報告書で，ESG は企業価値を向上させる重要な要素で，投資家が企業価値評価を行う際に考慮すべき事項であることが示された[6]。UNGC 報告書では，健全なガバナンスは，環境や社会問題解決の必須の前提条件であり，またこれらは相互に密接に関連していることから，ESG という用語・概念を用いるとしている。

2005 年公表の UNEP-FI の報告書（通称 Freshfields Report）[7] では，ESG 要素と経済的パフォーマンスの関係がますます認識されるようになっていることを踏まえ，ESG 要素を考慮した投資は受託者責任の観点から許容されるという考え方が示された。それ以前は，たとえば英国の 1984 年 Cowan v Scargill 判決の解釈に見られるように，機関投資家が投資に際して経済的パフォーマン

5　PRI（Principles for Responsible Investment）は，責任投資の原則を指す場合と，原則を推進する団体（The PRI）を指す場合に用いられる。本章では，前者を「責任投資原則」後者を「PRI」と表記して区別する。

6　UNGC（2004），UNEP-FI（2004）。

7　UNEP-FI（2005）。

スの最大化以外の要素を考慮することは，受託者責任の観点から許容されないといった考え方が支配的であった。

これらの報告書で示された，(1) ESGが企業価値を向上させる重要な要素であるという考え方，(2) ESG要素を考慮した投資が受託者責任の観点から許容されるという考え方を背景として，アナン国連事務総長の国連責任投資イニシアチティブの提案と，それに続く専門家グループでの議論を踏まえ，2006年に責任投資原則が公表された。

責任投資原則の内容

責任投資原則は，年金基金などのメインストリームの機関投資家がこの原則に署名し，この原則を履行することを期待するものである。この前文には，(1) ESG要素が投資パフォーマンスに影響すること，(2) この原則を適用することによって，投資家と幅広い社会の目的の調和が図られること，(3) ESG要素を考慮するのは受託者責任の範囲内に限られることの3つのポイントが記載されている。このうち，(1) は投資価値の観点から，(2) は社会的価値の観点から責任投資原則を推進する意義を示したものであり，(3) は投資価値を優先することを示したものである。

責任投資原則の翌年公表されたUNEP-FIの報告書では，ESG要素と投資パフォーマンスの関係を分析した20の学術論文を分析し，両者が正の関係にある（ESG要素を考慮した方が，投資パフォーマンスが良好である）ものが10，中立が7，負の関係にあるものが3であることから，ESG要素を考慮することによって投資パフォーマンスが悪化するとは言えない（機関投資家はESG要素を考慮することができる）と結論づけた[8]。またMargolis et al.（2007）は1972年から2007年までの167の先行研究を分析し，正の関係27%，中立58%，負の関係2%であることから，ESG要素を考慮することが投資パフォーマンスに悪影響を及ぼすとは言えないと結論づけた。この段階では，投資価値向上のためにESG投資を行うというよりも，社会的価値の向上のためにESG投資を行っても「投資パフォーマンスが悪化するとは言えない」

8　UNEP-FI（2007）。

表4-2　責任投資原則署名機関数とその管理資産残高の推移

	2006年	2009年	2012年	2015年	2018年	2021年
署名機関数	63	523	1,050	1,384	1,951	3,826
内アセットオーナー	32	172	251	288	373	609
管理資産残高	6.5	18.0	32.0	59.0	81.7	121.3
内アセットオーナー	2.0	3.6	7.6	13.2	19.1	29.2

（注1）各年4月の数値。
（注2）管理資産（Asset Under Management：AUM）残高の単位は兆米ドル。
（出所）PRIのホームページから筆者作成。

というスタンスでESG投資が浸透したと言える。

ESG投資残高の拡大

2006年のPRIによる責任投資原則の公表以降，表4-2に示されるように，責任投資原則に署名した機関の数と当該機関の管理資産残高は順調に増大している。これはESG投資が順調に拡大していることを示している。

Eccles et al.（2017）は，ESG投資の拡大をもたらした要因として，①政策面，②学術研究，③開示基準の標準化，の3つの変化を指摘する。この指摘を敷衍すると，まず（広い意味での）政策面では，Freshfields Reportの続編として，Fiduciary Responsibility[9]，Fiduciary Duty in the 21st Century[10]やFiduciary Duty in the 21st Century Final Report[11]が公表され，投資調査や投資プロセスにESG要素を統合することは，投資家がよりよい投資決定をすることや，投資パフォーマンスを向上させることを可能にするので，投資家の受託者責任と整合的であることが繰り返し説明された[12]。また英国（2014年の法律委員会の解釈）や米国（2015年の労働省の解釈通知）でも，投資パフォーマンスを向上させる限りにおいて，少なくとも投資パフォーマンスにマイナス

9　UNEP-FI（2009）。
10　UNEP-FI et al.（2015）。
11　UNEP-FI et al.（2019）。
12　UNEP-FI et al.（2019）には，受託者は投資の意思決定に際して，経済的に重要なESG要素を考慮しなければならない旨が記載されている。

の影響を及ぼさない限りにおいて，ESG要素を考慮することが受託者責任と整合的であることが示された。

また多くの学術研究によって，ESG要素と会社の経済的パフォーマンスとの正の関係が示された。たとえばEccles et al.（2012）は，「持続可能性の高い企業」と「持続可能性の低い企業」の18年間（1992年から2010年）の実績を比較して，「持続可能性の高い会社」の方が，株価と会計上の利益の両面において，高い実績を上げたことを示した。またFriede et al.（2015）は，過去30年以上にわたる2,000以上の実証研究（ESGと経済的パフォーマンスの関係分析）の結果を分析し，概ね90%の研究で両者の間には負の関係がないこと，そして多くの研究が両者の間に正の関係があることを示していることを指摘した。さらに，米国サステナビリティ会計基準審議会（SASB）や国際統合報告委員会（IIRC）によるESGの開示基準の標準化の動きも，ESG投資の拡大の要因となった。

これらに加えて，ESGリスクが顕在化して，企業価値が大きく毀損した事例の影響も大きい。たとえば，環境（E）に関しては，BPのメキシコ湾原油流出事故（2010年），社会（S）に関しては，バングラデシュの「ラナ・プラザ」崩壊事故（2013年），ガバナンス（G）に関してはオリンパスの不正会計問題（2011年）の事例がある。

これらを纏めると，投資に際してESG要素を考慮することは，リスクの削減とリターンの向上につながり，そして（それ故に）受託者責任とも整合的であるという認識が広まったことによって，すなわち投資価値向上の観点から，ESG投資が拡大したと言うことができる。

ESG投資の目的

MIT Sloan Management Reviewとボストンコンサルティンググループは，2015年に投資家等を対象とした大規模なサーベイを実施した（対象国100か国以上，対象者3,000人以上）。その結果，投資の意思決定において，会社のサステナビリティのパフォーマンスが重要な要素であると回答した投資家が，全体の90%（非常に：43%，概ね：30%，ある程度：17%）を占めたこと，その理由として，長期的な価値創造の潜在力，収益改善の潜在力，イノベー

表4-3　投資の意思決定とESG情報の考慮

		全体	管理資産規模別（注）		地域別	
			大	小	米国	欧州
ESG情報を考慮する		82.1%	85.9%	80.3%	75.2%	84.4%
（理由）	投資成果に影響する	63.1	60.3	64.5	55.7	64.4
（理由）	顧客等の要請	33.1	54.3	22.4	33.0	39.3
（理由）	倫理的責任	32.6	25.0	36.4	18.6	40.7
ESG情報を考慮しない		17.9%	14.1%	19.7%	24.8%	15.6%
〃	投資成果に影響しない	13.3	5.3	16.1	21.9	4.0

（注）管理資産（AUM）規模が50億ドルを超えるか否かで大小を区別。
（出所）Amel-Zadeh and Serafeim（2018）の表2から筆者作成（抜粋）。

ションの潜在力，企業活動の社会的認可の獲得，会社のリスク削減効果を挙げた投資家が多いことが示された[13]。

Amel-Zadeh and Serafeim（2018）は，2016年にBank of New York Mellonの協力のもと実施した，主としてメインストリームの投資家を対象としたサーベイ結果を分析した。投資の意思決定に際してESG情報を考慮するか否か，考慮する場合の理由についての分析結果（有効回答数419）は表4-3に示される通りである。

この結果は，投資家の多く（82.1%）が投資の意思決定に際してESG情報を考慮していること，その主な理由が投資成果に影響するため（63.1%）であることを示している。なお，管理資産規模別，地域別の差異もある。

このように，投資家は主として投資価値向上の観点から，ESG投資を行っている。この点，PRIはホームページ上で，責任投資（ESG投資）とSRIとは異なるものであること，ESG要素を考慮することによってリスクを削減し持続的な長期リターンが生み出されることを指摘している。なお，ESG投資の目的が投資価値の向上であるのなら，それはファンダメンタル投資（将来の業績予想等に基づき会社の本質的価値を算定し，株価水準との比較に基づいて長期的視野で行う投資）とほとんど同じであるという指摘もある[14]。

13　Unruh et al.（2016）。

3. SDGsの影響を受けたESG投資の時代

投資家は主として投資価値向上の観点からESG投資を実行しているが，2016年にスタートしたSDGsの影響などを受けて，流れが変化しつつあるように見受けられる。たとえばPRIは，2017年に公表した今後10年間の責任投資ビジョンの中で，9つの優先推進分野の1つとして「SDGsが実現される世界を目指す」ことを謳い[15]，SDGsのチャレンジに対応するためには，責任ある投資が，単にESG要素が投資ポートフォリオのリスク・リターンにどのような影響を及ぼすかを考慮するだけではなく，社会の幅広い目的（＝SDGs）にどのような影響を及ぼすかを考慮するべきである[16]と主張している。これは責任投資原則の前文に記載されている，社会的価値の観点から責任投資原則を推進する意義について，改めて指摘したものと言えよう。またPRI（2018）は，SDGsの影響を受けて，投資の意思決定に際して，リスクとリターンという2つの側面（軸）に加えて，社会に及ぼすインパクト（Real-world impact）の側面（軸）を考慮する（投資価値が同等であれば，ESG要素を優先させる）投資家が増加しつつあることを指摘している。

社会的価値重視の動きは，規制当局の動きやミレニアル世代・Z世代の動向にも見られる。たとえば，欧州委員会（EC）は2018年3月に持続可能な成長のための金融に関するアクションプランを公表した。そこでは，特に気候変動や資源の枯渇に焦点を当て，欧州連合（EU）の機関投資家に対する規制が不十分で，投資家が投資のパフォーマンスを評価する際に，持続可能性に関するリスクに十分に配慮していないことから，今後は，投資家が投資に際して持続可能性，特にそのリスクを考慮することを法的義務とすることを検討するとしている[17]。またミレニアム世代やZ世代などの若い世代は，持続可能性やサステナブル投資に強い関心を持っており[18]，この世代が社会の中核を担うように

14　van Duuren et al.（2016）。
15　PRI（2017a）。
16　PRI（2017b）。
17　EC（2018）。
18　Bernow et al.（2017）。

なるにつれ，SNSなどを利用した彼らの活動の影響も今後更に無視できないものとなろう。

以上，投資家がESG投資を行う動機について，その推移を俯瞰した。SRIの時代には社会的価値の向上が主たる動機であったが，SRIの残高が増大するにつれ，受託者責任との整合性が論点となった。2005年のFreshfields Reportでその問題に一定の解決が図られた上で，2006年にPRIから責任投資原則が公表され，ESG投資の時代に入った。責任投資原則は，その目的として社会的価値の向上と投資価値の向上（相反する場合には投資価値が優先）を謳っているが，その後に，ESG投資が投資パフォーマンスを向上させるという実証研究などが示された結果，投資価値の向上に焦点が当たり，それにつれてESG投資の残高も大幅に増大した。ESG投資は投資価値の向上の観点から議論されることが多いが，SDGsの影響で，再び社会的価値に焦点が当たりつつある。一言で言えば，「投資リターンが見込まれるからESG投資を行うのであって，社会貢献のためではない。ただし，持続可能な社会も同時に目指していきたい」ということになろう[19]。

4. インパクト投資の登場と拡大

経済的なリターンを追求しつつ，社会や環境に正のインパクトをもたらすことを企図した投資であるインパクト投資が一定の影響力をもたらすようになってきた。GIIN（Global Impact Investing Network）によると，インパクト投資の主な特徴として，(1) 投資を通じて社会や環境にインパクトを生み出すという投資家の意図，(2) 経済的（金銭的）なリターンを期待する投資（少なくとも元本の回収を期待)，(3) 社会・環境に対する成果や進捗を測定し報告することなどが挙げられている。これはESG投資と比較して，社会的価値をより

[19] 年金積立金管理運用独立行政法人（GPIF）は，「専ら被保険者の（経済的な）利益のために，長期的な視点から」将来の年金給付の財源となる年金積立金を運用することが法律で定められているので，SDGsの達成など社会的なインパクトの創出を直接的な目的とする投資は行わないと説明している（年金積立金管理運用独立行政法人，2021，8頁）。

重視した投資の概念であると言える。

インパクト投資という言葉は，2007年に米国ロックフェラー財団によって生み出された言葉である。もともとは主に財団や慈善投資家，開発金融機関などがけん引する形で拡大し，主として未上場株式やプライベート・デッドなどへの投資が行われていたが，最近ではインパクト投資ファンドなどによる上場株式への投資も増加している。最近特にこのインパクト投資に注目が集まっている背景の1つとして，SDGsの達成可能性に対する危機感の高まりが指摘される。すなわち，SDGsが達成される社会を実現するためには多額の民間資金が必要であるが，その必要資金を補う存在としてインパクト投資が注目を集めている[20]。

金融庁の委託を受けたニッセイアセットマネジメント株式会社の調査報告書[21]によると，実際にインパクト投資を行っている国内外の機関投資家へのインタビュー結果（その一部）は以下の通りである。

> 本調査でインタビューを行った機関投資家はすべて金銭的リターンを最大化することを重視する投資家であり，インパクト創出のために金銭的リターンの一部を諦める場合があるという指摘はなかった。
>
> それどころか，インパクトを考慮した投資プロセスや意思決定が金銭的リターンを中長期的に高める可能性を指摘する声が多く聞かれた。
>
> その論拠は，地球環境問題や社会的課題は企業にとっての事業機会であるという考え方である。すなわち，地球環境問題や社会的課題の解決に貢献する製品・サービスに対するニーズは高く，高い成長が見込まれる市場となりうることから，そうした追風を受ける企業に投資することによってインパクトの創出と金銭的リターンの追求を両立することができるという指摘である。

20　ニッセイアセットマネジメント（2020）3-4頁。

21　ニッセイアセットマネジメント（2020）27頁。

明確な（社会・環境に対する）インパクト創出の意図とインパクトの測定・報告が行われる点がESG 投資とは異なるとは言え，上記のインタビュー結果からは，実際の国内外の機関投資家が行っているインパクト投資は，社会的価値と投資価値の優先劣後関係の観点からは，投資価値の最大化（金銭的・経済的リターンの最大化）を前提として，その範囲内で，またはその手段として社会的価値を考慮しているようにも理解されるので[22]，結局のところこの点において事実上ESG 投資と大きく変わらないとも言える。

第2節　受託者責任とESG 投資

1. 受託者責任とは

受託者責任（Fiduciary duty）は英米法で発展した概念で，ESG 投資の文脈で言えば，受託者である機関投資家が「専ら受益者の利益ために」忠実かつ賢明な方法で運用を行う責任と言える。これは通常，委託者・受益者から特段の要請がない限り（要請される例として，道徳・倫理的動機に基づき特定の対象業種に対する投資を行わないことがある），法令の範囲内で経済的リターン（リスク調整後リターン）の最大化を追求することを意味する。なお，これは結果責任ではなく行為規範であって，「後知恵を禁止」するものである。

すなわち，資産運用者（受託者である機関投資家）が経済的リターンの向上を意図してESG 投資を行うことは許容されるが，社会的・倫理的目的や第三者の利益を主目的として経済的リターンを劣後させるような意図をもった投資は許容されないことになる[23]。

22　UBS が協力した実際の事例でも，「（インパクト投資を目的として設立された）基金にとって，インパクト投資が通常の民間融資やプライベートエクイティに対するリターンと同等の実質的な金銭的リターンを生み出すことが重要であった」と指摘されている（Vecchi et al., 2016，翻訳 262 頁，ボックス 13.4）。

23　神作（2019）は，米国の議論を参考にすると，ESG 要素を考慮した投資には理論的に4つのアプローチがあると指摘する。上記の考え方はそのうちの1つであるが，代表的なものとして本稿ではこの考え方を採用する。湯山（2020）は，ESG 投資における受託者責任の考え方として，①市場

2. 社会目的と投資目的の関係

ESG投資を巡る議論には大別して2つの立場があるように見受けられる。第1は投資目的（経済的リターン）を重視する考え方で，社会目的とは無関係に，ESG要素が経済的リターンの最大化（投資目的）に資する限りで当該要素を考慮するという立場である[24]。前項で説明した受託者責任の代表的考え方はここに含まれる。第2は社会目的を重視する考え方で，投資目的を阻害しない限りで積極的にESG要素を考慮すべきであるという立場である。前節で説明したPRIやUNEP-FIの立場はここに含まれる。

UNEP-FIは前節で説明の通り，2005年の報告書[25]で，ESG要素を考慮した投資は受託者責任の観点から許容されるという考え方を示し，2015年の報告書[26]で，ESG要素といった長期的に企業価値を向上させる要素を考慮しないことは受託者責任に反するものであるという考え方を示し，そして2019年の報告書[27]では，投資の意思決定に際して経済的リターンに重大な影響を及ぼすESG要素は考慮しなければならない（must）との考え方を示している。これは，ESG要素と企業業績・投資パフォーマンスが正の関係を示す多くの実証研究などを踏まえて，ESG要素を考慮する必要性を段階的に強めているものと理解される。さらに2021年の報告書[28]では，経済的リターンに重大な影響を及ぼすか否かにかかわらず，受託者が投資の意思決定の際に，持続可能なインパクトを考慮することができるかについての法的な論点整理が行われている（結論が出ているわけではない）。

平均リターン達成義務としての受託者責任，②（サステナブル社会実現のための）ESG配慮義務としての受託者責任があり，米国では①が，欧州では②の見方が強いと指摘する。本章でいう受託者責任は湯山が指摘する①に該当する。②は社会全体に対する受託者責任とも理解され，UNEP-FI（2021）はこの立場に立った検討であると言える。

24　たとえば米国証券取引委員会（SEC）のコミッショナーであるRoismanは，受益者の利得とは関係がない個人的な信念に基づいてESG情報開示の法定を求める意見が多数あるが，開示規律は個人的な信念とは独立して定めるべきものであることを指摘している（Roisman, 2020）。

25　UNEP-FI（2005）。

26　UNEP-FI et al.（2015）。

27　UNEP-FI et al.（2019）。

28　UNEP-FI et al.（2021）。

これらの多くの議論はESG要素を考慮すると投資のリターンが向上するという前提でなされているが，果たしてそのようなことが言えるのかについて明確にする必要がある。両者の関係を分析した代表的な研究として，前節でも言及したFriede et al.（2015）の論文がある。彼らは，過去30年以上にわたる2,000以上の実証研究（ESGと経済的パフォーマンスの関係分析）の結果を分析し，両者が正の関係62.6%，負の関係8.0%，その他29.4%であることなどから，概ね90%の実証研究の結果で両者の間に負の関係が示されていないこと，そしてこの結果は両者の間に正の関係があることを示唆していることを指摘した。この結果は，見方を変えれば37.4%の実証結果が正の関係を示していないとも言える。

最近の研究として，ロックフェラー・アセットマネジメントとニューヨーク大学スターン校の支援をうけたWhelan et al.（2021）がある。彼らは，2015年から2020年に公開された1,000以上の実証研究の結果を分析し，ESGの企業業績への影響に関する分析では，正の関係58%，負の関係8%，その他34%であることを示し，またESG投資の投資パフォーマンスへの影響に関する分析では，正の関係33%，負の関係14%，その他53%であることを示した。この結果を踏まえ，彼らは基本的にはESG投資に関して肯定的な評価を行っている。

論点はこれらの結果をどのように解釈するかである。PRIやUNEP-FIなどの社会目的を重視する立場からは，否定的な結果が少ないことから実証結果はESG要素を考慮すると投資のリターンが向上すると解釈され，受託者がESG要素を考慮することが当然ということになる。一方で，受託者責任を厳格に解釈する立場から，たとえば湯山（2019）は，多くの先行研究では正の関係・負の関係（もしくは無相関）という2つの相反する結果が示されており，統一的な見解は見いだせないと指摘している。

実際，実証研究に際して，ESGをどのように計測するのか[29]（ESGのどの要素を考慮するのか），どの対象地域・どの期間を採用するのかなどによって，

---

[29] 代表的なESG評価機関であるFTSE社とMSCI社のESG評価はかなり異なる（年金積立金管理運用独立行政法人，2021，33頁）。

異なる結果が導かれることは十分想定される（一般的に統計的手法を用いた実証研究は，一定の前提の下での関係を示すにとどまる）。すべての実証結果が同じ方向を示していない以上，決定的な結論を導くことはできない。ただし，受託者責任は結果責任ではないことから，受託者である機関投資家が様々な実証結果を踏まえて，ESG要素を考慮した当該投資が真に受益者の経済的リターンに資するものであると考えたうえで投資を行うのであれば，そのESG投資は受託者責任に反するものであるとは言えないであろう。

3. 英国での整理

受託者責任は英米法で発展した概念ではあるが，ESG投資と受託者責任に関する法的整理について，米国と英国が必ずしも歩調を合わせているわけではない。米国の議論は，次節で詳しく論じるように，政治的・思想的思惑の違いにより，ESG投資に対する解釈のスタンスが揺れ動いている状況にある。一方英国では，2014年に法律委員会（Law Commission）の見解が示され，これが統一見解として機能している。以下では英国での整理の状況について概観する。

英国では内部統制に関する取締役の責任を明確にしたターブル報告書（Turnbull Report，1999年）で，取締役が社会・環境・倫理に関するリスクを具体的に検討・判断して，その結果を年次報告書で開示することが求められた。また1999年に1995年年金法（Pensions Act 1995）が改正され，年金基金が銘柄選択に際して社会・環境・倫理的な側面を考慮している場合には，その内容を開示することが求められるようになった。これらにより，機関投資家が投資判断に際して社会的価値を考慮する傾向が強まったと言える[30]。

2012年に公表されたケイ報告書[31]（詳細は第1章第4節参照）の勧告に対応して，2014年に法律委員会がESG投資と受託者責任に関する見解を公表した[32]。その要旨は以下の通りである。

[30] 小薗（2020）。
[31] Kay（2012）。
[32] Law Commission（2014）。

〔ケイ報告書の勧告9〕

受託者と運用助言者の受託者責任に対する理解不足と誤解に対応するため，法律委員会に対して，投資に適用される受託者責任の法的概念を再検討するよう求めるべきである。

〔法律委員会の回答の要旨〕

受託者は投資の経済的リターンに重大な影響を与える要素を考慮すべきである。受託者が，倫理的または環境・社会・ガバナンス（ESG）に関する事項で経済的に重要であると考えるものについては，それらを考慮すべきである。

経済的リターンを追求することが年金受託者の主要な関心事ではあるが，法律は優先順位が下位に位置されるその他の要素を考慮に入れることに対して，十分に柔軟である。我々は，以下の条件が満たされる限りにおいて，受託者が非財務的要素に基づいて投資の意思決定を行うことは，法律上許容されると判断する。

・年金加入者が同様の関心を有していると信じるに足る十分な理由があること
・ファンドに重大な経済的損失を与えるリスクがないこと

英国では，この法律委員会の報告書の解釈がESG投資に関する統一見解となり，その後の職域年金スキーム規則などの法規制にも反映されている[33]。

[33] 小藺（2020）。

第3節　米国労働省のESG投資に対するスタンスの変遷

米国では，1974年に従業員退職所得保障法（Employee Retirement Income Security Act of 1974，以下「エリサ法」という）が制定され，年金制度の管理・資産運用に関わる者の行為規範が定められた。そして，労働省による解釈通知や規則などによって，エリサ法に規定する年金基金の受託者責任とESG投資との関係が規律されてきた。ただしこの労働省の解釈通知・規則などが示す内容は，時の政権のESG投資に対するスタンスの違いによって，かなり変化している。

エリサ法の基本的な考え方は，企業年金の受託者はリスク・リターンに着目すべきであり，企業年金の参加者や受益者の利益を，企業年金プランに関係しない目的の下位に置くことは認められないというものである。すなわち，社会的価値に対して投資価値を優先するというスタンスが一貫している。ただし社会的価値をどの程度考慮することを許容するのか（または義務とするのか）については，労働省の解釈通知などの変更とともにかなり変化している。表4-4はこの変化の概要を示したものである。

表4-4に示されるように，民主党政権は，リスク調整後のリターンが同等であればESG投資の採用は可能であるとしてESG投資に関して前向きの考え方を示し，共和党政権は，経済的考慮に基づく投資判断の基準を厳格に捉え，ESG要素を考慮した投資とそれ以外の投資のリスク調整後のリターンが同等であることを明確に示すことは困難であることから，事実上ESG投資の採用を抑制する考え方を示してきた。政権交代の度にスタンスが変更されることから，米国ではESGファンドを採用する企業年金プランの数はかなり限られたものとなっている。

比較的最近の動きを概観すると，トランプ政権（共和党）の下で2020年11月に改正された規則[34]（投資選択規則，2021年1月発効）では，企業年金プランの受託者に対して，金銭的要素のみに基づいて投資商品の選定を行うべきこ

34　“Financial Factors in Selecting Plan Investments,” 85 Fed. Reg. 72846（November 13, 2020）。

表 4-4　米国労働省の ESG 投資に対するスタンスの変遷

発出時期	政権	発出・公表物	概　要
1994	クリントン（民主）	解釈通知	リスク・リターンが同等であれば，付帯的な利益を投資判断に用いる経済目的投資（ESG 投資など）は可能である。
2008	ブッシュ（共和）	解釈通知	受託者が経済的利益以外の要素に基づいて投資決定を行い，その後当該投資判断について紛争が生じたときは，その判断に関する合理的な根拠を文書で提出しない限り，受託者は受託者責任を遵守したことを証明することはほとんどできない。
2015	オバマ（民主）	解釈通知	ESG 要素から導かれるものも含め，専ら経済的考慮に基づいて投資判断を行ったのであれば，思慮ある投資家の準則に反するものではない。
2018	トランプ（共和）	実務支援通知	受託者は投資意思決定に際して，安易に ESG 要素を取り扱ってはならず，経済的利益を最優先すべきである。
2020	トランプ（共和）	規則改正「投資選択規則」	受託者は金銭的要素のみの考慮に基づいて，投資商品の選定を行わなければならない。 非金銭的要素を考慮した投資を，適格デフォルト投資（運用指図をしない加入者の拠出金の投資先となるディフォルト・ファンド）の選択肢として採用することを禁止する。
2021	バイデン（民主）		「投資選択規則」の執行を停止

（出所）神作（2019），小薗（2020）などに基づき筆者作成。

とを義務づけ，ESG 投資のさらなる抑制を図った（これに対しては業界団体等からの批判が殺到していた）。民主党への政権交代に伴い，このスタンスが大きく変化した。具体的には，バイデン大統領が 2021 年 1 月に発した大統領令（Executive Order 13990）の中で，労働省に対して企業年金プランに係る ESG 投資に関する規則の見直しを指示し，3 月には労働省からこの大統領令に沿った形で現行の規制を見直すことが公表され，そして 5 月に労働省から新たなガイダンスが公表されるまでは現行の規則（投資選択規則）の執行を停止するとの方針が示された。

2021 年 10 月に労働省から規則の改正案[35]が提示され 12 月を期限とした意

[35] US Department of Labor Proposes Rule to Remove Barriers to Considering Environmental, Social, Governance Factors in Plan Management（October 13, 2021）。

見募集が開始された。この規則改正案は，トランプ政権下で定められた投資選択規則が，気候変動やその他のESG要素が経済的影響を及ぼす場合においても，受託者が投資判断に際して，それらの要素を考慮することを阻害するという望ましくない結果をもたらすことになるという認識のもとに提出されたものである。これは，エリサ法の基本的な考え方を維持しつつも，受託者は投資判断や株主権利の行使に際して，気候変動やその他のESG要素による経済的影響を考慮することができるし，またすべきであるとするものである。

エリサ法の基本的な考え方が維持されている中で，米国の労働省が政権交代の度に企業年金プランによるESG投資の採用についてのスタンスを変えてきた背景には，政党による社会的価値の位置づけの違いに加えて，ESG要素と投資リターンの関係をどのように捉えるかといった論点がある。前節で検討したように，多くの実証研究は両者の間の正の関係を示しているが，負の関係や有意な関係が示されないという分析結果もある。多くの実証研究で正の関係が示されているのだから，ESG要素を考慮することが投資リターンの向上をもたらすことは明らかで，受託者はESG要素を考慮すべきである（民主党の立場）と考えることもできるし，（厳格に考えると）両者の関係がどのような場合でも正の関係にあるとは言えないのであるから，受託者は安易にESG要素を考慮してはならず，あくまで金銭的要素のみの考慮に基づいて投資判断を行うべきである（共和党の立場）という考え方も成り立つ。ESG要素の考慮と投資のリターンの関係については，立場の違いによって，異なる解釈が併存し続けると考えられる。

コラム4-1　アクティビスト投資家とエクソンモービル

ESG投資が世界的な潮流となる中で，米国ではESGに関連する株主提案がかなり行われてきている（わが国でも大手銀行や商社に対して株主提案がなされる事例が見受けられるようになった）。これらの株主提案を主導しているのは環境・社会問題に注力しているNGO・NPOであるが，機関投資家がこれらに賛同する事例が増加している。またアクティビスト投資家が会社のESG対応の問題点を指摘して経営者の交代などを迫る事例も見受けられるようになっている*。

そのような中，2021 年 5 月のエクソンモービルの株主総会で，アクティビスト投資家が推薦したエネルギーの専門家 3 人が取締役に選任された（その結果，会社推薦の 12 人の取締役候補のうち 3 人が選任されなかった）ことは，多くの注目を集めた。これは，小型で新興のアクティビスト投資家であるエンジン・ナンバーワンが，0.02%の株式しか保有していないにも関わらず，年金基金などの機関投資家の支持を得て，世界最大の石油メジャーの 1 つであるエクソンモービルとの取締役選任を巡る争いに勝利したと言えるからである。

エンジン・ナンバーワンは，2020 年 12 月にエクソンモービルに対して，気候変動への対策強化を求める活動を開始した。彼らの主張は，エクソンモービルの環境問題に対する不十分な対応が株価の低迷を招いていることなどから，エネルギー事業の知見を有する独立取締役を選任し，取締役会構成を変革することなどであった**。エンジン・ナンバーワンの提案に，エクソンモービルの気候変動対応や会社の業績に不満を持っていた公的年金（カルスターズ，カルパースなど）や議決権行使助言会社（ISS，グラスルイス）が賛同し，その結果，エンジン・ナンバーワンが推薦した 4 人のうち 3 人のエネルギー専門家が取締役に選任された（それらの属性は，米国石油関連企業の経営者，フィンランド資源関連企業の再生可能エネルギー事業の責任者，米国エネルギー省次官の経験者達である***）。

米国のモニタリングモデルで求められる独立取締役は，高い識見と豊富な経験に基づいて経営者を監視・監督する人物であり，エクソンモービルの既存の独立取締役はその要件に合致する人物であったが，今回エンジン・ナンバーワンらが求めたのは，エネルギーの専門家としての独立取締役である。このモデルは，Gilson and Gordon（2020）が概念化した Board 3.0 としての取締役会に適合するものである。彼らは，Board 1.0（アドバイザリーボード），Board 2.0（モニタリングボード）に続く Board 3.0 の取締役会のモデルを提示した。この Board 3.0 の取締役会は，気候変動への対応など会社を取り巻く環境の急激な変化や会社の規模巨大化・業務複雑化に対応して，主としてコンプライアンスを担当する Board 2.0 の取締役に加えて，会社の戦略に責任を持ち，またアクティビスト投資家から攻撃を受けた場合には機関投資家に（対外秘の内部情報を知りながらも，経営者とは独立の立場にある者として）説得力のある説明を行うことのできる取締役が含まれる取締役会をいう。

このように，会社が ESG 課題への対応が強く求められる中で，独立取締役に求められる要件も変化しており，単にジェネラルな監視監督ができる程度の知識（スキル・マトリックスにチェックが入れられる程度の知識）では足りず，経営戦略の根幹を立案・監督することのできるレベルの知識が（業界によっては一部の独立取締役に）必要とされるようになってきたと言える。

* 近藤（2021a）。
** 近藤（2021b）。
*** 近藤（2021b）。

[主な参考文献]

Amel-Zadeh, A. and G. Serafeim (2018) "Why and How Investors Use ESG Information: Evidence from a Global Survey", *Financial Analysts Journal*, 74(3), 87-103.

Bernow, S., B. Klempner and C. Magnin (2017) *From 'Why' to 'Why Not': Sustainable Investing as the New Normal*, McKinsey& Company.

EC (2018) *Action Plan: Financing Sustainable Growth.* (COM (2018) 97 final)

Eccles, R. G., I. Ioannou and G. Serafeim (2012) "The Impact of a Corporate Culture of Sustainability on Corporate Behavior and Performance", *Harvard Business School Working Paper* 12-035.

Eccles, R. G., M. D. Kastrapeli and S. J. Potter (2017) "How to Integrate ESG into Investment Decision-Making: Results of Global Survey of Institutional Investors", *Journal of Applied Corporate Finance*, 29(4), 125-133.

Friede, G., T. Busch and A. Bassen (2015) "ESG and Financial Performance: Aggregated Evidence from more than 2000 Empirical Studies", *Journal of Sustainable Finance and Investment*, 5(4), 210-233.

Gilson, R. J. and J. N. Gordon (2020) "Board 3.0: What the Private-Equity Governance Model Can Offer Public Companies", *Journal of Applied Corporate Finance*, 32(3), 43-51.

Kay, J (2012) *The Kay Review of UK Equity Markets and Long-Term Decision Making Final Report*, BIS, London.

Law Commission (2014) *Fiduciary Duties of Investment Intermediaries.*

Margolis J. D., H. A. Elfenbein and J. P. Walsh (2007) "Does It Pay to be Good? A Meta-Analysis and Redirection of Research on the Relationship between Corporate Social and Financial Performance", *Harvard Business School Working Paper*, SSRN 186637.

PRI (2017a) *A Blueprint for Responsible Investment.*

PRI (2017b) *The SDG Investment Case.*

PRI (2018) *Asset Owner Strategy Guide: How to Craft an Investment Strategy.*

Roisman, E. L. (2020) *Keynote Speech at the Society for Corporate Governance National Conference.* <https://www.sec.gov/news/speech/roisman-keynote-society-corporate-governance-national-conference-2020>

Sparkes, R. and C. J. Cowton (2004) "The Maturing of Socially Responsible Investment: A Review of the Developing Link with Corporate Social Responsibility", *Journal of Business Ethics*, 52(1), 45-57.

UNGC (2004) *Who Cares Wins: Connecting Financial Markets to a Changing World.*

UNEP-FI (2004) *The Materiality of Social, Environmental and Corporate Governance Issues to Equity Pricing.*

UNEP-FI (2005) *A Legal Framework for the Integration of Environmental, Social and Governance*

Issues into Institutional Investment.（*Freshfields Report*）.

UNEP-FI（2007）*Demystifying Responsible Investment Performance.*

UNEP-FI（2009）*Fiduciary Responsibility: Legal and Practical Aspects of Integrating Environmental, Social and Governance Issues into Institutional Investment.*

UNEP-FI, PRI, UNEP-Inquiry and UNGC（2015）*Fiduciary Duty in the 21st Century.*

UNEP-FI, PRI and Generation Foundation（2019）*Fiduciary Duty in the 21st Century: Final Report.*

UNEP-FI, PRI, Generation Foundation and Freshfields Bruckhaus Deringer（2021）*A Legal Framework for Impact: Sustainability Impact in Investor Decision-making.*

Unruh, G., D. Kiron, N. Kruschwitz, M. Reeves, H. Rubel, and A. M. zum Felde（2016）*Investing for a Sustainable Future, MIT Sloan Management Review Research Report.*

van Duuren, E., A. Plantinga and B. Scholtens（2016）"ESG Integration and the Investment Management Process: Fundamental Investing Reinvented", *Journal of Business Ethics*, 138（3）, 525-533.

Vecchi, V., L. Balbo, M. Brusoni and S. Caselli（2016）*Principles and Practice of Impact Investing: A Catalytic Revolution.*（北川哲雄・加藤晃監訳（2021）『社会を変えるインパクト投資』同文舘出版）.

Whelan, T., U. Atz, T. van Holt and C. Clark（2021）*ESG and Financial Performance: Uncovering the Relationship by Aggregating Evidence from 1,000 Plus Studies Published between 2015-2020.* <https://www.stern.nyu.edu/sites/default/files/assets/documents/NYU-RAM_ESG-Paper_2021%20Rev_0.pdf>

小方信幸（2016）『社会的責任投資の投資哲学とパフォーマンス―ESG 投資の本質を歴史からたどる』同文舘出版.

神作裕之（2019）「資産運用業者のフィデューシャリー・デューティーとスチュワードシップ責任」神作裕之編『フィデューシャリー・デューティーと利益相反』岩波書店.

小薗めぐみ（2020）「ESG 投資と機関投資家の受託者責任の関係についての一考察：英国における取締役の義務の捉え方を足掛かりとして」『日本銀行金融研究所ディスカッション・ペーパー』2020-J-12.

近藤諒（2021a）「ESG と株主対応」『商事法務』2255, 4-12.

近藤諒（2021b）「エクソンモービルにおける ESG アクティビズムとその教訓」『商事法務』2265, 27-30.

ニッセイアセットマネジメント株式会社（2020）『金融庁委託調査研究 上場株式投資におけるインパクト投資活動に関する調査』.

年金積立金管理運用独立行政法人（2021）『2020 年度 ESG 活動報告』

林順一（2016）「投資家を意識して ESG 情報を開示している日本企業の属性分析」『異文化経営研究』13, 31-45.

林順一（2018）「ESG 投資の対象となる日本企業の属性分析」『日本経理倫理学会誌』25, 19-33.

林順一（2019）「ESG 投資と SDGs ―投資家と企業の動機」北川哲雄編著『バックキャスト思考と SDGs/ESG 投資』同文舘出版.

水口剛（2013）『責任ある投資 Performance 資金の流れで未来を変える』岩波書店.

湯山智教（2019）「ESG 投資のパフォーマンス評価を巡る現状と課題」『東京大学公共政策大学院ワーキング・ペーパーシリーズ』GraSPP-DP-J-19-001.

湯山智教（2020）「ESG 投資と受託者責任を巡る議論と論点」『ディスクロージャー＆ IR』12, 78-89.

第5章

CSRとダイバーシティ[1]

会社の社会的責任には，大別して２つの考え方がある[2]。第１の考え方は，会社が社会全体の経済体制の中で分担している機能を果たすこと，すなわち社会的に有用な財貨を生産し，利益をあげて株主に配当していくことが，会社の社会的責任であるとする考え方である。これは会社の社会的責任をかなり狭く捉える考え方である。ミルトン・フリードマンの「会社の社会的責任は（社会の基本的ルールを守ったうえで）利益を追求することだけである」という有名な主張は，この考え方を代表するものである。

第２の考え方は，会社は社会に対して影響力を有しているのだから，それに見合う責任を果たすべきであるという考え方である。これは，権力には責任が伴うという考え方に基づくものであり，会社がその活動に伴い社会に与える派生的な影響についての対応責任も，会社の社会的責任に含まれるという考え方である。通常CSR（Corporate Social Responsibility）論と言われているものはこの立場に立つ（本章もこの立場に立って議論を展開する）。これは，株主以外のステークホルダーを重視する立場とも言える。

会社のCSR活動は，会社が単独で善意に基づいて行う活動，または会社の自発的な活動と理解するだけでは十分ではない。政府の役割・規制や市民社会との関係性の中で理解する必要がある。かつてのCSRの中心課題は労働者の処遇・失業問題などであり，政府と会社との２者間の役割分担が議論の中心で

1　本章の第１節から第３節は，林（2016），林（2017）の一部を要約のうえ加筆したものであり，第４節と第５節は，林（2022）の一部を要約のうえ加筆したものである。

2　土屋（1980）200-204頁。

表5-1　構成とポイント

構　成	ポイント
CSRと国の制度との関係（CSR理解の枠組み）	
国の制度と会社との2者間の関係	2者間の制度的な補完関係 代替仮説v. 反射仮説
市民社会と政府，会社の3者間の関係	CSRを3者間の関係の枠組みで理解する
国の制度と会社との2者間の関係（代替仮説が適合する事例）	
英国のCSR	国の社会保障への関与が弱いので，CSR活動が求めれる
ドイツのCSR	国の社会保障が充実しているので，CSR活動は低調
市民社会と政府，会社の3者間の関係（2つの英国の事例）	
ETI（Ethical Trading Initiative）	サプライチェーンにおける劣悪な労働環境への批判に対応するため，政府支援のもと，会社，NGO・NPOなどが協力
EITI（Extractive Industries Trading Initiative）	多国籍企業に対する批判に対応して，英国企業の国際競争力維持・増強の観点から，英国政府が対応の枠組み構築を主導
英国におけるダイバーシティ推進	
デービス報告書	ジェンダー・ダイバーシティ推進
ハンプトン＝アレキサンダー報告書	デービス報告書の後継
パーカー報告書	エスニック・ダイバーシティ推進
FRCの調査報告書	取締役会のダイバーシティの有効性に関する調査報告書
ダイバーシティとパフォーマンスの関係分析	
財務パフォーマンス	先行研究は，正の関係を示すものだけではない
非財務パフォーマンス	先行研究は，正の関係を示すものが多い
女性役員の気候変動対応に与える影響	女性役員は会社の気候変動対応に正の影響を与えるという結果（わが国のデータに基づく実証分析）

あった。その後，多国籍企業の影響力が拡大し，会社の国際的な活動に伴う人権侵害・児童労働・環境破壊などの負の側面が顕在化するなかで，市民社会が会社の行動について監視・批判を強め，会社もこの動きへの対応が求められるようになった。このため，CSRは政府と会社に加えて市民社会を含めた3者間の相互ガバナンスとして把握されるようになった。また最近では，ESG投資家による会社への要請・圧力が増大し，また政府部門が一国政府だけではなく，EU（欧州連合）や国連による規制・規律づけが実質的な意味をもつよう

になり，ステークホルダーの中でも特に環境や社会（人権を含む）に焦点が当てられてきている。

本章の前半部分（第1節から第3節）では，国の制度とCSRの関係などを考察することとし，CSRを国の制度と会社の2者間の関係でとらえた理論枠組み（先行研究）と市民社会と政府，会社の3者間の関係でとらえた理論枠組み（先行研究）を整理したうえで，前者の事例として英国とドイツの比較を行い，後者の事例として英国の2つのイニシアティブを取り上げる。

本章の後半部分（第4節と第5節）では，現在のCSRの重要な課題となっているダイバーシティについて考察する。まず政府の政策を踏まえて会社の自発的な対応によって成果を挙げている英国の事例を概観する。ダイバーシティ推進の目的としてパフォーマンス向上（財務・非財務）が謳われることが多いが，実際にダイバーシティが会社のパフォーマンスを向上させるのかという論点に関して，先行研究を整理したうえで，最近の重要課題である気候変動対応とダイバーシティの関係をわが国のデータに基づいて分析する。本章の構成と主なポイントについては，表5-1に示される通りである。

第1節　CSRと国の制度との関係

国の制度が当該国の会社のCSR活動に影響を及ぼしているという一連の研究がある。ここでいう制度とは，慣習，組織，社会規範および道徳観を含むもので，かなり広い意味で用いられる[3]。

この研究の流れは，2つのカテゴリーに大別できる。第1は，CSRを国の制度と会社の2者間の関係で理解するもので，CSRは国の制度に埋め込まれている，すなわち国の制度と会社のCSRは制度的に補完関係にあるという考え方である。この考え方では，CSRは規制や公共政策を含む幅広い国のビジネスシステムの中で定義される[4]。第2は，CSRを市民社会，政府および会社の

3　Brown and Knudsen（2012）。
4　Matten and Moon（2008）。

3者間の相互関係の枠組で理解する考え方で，多国籍企業の開発途上国の労働問題や環境問題への対応などを説明するものである。ここには，CSRは市民社会，政府および会社が「相互に規制し規制を受ける」社会統治システムの一構成要素である[5]という考え方が含まれる。

1. 国の制度と会社の2者間の関係を検討した先行研究

国の制度とCSRは制度的に補完関係にあるという考え方のなかに，さらに2つの異なる考え方がある。第1は，CSRは政府の政策と代替的であるという考え方であり，第2は，CSRは政府の政策を忠実に反映したものであるという見方である。以下ではそれぞれの立場に立脚する先行研究を検討する。

第1の考え方は代替仮説（substitute hypothesis）と呼ばれるもので，国の社会保障等の制度とCSR活動は代替的であるという仮説である。これが国際間の比較の文脈で用いられると，国の社会保障等の制度が不十分な国の会社ほど，CSR活動が活発に行われる（但し比較対象国は先進諸国に限られる）。同一国を時系列で比較する文脈で用いられると，新自由主義の思想のもと，国の社会保障等の水準が低下すると，その結果としてCSR活動が活発に行われるようになる。

国際間の比較に基づく代替仮説の代表例として，Matten and Moon（2008）の研究がある。彼らは，CSRを明示的CSR（explicit CSR）と暗黙的CSR（implicit CSR）に峻別した上で，米国企業が欧州企業と比較して明示的にCSR活動を行っている理由を示した（通常用いられるCSRは明示的CSRのことを指す）。具体的には，欧州においては政府が社会保障や労働者の権利保護，環境問題に深く関与し，会社の責任は国家主導または業界横断的な協調の中で暗黙的に捉えられているのに対して，米国では社会保障や労働者の権利保護，環境問題に対する政府の関与が弱いことから，それらの課題に対応するために，会社が明示的にCSR活動を行っていることを指摘した。またJackson and Apostolakou（2010）は，欧州企業を分析対象とした実証研究で，英国な

5　Knudsen and Moon（2013）。

ど，社会保障や労働者の権利保護，環境問題に対する政府の関与が低い自由主義的な経済圏に属する国の方が，協調的な経済圏に属する欧州大陸諸国と比較してCSRの水準が有意に高いことを示した。

時系列の比較に関しては，Marens（2012）が米国の事例に基づき，政府が新自由主義的政策を推進した結果，会社は規制緩和によって活動の自由裁量権を獲得したが，その代償として会社は社会的正統性や社会的認可を得ることが必要となり，CSR活動を強化したという事実を示した。

第2の考え方は反射仮説（mirror hypothesis）と呼ばれるもので，会社のCSR政策は政府の政策を忠実に反映したものという仮説である。これが国際間の比較の文脈で用いられると，強力な福祉国家の会社ほど，CSR活動が活発に行われる（但し比較対象国は先進諸国に限られる）。Gjølberg（2009）は，欧米企業を対象として実証研究を行い，強力な福祉国家の会社ほど，CSRの水準が高い傾向にあることを示した（但し英国等を除く）。

このように相反する2つの考え方がある中，Brown and Knudsen（2012）はデンマークと英国の事例を比較し，デンマークでは，福祉国家のイニシアティブを支持する観点からCSRが推進されているのに対して，英国では不十分な福祉国家のサービスを補完する等のためにCSRが推進されていると指摘した。すなわち，デンマークの事例には反射仮説が適合し，英国の事例には代替仮説が適合するという指摘である。このように国の制度と会社のCSRとの関係は，すべての国について一律に代替仮説または反射仮説で説明しきれるものではなく，個別の国の事例を具体的に検討することによって，始めて明らかになるものと考えられる。

2.　市民社会と政府，会社の3者間の関係を検討した先行研究

1990年代以降，国際社会における深刻な諸問題に対して，会社の積極的な対応を強く求める動きが顕在化した。すなわち，多国籍企業の影響力が拡大し，会社の国際的な活動に伴う人権侵害・児童労働・環境破壊などの負の側面が顕在化するなかで，個別国家が多国籍企業を十分に規制することができないことから，市民社会が会社の行動に対して監視・批判を強め，会社もこの動き

への対応が求められた。会社も企業活動の社会的認可（social license to operate）を獲得するために，市民社会からの要求に応える必要がある。このように，多国籍企業を取り巻くCSRの分析に際しては，市民社会の影響力拡大を考慮する必要があることから，国の制度と会社という2者間の関係では十分に分析することはできない。そこで，CSRを市民社会，政府および会社の3者間の相互関係の枠組で理解しようとする考え方が示されるようになった。以下ではそれらの先行研究を概観する。

Albareda et al.（2007）は，グローバル化に伴う市民社会の台頭を背景として，政府の公共政策（CSR政策）を検討する際には，政府，会社および市民社会の間の，相互関係，協力およびパートナーシップに焦点をあてた関係性アプローチ（relational approach）に基礎を置くべきであるとした。そしてその関係性は国毎に異なるとし，EU15か国の事例を各国政府の開示資料等に基づいて分析して，4つの理念型に整理した。

Scherer and Palazzo（2011）は，国際化が進展する中での会社の積極的なCSR活動に着目し，政治的CSR（political CSR）という概念を提示した。政治的CSRとは，「会社が国際的な規制や公共財の供給に貢献するというガバナンスの拡大モデル」と定義される。彼らは，グローバルガバナンス（国際的な社会統治）を政府，市民社会および会社による3者間の関係で把握すべきことを示した。この3者の中で，会社の自発的な活動を高く評価する一方で，政府の役割についてはあまり評価せずに期待もしていないのが，彼らの議論の特徴である。

Knudsen and Moon（2012）は，相互ガバナンス（mutual governance）としてのCSRの考え方を提示した。この考え方は，市民社会，政府および会社の関係を，相互に規制し規制を受ける関係にあると捉え，CSRは広い意味のグローバルガバナンスの一部分を構成するという考え方である。彼らは，政府の役割も重要であるとし，Scherer and Palazzo（2011）は政府の役割を過小評価していると批判する。

ここで英国などにおける現状を鑑みると，市民社会の台頭と市民社会からの圧力に対応するため，会社はCSR活動を活発化させてきたと言える。CSR活動を積極的に行うことは，会社のブランドイメージを高めることなどを通じて会社の競争力向上に結びつく。また規制が緩く，それゆえ価格競争力のある国の会社に市場を荒らされることのないように，会社は公平な競争の場の形成を政府に働きかける。政府は自国の多国籍企業の国際競争力維持・向上のため，国際的なCSR活動を支援する。

このように，市民社会，政府および会社の間には，Knudsen and Moon (2012) が指摘する，相互に規制し規制を受けるという相互ガバナンスとしてのCSRの関係が認められる。そこでは，政府も重要な役割を果たしていることから，Scherer and Palazzo (2011) の政治的CSRの概念では必ずしも十分に現実を説明できない。したがって，本章では，多国籍企業のCSRの分析に関しては相互ガバナンスとしてのCSRの概念を用いて考察する。

国の制度と会社の2者間の関係を分析する枠組みは，市民社会と政府，会社の3者間の関係を分析する枠組みの一部と位置づけることができる。すなわち，市民社会からの影響が大きくない場合には2者間の関係を分析する枠組みが有効であり，会社が市民社会からCSR対応を強く求められる場合には，3者間の関係を分析する枠組みが有効であると言える。実際以下で考察するように，英国のCSR勃興期においては2者間の分析枠組みが有効であったが，その後多国籍企業に対する市民社会からの要求が高まるにつれ，CSRを3者間の枠組みで検討することが有効になったと言える。なお，本章では取り上げないが，最近のESG投資家の影響力やEU・国連の関与の拡大を踏まえれば，今後は，投資家を含めた4者間の枠組み，さらにはEUや国連も含めた枠組みでの検討も必要になると考えられる。

第2節　国の制度と会社の2者間の関係の分析枠組みに基づくCSRの考察

英国は伝統的に株主の利益を重視する国である（第1章参照）が，従来からステークホルダーを重視するCSRの先進国と言われている[6]。
一方で，ドイツは伝統的にステークホルダー全体の利益を重視する国であるが，ステークホルダー利益を尊重するCSRには積極的ではない。ではなぜ，英国はCSRに積極的であり，ドイツはCSRに積極的ではないのであろうか。この理由は代替仮説によって良く説明できる。本節では，英国のCSR勃興期の事例とドイツの事例をそれぞれ説明する。

1. 英国のCSR

サッチャー政権とCSR

英国においては1979年のサッチャー政権の誕生以降，大きな政府から小さな政府への転換が進むなか，コインの裏表の関係として会社のCSR活動が強化された。本項では，CSRに関する会社の団体であるBITC（Business in the Community）の誕生の経緯，およびその背景を詳しく分析することによって，サッチャー政権の政策の結果，英国のCSRが活発化したという具体的な関係を明らかにしたい。これは代替仮説が成り立つ事例である[7]。

19世紀の英国においては，産業化や都市化に伴う社会問題に対して，キャドバリー社に代表される博愛主義的な活動をする会社が存在した。20世紀に入り，特に1940年代以降，英国では大きな政府が標榜され，「ゆりかごから墓場まで」と称される厚い社会福祉制度が確立されるとともに，基幹産業の国有化も進められた。その結果，（必要性が薄れたことなどから）会社の社会に対する直接的な貢献は，チャリティーへの参加といった限定的なものに留まることになった。

大きな政府の政策が維持・推進されるなか，英国企業の国際競争力の低下，国家財政の悪化と経済の疲弊が顕著となり，1960年代から1970年代にかけて英国は英国病と言われる厳しい経済状況に陥ることになった。

1979年の総選挙で保守党が勝利してサッチャー政権が誕生すると，英国病克服のため小さな政府が標榜され，新自由主義に基づく大胆な経済改革が進められた。具体的には，国営企業の民営化，最高法人税率の大幅削減等の税制改

6　Vogel（2005）12-13頁。Moon（2014）56-57頁。

7　本項での分析は，Moon（2004），Grayson（2007）およびKinderman（2012）によるBITCの事例研究に拠るところが大きい。

革，規制緩和および労働組合活動の制限等が進められた。これらの政策は，英国経済の活性化を図るものであったが，一方で弱者には負の影響をもたらすものであり，大量の失業問題，都市内部の衰退および社会不安の増大を伴うものであった。その結果1981年には都市部で暴動が頻発する事態となった。このことが，会社が問題の重要性を認識してCSR活動を拡大する重要な転機となった。

大きな政府から小さな政府への移行に伴い，政府の関与する範囲が縮小して政府が対応できない部分が増大する。政府としては，この部分を会社に埋めてほしいという期待が生じる。この期待は，ヘーゼルタイン環境大臣が行った以下のようなスピーチに良く示されている[8]。

> わが国において，革命がなされることなく，我々の制度が長期間にわたって維持されてきたのは，資本を供与している者がその責任を果たしてきたことに大きく依拠していると考えられる。
>
> 我々政府にはお金がない，専門的技術もない。我々には，プライベートセクターが，英国においてとりわけ1世紀前にそうであったように，役割を果たすことが必要とされている。

政府の期待に対して，会社経営者は主として以下の3つの理由からCSRを推進した。第1は企業活動の社会的認可を獲得するためである。政府の役割が縮小して会社への期待が高まるなかで，また法人税率が下がり企業活動の自由度が向上するなかで，会社が社会の一員として社会で活動するためには，従来以上に社会に対する貢献（当該企業の存在が社会にとって有益であるという社会的認知）が必要になる。第2は政府による規制強化の脅威の存在である。会社が適切な対応を行わないと政府の規制が強化され，その結果企業活動の自由度が失われる懸念がある（英国はサッチャー政権誕生までは，主要産業が国有

8　Moon（2004）。

化されていた国である）。第3は政府よりも会社の方が物事を成し遂げる能力を有しており，これを活用すべきであるという会社経営者の認識である。

また会社経営者がCSR活動を推進した背景には，英国の支配者層・経営者層の「権力には責任が伴う」という理念があった。この点に関して，Grayson（2007）は，英国企業が責任ある企業の概念を受け入れたのは，英国の企業文化を反映しており，多くの会社経営者は，倫理的義務に基づく会社の行動が必須のものであることを理解していたと指摘している。この点は，ユーナイティド・ビスケット社の取締役会議長であり，サッチャーの友人かつ強力な支持者であったレイング卿の以下の発言に良く示されている[9]。

> 私は政府の政策を支持している。それは，自由なビジネスを復活させ，また利益が計上されないのであれば会社が破綻するという規律を復活させた。しかし，自由には責任が伴う。もし我々が自由を謳歌し続けたいのであれば，経済の向上とビジネスの成功は，社会的配慮とともにあることを示さなければならない。すなわち，我々の収益が増大すれば，その分，恵まれない地域や人々の生活環境を向上させるための我々の貢献も増大させることが必要である。

BITCの創設と活動

BITC創設の直接の契機は，1980年にサニングデールで開催された英米会議（Anglo-American Conference）である[10]。サニングデールでの会議は，環境省のキング大臣などによって招集されたもので，会議の参加者は英国17名（会社・政府関係者）と米国10名であった。ここで米国のCSRに対する考え方を学んだことが，BITC創設に繋がった。米国のCSRに対する考え方として，たとえばバンク・オブ・アメリカSVPのラングトン氏は，会社の正統性

9　Kinderman（2012）。
10　Grayson（2007）。

を問う市民からの声が拡大していること，そして米国大統領選に新自由主義政策を掲げるレーガンが勝利すれば，会社は歴史上初めて，国家の浪費と非効率を批判する大衆の感情の波に乗る機会を得ることができるし，会社が上手く対応すれば（適切にCSRを実施すれば），会社はその正統性を保つことができることを指摘した。

BITCは1981年6月に10社の加盟企業でスタートした。当初の1980年代においては，BITCは，主として企業（工場）閉鎖によって沈滞した地域社会を活性化させるため，地域の企業支援機構（enterprise agencies）をサポートすることに注力した（これによって，地域の若年層の失業率を低下させた）。この時期会社経営者は，社会的連帯の重要性を認識するとともに，企業（工場）閉鎖等による負の影響を見過ごすことによる社会的コストを認識して活動を行った。

当初BITCに加盟した会社の経営者は，サッチャー政権の政策の強力な支持者であった。彼らは，CSRが会社経営にメリットをもたらすといった実利に基づく動機に加え，それが正しいことだから行うのだという道徳的正統性に動機づけられていた。以下では，2人の会社経営者の例を検討することにより，BITC創設時の経営者の考え方を明らかにしたい。

BITCの取締役会議長を1987年から1991年にかけて務めたレイング卿は，前述の通りサッチャーの友人かつ強力な支持者であった。彼はサッチャーと同様，社会問題を解決するために市場を活用することを支持した。彼の主張は，中央政府に経済不振や都市の荒廃から生じる問題の解決を求めるよりも，地域ベースで会社がそれらの問題に取り組む方が，より早く，より少ない費用で達成できるというものである。また彼は，シティ（金融界）のショートターミズム（短期主義）や株主第一主義の考え方を批判した。彼は，経営者が短期的利益を上げて株主に報いることばかりを考え，従業員に厳しい生活環境を強いることは不適切であり，会社は株主利益のみを追求すべきであるというフリードマンの考え方には同意できないとした。彼のスタンスは，企業活動に自由を求める一方で，地域社会や従業員の置かれている状況も考慮して明示的なCSR活動を行うというものであり，博愛主義的な色彩を帯びたものである。

BITCの取締役会議長を1994年から1996年にかけて務めたシェパード氏

も，サッチャーの熱烈なる支持者であった。後に彼は，インタビューに対して，「我々は，我々の会社の従業員数を大幅に削減し，非効率の改善を図らなければなければならなかった。しかし，同時に，若者の高い失業率にも目を向けた」と説明している。また彼は，「80年代後半において，成功を収めた経営者達は，サッチャーの政治的勇気に鼓舞される一方で，前政権の失策にうんざりしていた。前政権が解決に失敗した英国の公共政策に関する問題について，我々が解決に向けて努力すべきであると考えた」と振り返っている[11]。彼もまた，企業活動に自由を与えて株主価値の最大化を図る一方で，地域社会の問題も考慮して，明示的なCSR活動を行うというスタンスである。

このように，新自由主義の思想と密接に関連しながら，BITCは創設された。すなわちBITCの事例は，英国のCSRが，政府の福祉サービスの削減という政策の中で，政府の政策を支持する会社経営者によって，政府のサービスの代替として形成されたことを示している。

その後，1980年代において，英国では国営企業の民営化が精力的に進められたが，民営化された会社の多くはBITCに加盟した。民営化に伴い，大量の失業者が創出されたが，新たに民営化した会社はBITCに参加することで「何もしていない」という批判をかわすことができるし，また特に地域レベルで「何かをしている」ということを示すことができる。そして，BITCでの活動を公表することによって，会社は冷たいものではなく，自己主義で利己的なシステムではないことを示すことができる。また荒廃が進んだ地域で起業家を支援することによって，会社が「人間の顔」をしている証拠を示すことができる。このような目的で，民営化した会社はBITCに参加した。またその他の会社もBITCに参加することで，企業活動の社会的認可を容易に得ることができた。これらの結果，1990年におけるBITCへの加盟企業数は，優に400社を超えるまでに拡大した。

すでに検討したように，BITCは新自由主義政策の実施に伴う社会的混乱を軽減し，新自由主義政策のもとでの企業活動に社会的認可を与えた。実際，政府と私企業が共同出資してBITCが全面的に支援した地域の企業支援機構は，

---

[11] Kinderman（2012）。

56,000人の雇用を創出し（これは1984年の新規雇用創出の16.5%に該当する），技能の不足を補うためのトレーニングの場を提供した。BITCの活動に伴い，数万人の従業員が地域社会でボランティア活動を行い，数千人のホームレスが職を得ることができた[12]。

BITCは英国内の問題に焦点をあて，その後も引き続き活発な活動を展開している。2000年以降は，個別企業の競争上の優位性の確保と，会社に対する持続性の要請に対応するため，「責任ある企業」活動を推進している。BITCが活発に活動を展開している背景には，政府と会社経営者の社会不安と暴動に対する潜在的な懸念がある（BITC創設の契機は，失業の増大による社会不安と1981年に発生した都市部の暴動で，その中心は，現状に不安を抱く若い黒人の英国人であった。この構造は現在も変わっていないと考えられる）。

2. ドイツのCSR

それぞれの国は，その社会・文化的背景や資本主義の発展の経緯が異なることから（経路依存性），会社の目的，コーポレートガバナンス，CSRに関しては各国がそれぞれ独自の考え方・形態を採用してきた。ドイツにおいては，会社の目的は会社が創出する付加価値の最大化（ステークホルダー利益の総和の最大化）にある[13]。そしてコーポレートガバナンスの主な主体として株主，経営者およびドイツの労働者（銀行は株主として参画）を想定し，コーポレートガバナンスの目的は会社の目的を遂行するために経営者を規律することにあるとする。ドイツにおいては国家による社会保障が充実しており，会社はそのための高い社会保障経費や税金を負担することが社会的責任であると認識している。すなわち，英国・米国では国家の社会保障に対する関与が弱いことから，会社に対してCSRが求められるのに対して，ドイツでは国家による社会保障が充実していることから，会社に対してはそのために税金等の負担が求められ

12　Kinderman（2012）。

13　ホプト教授によれば，ドイツ株式法76条は「取締役の任務は，会社の利害関係者すべての利益，すなわち株主，会社の労働者，公益のバランスをとるものであることを意味している」と解釈され，「株主のみの利益を最大化することは法の趣旨に反する」ことである（ホプト，2006，11頁）。

ることになる。このようにCSR分野における政府の役割が大きいことから，ドイツにおいては会社が自発的に社会的活動（CSR活動）を行う伝統が弱かったと言える。

「アメリカ化」・株主重視の動きとシュレッダー改革

本項では，ドイツのCSRを理解する前提として，1990年代後半から2000年代前半にかけてドイツに大きな影響を与えた「アメリカ化」[14]とシュレーダー改革について概観する。

まず「アメリカ化」と株主重視経営の動きの背景とその内容について概観する。1990年代以降，米国経済が好調であったことから，株主重視の経営を標榜する英米型経営の良さがドイツの経営者にも広く認識されるようになった。また貿易・資本の自由化に伴う国際金融市場の拡大により，資本市場を重視する英米型の金融システムが，デファクトスタンダードとして世界的に普及するようになり，ドイツにおいてもドイツ銀行が米国型の投資銀行業務に積極的に乗り出し，また英米の機関投資家持株比率が増加するなどの変化が進展した。これらの影響を受けて，ドイツ企業でも英米型の株主重視経営の動きが見られるようになった。ただし会社によって株主重視経営導入の度合いは大きく異なっており，たとえば化学産業では，ヘキストが合併を積極的に展開するなど株式重視経営を推進したのに対して，バイエルやBASFは伝統的なドイツ型の資本主義モデルを維持するなど，同じ産業内でも対応が分かれていた。

次にシュレーダー改革の背景とその内容について概観する。1990年代後半のドイツは「欧州の病人」と呼ばれるほどの経済的苦境に陥っていた。ドイツでは「社会的市場経済」に基づく手厚い労働者保護と重い社会保障負担が会社の重荷となっており，会社の国際競争力を弱めていた。手厚い保護で守られていた失業者の新規就業意欲は低く，さらにドイツ企業が国際競争力を回復するため生産拠点の近隣諸国への移転を進めた結果，ドイツの失業率は高止まりしていた。1998年に政権に就いたシュレーダー首相（在任期間は1998年10月

[14] 覇権国としての米国が他の諸国・世界経済に及ぼす影響を「アメリカ化」といい，貿易・資本の自由化とそれにともなう国際金融市場の拡大が「アメリカ化」を推進した（工藤，2011，170-172頁）。

から2005年11月）は，労働市場の活力を取り戻してドイツ経済の競争力を高めるため，抜本的な労働市場改革と税制改革等を強力に推し進めた。シュレーダー改革の柱は（1）労働市場改革，（2）社会保障制度改革，（3）医療制度改革，（4）税制・企業制度改革から構成されるが，その主な目的は，ドイツ経済・産業の競争力強化と失業率の低下にある。具体的には，会社の社会保障負担を軽減し，法人税・所得税の大幅軽減（株式売却益の非課税化を含む）を行うことによってドイツ企業の国際競争力を向上させるとともに，失業補償の削減と就業促進の施策を推進することなどによって失業率を低下させた[15]。このシュレーダー政権による構造改革の成果は2010年以降に顕著に表われ，ドイツは「欧州の勝ち組」と言われるようになった。なお留意すべきことは，シュレーダー改革によって，ドイツの社会保障は時系列的には減少したが，基本的なドイツの企業体制は維持されており，英米との比較でいえば，社会保障はなお高い水準を維持していることである。

改革の動きがドイツのCSRに与えた影響～英国との比較

ここでまず伝統的なドイツのCSRに対する考え方を整理する。ドイツにおいては，社会を構成する3つのセクター（政府，会社，市民社会）にはそれぞれ特有の役割があり，それらは重複しないものと考える傾向があった。そこでは，社会問題に直接対処するのは政府の役割であり，会社と市民社会は政府に税金を支払うことで，間接的に社会問題に貢献することが期待されていた。また政府は，社会問題に対して法律や規制で会社を規律する傾向が強く，会社の自主的対応は求めない傾向があった。そこで会社は，高い税金と社会保障費を負担することが自らの役割であると認識し，自発的なCSR活動の必要性を感じていなかった[16]。これに加えて市民社会の側でも，会社がCSR活動をするのは単なる会社の営業戦略の一環ではないか，規制強化を避けるための対応ではないか，ネガティブな行為を隠すために行っているのではないかといった，

15　当時のドイツでは失業補償が充実していたので，働けるのに失業を選択する者が多く存在した。失業補償を低下させることによって，それらの者が労働を選択するようになったことから失業率が低下した。

16　Fifka and Reiser（2015）125-129頁。

会社のCSR活動に対する懐疑的な見方があった[17]。これらの点は，政府の社会問題に対する関与が十分ではないので，会社に対してCSRが期待されている英国の例とは大きく異なっていた。

1990年代後半以降の「アメリカ化」とシュレーダー改革は，ドイツのCSRに一定の影響を与えたとはいえ，その影響は大きいものではなかった。ここではまず，同じ新自由主義政策を採用した英国のサッチャー改革とシュレーダー改革を比較して，その類似点と相違点を検討する。まず類似点として，両改革とも法人税率の低減等により，会社の活性化を通じた国民経済の活性化を企図した点が挙げられる。英国においてはサッチャー改革によって会社の負担が軽減し，また政府の役割が縮小して会社への期待が高まる中で，会社経営者がCSRを本格的に展開した。ドイツにおいてもシュレーダー改革による企業負担軽減を機に，会社経営者のCSRに対する認識が高まった[18]。一方で相違点として，サッチャー改革は生産性の劣る産業や国営企業のリストラを推進したことから，大量の失業者を生み出したのに対して，シュレーダー改革はドイツ企業の国際競争力強化とともに雇用創出（失業率の低減）を目的としており，その手段として会社が負担する労働コストの低減と失業補償の削減を推進したことが挙げられる。英国の場合，失業者の大量発生による社会不安を抑制するために会社が積極的にCSR活動を行うようになったのに対して，ドイツの場合にはその必要がなかった。このことがドイツにおいてCSRが積極的に展開されなかった大きな要因の1つであると言えよう。またドイツのコーポレートガバナンスの枠組み（監査役会と取締役会の二層構造や共同決定方式等）や伝統的な会社の目的論（ステークホルダー利益の総和の最大化）が維持されており，「アメリカ化」とシュレーダー改革は，ドイツの伝統的なCSRに対する考え方（社会問題に直接対処するのは政府の役割であり，会社と市民社会は政府に税金を支払うことで，間接的に社会問題に貢献すること）を大きく変えるに

17　Fifka（2013）。

18　Kinderman（2008）は，ドイツの経営者は（英米に比較して高い）会社に対する社会保障などの負担軽減が行われるのであれば，その代わりにCSRを受け入れるというスタンスであったと指摘する。企業経営者の言葉（“Responsibility? Yes, but in exchange for greater freedom”）がこのスタンスを良く示している。

は至らなかったと考えられる。

この時期の状況をHabisch and Wegner（2005）は以下のように指摘している。すなわち19世紀のドイツ産業化の過程で形成された政府の役割は維持され，政府，会社と市民社会の役割分担は厳格に維持されている。会社は既に社会に対して貢献しているという認識をもち，またCSR活動をしないからといって何らかの制裁を加えられるわけではないことから，CSR活動に積極的ではない。消費者団体やNGO・NPO[19]の活動はほとんど会社に対して明確な要求をしないので，それによって会社のCSR活動が活発化されることはない（121頁）。

第3節　市民社会と政府，会社の3者間の関係の分析枠組みに基づくCSRの考察

1. ブレア政権とCSR～「第三の道」政策

1997年の総選挙での労働党の勝利によって誕生したブレア政権は，「第三の道」政策（市場の効率性を重視しつつも，政府が市場を補完して公正を確保する政策）を推進した。サッチャー政権のもとでのCSRは，大量の失業，都市部の衰退，社会不安の状況下で行われたが，ブレア政権のもとでのCSRはそのような厳しい環境下ではなく，政府だけでは社会問題を解決できないという状況の中で行われた。ブレア政権は，意識的にCSRを主要な政策課題として取り上げ，強制力を伴う立法ではなく，パートナーシップやソフト・レギュレーションの手法を活用して対応した。

ブレア政権は，BITCへの継続支援に加え，2000年には貿易産業省内にCSR担当大臣を設置し（2010年の保守党政権成立前まで継続），各省がそれぞ

19　「NGOもNPOもともに市民社会を活動の場とする市民社会組織であるが，一般に非政府の要素を強調する場合，NGOという呼称が使われ，非営利性を強調する場合，NPOが使用される」（毛利，2011，4頁）。本章および次章では両者を特に区別して議論する必要がないことから，これらを総称してNGO・NPOという。

れ行っていたCSR関連の政策の集約化を図った。また，1999年の改正年金法および2006年の改正会社法によって，CSR関連の情報開示を年金基金および会社に求め，情報開示の観点からCSRを推進した。このような中，市民社会からの多国籍企業に対する批判への対応として，英国が国際競争力をもつ産業分野における英国企業の競争力を維持・向上させ，あわせて社会的正義を実現する観点から，CSRに積極的に取り組んだ。以下では，ETI（Ethical Trading Initiative）（スーパーマーケット，衣料品の卸売業）とEITI（Extractive Industries Transparency Initiative）（石油等の採掘業）の事例を通じてブレア政権のCSR政策を考察する。これらはKnudsen and Moon（2012）の相互ガバナンス（mutual governance）の理論枠組みがよく当てはまる事例である。

2. ETIの創設と活動[20]

英国においては，1990年代に市民社会（NGO・NPO等）によって提起された，会社のサプライチェーンにおける劣悪な労働環境に対する批判に対応するために，政府の支援のもと，会社，NGO・NPOおよび労働組合が協力してETIを組成した。そして基本規範（Base Code）の制定や継続学習のプロセスを確立することによって，開発途上国の労働問題に対応してきた。これは市民社会，会社および政府の3者が，相互に影響を与えつつ，それぞれの目的を達成するプロセスであった。以下では，ETI創設に至る経緯と，市民社会，会社および政府のそれぞれの思惑を分析することによって，3者間の関係および政府の果たした役割を明らかにしたい。

まず，ETI創設に至る経緯について概観する。海外直接投資や国際的生産分業の拡大に伴って多国籍企業の活動範囲や影響力が拡大するなかで，開発途上国で生じる環境問題や労働問題に対して，政府が多国籍企業の規制を十分には行えないというグローバルガバナンスの空白地帯が生じていた。この空白地帯における問題に対して，1990年代以降，NGO・NPO等が多国籍企業に積極

[20] 本項での分析は，Hughes（2001），Hughes, Buttle and Wrigley（2007）およびSchaller（2007）によるETIの事例研究に拠るところが大きい。

的な対応を求める動きを顕在化させてきた。

英国においては，スーパーマーケットと衣料品の販売業者が，労働条件の劣悪な開発途上国の労働者を使って，自らのブランドを付けた商品を製造・販売していることがNGO・NPO等から集中的に批判された。NGO・NPO等からの批判に対応するため，会社は開発途上国の労働問題に関して，自主的なコード（行為規範）を作成した。しかし，このコードはすぐに批判の対象となった。その理由として，コードの多くが単なる宣伝活動的なものであり適切には運用されなかったこと，多くの多国籍企業は国際基準であるILOの基準を満たさないような自主コードを制定したこと，そしてコードには実効性やモニタリングのメカニズムが欠けていたことが挙げられる。

NGO・NPOや労働組合は，会社を効果的に監視・監査すること，および会社の対応を適切にモニタリングすることを求めた。英国においては，NGO・NPOと労働組合から構成されるMonitoring and Verification Groupが組成され，会社と協力して，コードの設計，実践，モニタリングの方法などを検討した。ETI創設のアイディアはこの協力体制から出てきた。NGO・NPOが会社と協力関係を築いたのは，対立していても会社が基準を改善することに繋がらないからである。労働組合は，会社が国際的な労働基準に基づくコードを適用することを求めた。会社はNGO・NPOや労働組合からの圧力が低減することを期待した。

1998年に，英国企業，NGO・NPOおよび労働組合は，政府の強力な支援を受けて，ETIを創設した。ETIはマルチステークホルダー・イニシアティブの形態をとり，会社，NGO・NPOおよび労働組合間の利害の調整を組織内部で行うものである。1つの組織の中に意見の異なるグループを内在させて意見調整を行うという手法は，英国で一般的にみられる手法である。

次に，市民社会，会社および政府がETI創設に参画した理由をそれぞれ検討する。市民社会は，ETIに関してNGO・NPOと労働組合に代表される。NGO・NPOはETI創設までは個別企業をターゲットとしてキャンペーンを張る傾向にあったが，ETIに参画することによって，参加企業を規律する自主規制の策定・運営に自らの考え方を反映できる。また労働組合は，開発途上国の労働者の権利保護についても，NGO・NPOではなく自らの管轄下に置きたいという思惑がある。これらのことから，NGO・NPOと労働組合はETIに参画した。

会社がETIに参画する主な理由として，以下の6点を指摘することができる。第1は，個別企業が単独で，ILO基準など国際的に通用するルールを踏まえて自主基準を作成することは，コストやマンパワーの関係から容易でないことである。第2に，個別企業が単独で自主基準を作成しても，それがNGO・NPO等に受け入れられなければ意味がないことである。第3に，共通の自主規制基準に基づいて，公平な競争の場が設定されることが望ましいことである。第4は，段階的な対応を可能とするためである。会社はNGO・NPO等から突然の攻撃を受け，開発途上国の労働問題を急速に解決しようとしても，それは容易なことではない。ETIは「継続的な改善の原則」に基づいて活動されており，たとえ自主基準に対する不履行が判明した場合でも，会社は現実的なタイムフレームの中で改善すればよい。第5に，政府の「適度な関与」が期待できることである。自主規制基準はソフトローであり，法的な義務を伴わない。一方で，政府による支持はETIにある種のお墨付きを与えるものであり，会社がETIに参加する大きなインセンティブ（評判の向上）になる。第6は，良質な人材を確保する観点である。ETIへの参加は，環境や貧困の改善といった世界的な課題に貢献したいと考えている人材の調達・保持・意欲付けに有効である。

1997年に誕生したブレア政権は，政権が掲げる「第三の道」政策の典型例として，ETIを全面的に支援した。英国政府がETIを強力に支援する主な理由として，以下の4点を指摘することができる。第1は，国際的に業務を展開している英国企業のニーズに対応することである。英国企業が単独でNGO・NPOなどからの要請に対応するのは容易ではないことから，政府が調整役としてETIを支援することは，英国企業の国際競争力の維持・向上に資することになる。第2に，政府がETIに関与することにより，ETIの活動の水準が確保され，市民社会や開発途上国の納得性が得られやすいことである。また，これは開発途上国に対する支援の新しい形態としても有効である。第3に，ETIを支援することを通じ，英国がこの分野でのグローバルスタンダードを先導することができる点である。このことは英国企業とって有利に働くことに加え，将来的には，低い倫理基準のもとで価格競争力をもつ開発途上国などの会社を排除することにも繋がる。第4がBITC等の成功体験である。政府支援と民間イニシアティブという組み合わせが，成功体験としてETIにも引き継がれていると考えられる。

このETIの取組みは成功を収めた。当初は，ETIに参加する会社，NGO・NPOおよび労働組合の3者の考え方が異なることから，特に労働者の権利を巡って，ETI内での議論において妥協点を見出す作業は困難を極めた。また，NGO・NPOと会社との間のアプローチ方法も異なり，その調整も大変であった。しかしながら，ETIにおける議論が進捗するにつれて，各参加者間で最善の解決策を考案するようになるなど建設的な議論がなされるようになった。

3. EITIの創設と活動[21]

EITIはETIと同様，多国籍企業に対するNGO・NPO等からの批判に対応して，英国企業の国際競争力維持・増強等の観点から，英国政府が対応の枠組構築を主導した事例である（ETIとは対象業種が異なる）。

まず，EITI創設に至る経緯について概観する。1990年代の終わりから2000年代の初めにかけて，石油・ガス・鉱物資源等の資源輸出国において，なぜ貧困・紛争・汚職が蔓延するのか（「資源があることによる災い」）という論点に関する学術書が相次いで出版され，透明性の向上が解決への糸口となることが指摘された。この指摘を踏まえ，NGO・NPO等は先進諸国の政府に対して，開発途上国政府に対する多国籍企業の支出内容の開示法制化等を求めた。1999年12月に出版されたGlobal Witness Reportでは，アンゴラ政府の石油収入の不透明な管理が指摘され，NGO・NPO等はアンゴラで操業している多国籍企業に対して，アンゴラ政府に対する支払内容の開示を求めた。

このキャンペーンに対応して，英国の石油大手であるBPは2001年2月に，オフショアライセンスを得るために111百万ドルをアンゴラ政府に支払ったこ

21　本項での分析は，Short（2014）およびKnudsen（2014）のEITIの事例研究に拠るところが大きい。

とを開示し，さらなる情報開示を約束した。これに対してアンゴラ政府から強い反発があった。この例に示されるように，単独の会社や国がこの種の情報を開示すると，当該国から強い反発を受けることから，単独での対応には限界があることが明らかになった。

英国の石油企業は，開発途上国政府との紛争を避ける観点から，報告書を会社が作成するのではなく，当該国が作成すべきであると主張した。また，もし会社に対して報告書が求められるのであれば，透明性を高めることが競争上の不利益とならないように，当該国で業務を展開しているすべての会社に対して同様の開示義務を課すべきであると主張した。

英国政府は，NGO・NPOの主張と英国石油企業の主張を踏まえて，多国間・多企業間の対応の共通基準を策定するためのイニシアティブを展開する必要があることを認識した。そこで2002年9月のヨハネスブルクの「持続可能な開発に関する世界首脳会議（WSSD）」において，ブレア首相がEITIの構想を提唱した。その後，国際開発省は，各国政府・産業界・市民社会の代表者と度重なる会合を持ち，共通の報告基準を協働で作成することが出来れば有益であるという同意を得た。そして2003年に第1回EITI閣僚級会合（国際会議）をロンドンで開催し，12項目からなるEITI原則を定めた。そこでは，会社は資源産出国政府や関連団体に対する支払額を開示すること，それらの国・団体は当該収入を開示すること等が求められた[22]。その後，EITIの閣僚級会合は，第2回（2005年：ロンドン），第3回（2006年：オスロ），第4回（2009年：ドーハ），第5回（2011年：パリ），第6回（2013年シドニー）が開催され，開示内容の精緻化等が図られてきた。

次に，市民社会，会社および政府がEITI創設に参画した理由をそれぞれ検討する。市民社会（NGO・NPO）は，EITIの枠組によって資源産出国の収入が開示されれば，資源産出国の高官の汚職が減少し，輸出収入が広く国民に配分されて貧困問題が緩和されることが期待できる。会社は，開示することによる不利益がなくなることから，「公正な競争の場」を得ることができる。英国政府は，英国がリーダーシップをとってイニシアティブを推進することで，英

[22] Knudsen（2014）。

国にとって重要な採掘産業の国際競争力を維持・向上させることができる。さらに，資源産出国にとっても海外からの投資の増加や IMF，世銀といった国際機関からの支援が容易になるといったメリットがある。このように，市民社会，会社および政府の思惑が一致して，英国政府主導の下 EITI が推進された。

この EITI の取組みは成功を収めた。EITI における開示は，石油・ガス・鉱物資源の会社が，彼らの資源産出国政府に対する支出を開示するとともに，資源産出国政府がその収入を開示する。開示は年次の EITI レポートによってなされる。そしてこの開示の正確性については，市民社会・会社および政府の代表から構成されるマルチ・ステークホルダー・グループが確認する体制が確立された。

第 4 節　英国におけるダイバーシティ推進

最近女性活躍促進などの観点からダイバーシティが注目されている。注目される理由として，社会的正義の側面と会社のパフォーマンスへの好影響という側面があるが，経済界における議論の多くは後者に基づいたものである。すなわち会社が行う意思決定が構成員の多様性によって好影響を受けるという前提のもとにダイバーシティ推進が議論されている。わが国では，取締役会に外部の視点を入れるという観点から，独立社外取締役の導入について長年議論が行われてきたが，コーポレートガバナンス・コードの制定・導入によって，現状ではほとんどの上場会社で複数の社外取締役が存在するようになっている。最近では，女性の活躍促進を含む多様性の確保の重要性が謳われ，2021 年 6 月に改訂されたコーポレートガバナンス・コードでは女性や外国人の管理職への登用が会社に求められるようになっており（補充原則 2-4 ①），またコーポレートガバナンス・コードと同時に改訂された投資家と企業の対話ガイドラインでは，取締役会における多様性の確保と女性を取締役に選任することが求められている（3-6）。これは，女性の活躍促進を含む社内の多様性の確保が，会社の持続的な成長を確保する上での強みとなり得るという認識のもと，会社の

表 5-2　女性の取締役比率と上級管理職比率の推移

○女性の取締役比率

	デービス報告書			ハンプトン＝アレクサンダー報告書		
FTSE100	2011	target	2015	2016	target	2020
女性取締役比率	12.5%	25.0%	26.1%	26.6%	33.0%	36.2%
うち非業務執行	15.6%		31.4%	31.6%		42.2%
うち業務執行	5.5%		9.6%	11.2%		14.2%
FTSE250	2011	target	2015	2016	target	2020
女性取締役比率	7.8%		19.6%	21.1%	33.0%	33.2%
うち非業務執行	9.6%		24.8%	26.2%		39.1%
うち業務執行	4.2%		5.2%	6.0%		11.0%

○女性の上級管理職比率

	ハンプトン＝アレクサンダー報告書		
FTSE100	2016	target	2020
女性上級管理職比率	25.1%	33.0%	30.6%
FTSE250	2017	target	2020
女性上級管理職比率	24.0%		28.5%

（注）上級管理職とは，エグゼクティブ・コミッティまたはそれに直接報告するポストを指す。
（出所）各種報告書から筆者作成。

パフォーマンス向上の観点から，ダイバーシティの推進が求められているものである（原則 2-4)。

取締役会のダイバーシティを推進する方法として，クオーター制（法律による強制適用）を採用する場合とコーポレートガバナンス・コードなどに定める方法によって会社の自発的な対応を促す場合があるが，前者は主として社会的正義の側面を反映したものであり，後者は主としてパフォーマンス向上を期待した方法であると言える。欧州大陸の多くの国はクオーター制によって女性取締役比率などを高めているが，英国は会社の自発的な対応に委ねる方法によってダイバーシティを推進して成果を挙げている。わが国は英国と同様，コーポレートガバナンス・コードへの記載などによって会社の自発的な対応を促す方法を採用していることから，その参考とすべく，以下では英国の推進状況について概観する。

英国では，デービス報告書とハンプトン＝アレクサンダー報告書の勧告などに基づいてジェンダーのダイバーシティが推進され，パーカー報告書の勧告などに基づいてエスニック・ダイバーシティが推進されている。そして，2021年7月にFRCがロンドン・ビジネス・スクールなどの支援を得て，取締役会のダイバーシティがパフォーマンスなどに与える影響についての分析を公表した。以下ではこれらについて概観する。なお，表5-2は女性の取締役比率と上級管理職比率の推移である。

1. デービス報告書2011[23]

英国ではデービス報告書2011（Women on Boards）によって，ジェンダー・ダイバーシティが加速された。それまでは，欧州大陸諸国と比較してジェンダー・ダイバーシティの進展が遅延していたが，2010年に成立した保守党と自由民主党の連立政権の合意に基づき，上場会社の取締役会におけるジェンダー平等を推進するという政府方針が定められ，その方針に基づき，ビジネス・イノベーション・技能省閣外大臣のEdward Davyと女性担当大臣のLynne Featherstoneからデービス卿（Lord Davis of Abersoch）に報告書の作成が依頼された。具体的には，多くの女性の取締役就任を妨げている障壁を明らかにし，女性取締役比率の向上を進展させるために政府と会社が講ずべき施策を勧告することが依頼された。これを受けて2011年2月に作成・公表されたのがデービス報告書2011である。

デービス報告書2011では，英国の伝統に則して原則主義が採用されている。デービス卿は報告書の巻頭言で，クオーター制導入の議論もあったが，それは形式主義に陥る懸念があるので原則主義を推奨すること，ただし，もし自発的な会社主導のアプローチ（原則主義）が顕著な変化をもたらさないならば，政府はより規範的な代替策（クオーター制）を採用する権利を留保しておかなければならないことを指摘している。

また報告書では，女性取締役比率を高める意義として，女性に対する平等機

23　Davis（2011）。

会の提供を促進することに加えて，ビジネスのパフォーマンスを向上させるか否かが論点になるとしたうえで，包括的で多様性のある取締役会は顧客やステークホルダーをよく理解することができ，新たな視点の提供や豊富な経験に基づいて，よりよい意思決定を可能とすることができるとし，具体的には以下の4つのポイントを指摘している。

1. パフォーマンスの向上
　女性の取締役を任命することにより，会社のパフォーマンスが改善されたという多くの研究が存在する。同質性からくる 'group-think'（集団思考）を排除することができる。
2. 有能な人材プールへのアクセス
3. 市場の変化への敏感な対応
　女性顧客のニーズの理解が容易となる。
4. 良質なコーポレートガバナンスの達成
　女性取締役比率が高い取締役会は，コミュニケーションが良好で，CSR（会社の社会的責任）といった非財務上の実績を重視する傾向があるという研究がある。

このように取締役会におけるジェンダー・ダイバーシティの有効性が指摘される中で，報告書では FTSE350[24] を分析対象とした現状分析を行い，2009 年の女性取締役比率が FTSE100 で 12.2%，FTSE250 で 7.3% であり，これに対して 2010 年には FTSE100 で 12.5%，FTSE250 で 7.8% と若干増加したが，そのスピードは遅すぎるとする。そしてジェンダー・ダイバーシティに関して 10 の勧告を行っている。その要旨は以下の通りである。

[24] ロンドン証券取引所上場会社時価総額トップ 350 社。FTSE100（トップ 100 社）と FTSE250（トップ 101～350 社）から構成される。

1. FTSE350は2013年と2015年の女性取締役比率の目標を設定すべきである。FTSE100は2015年までに少なくとも25%の女性取締役比率を目標とすべきであり，多くの会社がそれを上回る実績を上げることを期待する。
2. 上場会社は，女性取締役比率，女性の上級管理職比率および女性従業員比率を毎年開示するよう求められるべきである。
3. FRCはコーポレートガバナンス・コードを改訂し，上場会社が取締役会のダイバーシティの方針を策定し，毎年その内容と進捗状況を開示するよう求めるべきである。
4. 上場会社は2012年のコーポレートガバナンス・ステートメントで，上記1.から3.の勧告への対応を報告すべきである。
5. 取締役会議長は取締役の選定プロセスにおいて，ダイバーシティをどのように考慮したのかを年次報告書で開示すべきである。
6. 投資家は上記1.から5.の勧告に対する会社の対応を注視すべきである。
7. 非業務執行取締役のダイバーシティを推進する観点から，会社がそれらのポジションの募集状況について開示することを推奨する。
8. エグゼクティブサーチ会社は，FTSE350の取締役の探索に関して，ジェンダー・ダイバーシティなどを考慮した自発的な行動規範を策定すべきである。
9. これらの勧告を達成するために，2種類の異なる女性の集団（①すでに会社で業務を遂行している女性エグゼクティブと，②起業家，研究者，官僚，専門的サービスのバックグランドを持つが会社では業務を遂行しておらず，能力はあるが取締役となる機会が乏しい女性）を認識して研修・能力開発などの対応を行う必要がある。
10. 当推進委員会は，半年毎にこれらの施策の進捗状況について把握し，十分な進展がみられたか否かについて毎年報告する予定である。

この報告書での重要な点は，女性の取締役を任命することによって会社のパフォーマンスが改善されることが議論の前提となっていること，女性取締役比率の具体的な数値目標を明示したこと，そしてこの報告書の勧告が会社法やコーポレートガバナンス・コードに取り入れられて実効性のあるものとなったことである。会社のパフォーマンスについて，これが財務パフォーマンスに限定したものと明示しているわけではないが，株価の上昇等の財務パフォーマンスに好影響を与えるとの記載がなされている。

報告書の勧告を受けて，2012年のコーポレートガバナンス・コードの改訂に際して，取締役の選任および取締役の評価の箇所に，ジェンダーを含む取締役会のダイバーシティを考慮すべきことが付け加えられ，また2013年の会社法改正に際して新たな開示書類として戦略報告書が導入されたが，その中で上場会社は取締役，上級管理職および従業員の性別毎の数を開示することが義務づけられた[25]。これらにより，英国の上場会社における女性取締役比率の増加が加速された。

2. デービス報告書2015[26]

デービス報告書2011以後の5年間の成果をまとめたデービス報告書2015（Improving the Gender Balance on British Boards）が2015年10月に作成・公表された。そこでは，女性の取締役の任命に関して大きな改善がもたらされたこと，具体的には，FTSE350の女性取締役比率が2011年と比較して2倍以上になり，現在はFTSE100で26.1%，FTSE250で19.6%となっていること，また男性だけの取締役会を有する会社の数も大幅に減少しており，2011年に152であったものが，現在ではFTSE100はゼロ，FTSE250は15になっていることが報告されている。これは期待以上の成果であったようで，デービス卿は報告書の巻頭言で「このような革命に近い取締役会や英国企業のカルチャーの変革は予想していなかった。正直に言えば，25%の目標を達成できるかにも確信がなかった」と述べている。

25　本間（2019）。
26　Davis（2015）。

報告書では，成功の要因として，現実的で達成可能な，そして少し背伸びをした目標の設定であったこと，そしてすべてのステークホルダーが参加した自発的な会社主導のアプローチが重要であったことを挙げている。そして次の段階に向けたものとして５つの勧告を提示している。その要旨は以下の通りである。

1. 自発的な会社主導のアプローチの継続
2. ターゲット（目標）の引き上げ
   FTSE350の女性取締役比率の自発的目標を５年以内に少なくとも33％とする。またFTSE350における取締役会議長，上席独立取締役（Senior Independent Director）および業務執行取締役への女性登用の拡大を促進する。
3. エグゼクティブ階層への拡大
   上級管理職への女性登用を促進する。
4. 独立した推進委員会（ステアリングコミッティ）の再招集
5. 2016年初までに，独立した推進委員会による詳細な目標の公表

自発的な会社主導アプローチが機能したのは，英国ではコーポレートガバナンス・コードに見られるように原則主義・会社の自発性尊重の伝統があること，そして自発的アプローチが機能しない場合には（デービス報告書2011のデービス卿の巻頭言に示されるように）政府によるクオーター制導入の可能性があることが考えられる。なお報告書では，取締役会におけるジェンダー・ダイバーシティによって取締役会に幅広い視点が取り入れられるなどの実利があることが強調されている。

3. ハンプトン＝アレクサンダー報告書2016[27]

デービス報告書の後継として，取締役会等におけるジェンダー・バランスの改善を求めるハンプトン＝アレクサンダー報告書2016（Improving Gender

Balance in FTSE Leadership）が2016年11月に作成・公表された。報告書の冒頭および巻頭言で，ハンプトン卿（Sir Philip Hampton）とデイム・アレクサンダー（Dame Helen Alexander）は，英国企業の経営トップに占める女性の数を改善するという，会社によって主導される自発的なフレームワークが機能していることは明らかであること，そして今，それを取締役会の範囲を超えて拡大するときにきていると指摘した上で，FTSE100の上級管理職（エグゼクティブ・コミッティまたはエグゼクティブ・コミッティに直接報告するポスト）に占める女性比率の目標（2020年）を33%とすること，あわせてFTSE350の女性取締役比率の目標（2020年）を33%とするターゲットを明示している。そしてこのことにより，意思決定に際して，異なる視点やスキルセットを活用することができるようになるだけでなく，会社は女性が十分には雇用されていない状態や，これに伴う英国企業や経済の損失に対処することになると指摘している。これは女性活用の社会的意義に言及したものと解釈される。

報告書では5つの勧告がなされている。この内容はデービス報告書2015の勧告に沿ったもので，その要旨は以下の通りである。

1. 女性の取締役

   FTSE350の自発的な目標（2020年）として女性の取締役比率を少なくとも33%とすべきである。また取締役会議長，上席独立取締役または業務執行取締役への女性登用を増加させるべきである。

2. 女性のリーダー

   リーダーシップ・ポジションに就く女性の数を大幅に増加させるべきである。具体的には，FTSE100は2020年までに，エグゼクティブ・コミッティまたはエグゼクティブ・コミッティに直接報告するポストの女性比率を少なくとも33%にすべきである。

3. 政府が課す報告義務

[27] Hampton and Alexander（2016）。

FRCは，コーポレートガバナンス・コードを改訂して，FTSE350は年次報告でエグゼクティブ・コミッティまたはエグゼクティブ・コミッティに直接報告するポストの女性比率を開示するようにすべきである。また戦略報告書で開示が求められている 'senior manager' の定義を明確にすべきである。

4. 投資家

英国スチュワードシップ・コードにおける責任として，FTSE350の取締役会のジェンダー・バランスの進展をコーポレートガバナンスの重要課題として評価すべきである。投資先であるFTSE350評価の一環として，取締役会，エグゼクティブ・コミッティまたはエグゼクティブ・コミッティに直接報告するポストのジェンダー・バランスの開示と進捗状況を評価すべきである。これに関して明確な議決権行使方針を持つべきである。会社の対応が遅い場合には，投資先企業と対話・エンゲージメントを行うべきである。また議決権行使結果を公表すべきである。

5. エグゼクティブサーチ会社

FTSE350の女性比率を向上させるための努力を継続するとともに，エグゼクティブ・コミッティまたはエグゼクティブ・コミッティに直接報告するポストの女性比率を拡大することにも努力を傾けるべきである。

この報告書の特徴・意義として，デービス報告書2011で達成された成果を踏まえて，一層のジェンダー・ダイバーシティを推進する観点から，(1) 女性取締役比率のターゲット（目標）をFTSE100からFSE350に拡大し，比率を25%から33%に増加させたこと，(2) 新たに上級管理職に占める女性の比率向上を求め（FTSE100はその比率を33%以上とする），さらに取締役会議長，上席独立取締役または業務執行取締役への女性登用拡大を求めたこと，そして，(3) 政府・投資家・エグゼクティブサーチ会社にも一定の役割を求めたことが指摘できる。

4. ハンプトン＝アレクサンダー報告書 2021[28]

ハンプトン＝アレクサンダー報告書2016以後の5年間の成果をまとめたハンプトン＝アレクサンダー報告書2021（Improving Gender Balance-5 Year Summary Report）が2021年2月に作成・公表された。ハンプトン卿はこの報告書の巻頭言で，FTSE350は，ハンプトン＝アレクサンダー報告書2016が設定した自発的なターゲット（目標）を超過したか，またはほぼそれに近い成果を収めたとし，デービス報告書とハンプトン＝アレクサンダー報告書の10年間で，取締役会において女性の非業務執行取締役の比率が増大し，現在FTSE350の40％近くになっていること，そして主要な投資家などが議決権を行使することによってこの活動を支援していることを評価している。一方で，女性の業務執行取締役への登用はまだまだであり，FTSE100で現状14.2％にとどまっていること，またエグゼクティブ・コミッティに占める女性の比率も，最近増加しているとはいえ，また約4分の1と比較的低位であること，これを改善するためにはパイプラインの拡充が重要であることを指摘している。そして今後は業務執行取締役やエグゼクティブ・コミッティへの女性登用に焦点があてられるべきであるなどとして，4つの勧告を行っている。その要旨は以下の通りである。

1. 最善慣行（ベストプラクティス）として，取締役会議長，CEO，上席独立取締役，CFOの4つのポジションのうち少なくとも1つは女性とすること，そして投資家がこの最善慣行を支援すべきである。
2. ビジネス・エネルギー・産業戦略省（BEIS：Department for Business, Energy & Industrial Strategy）と機会均等省（GEO：Government Equalities Office）が協働して，ビジネスにおけるダイバーシティの推進（特にジェンダーとエスニシティ）を支援すべきである。
3. 会社はジェンダー間の報酬ギャップを取締役会とエグゼクティブ・コ

[28] Hampton and Alexander（2021）。

ミッティに報告すべきである。

4. ハンプトン＝アレクサンダー報告書によって推進された事柄を維持するために，ビジネス・エネルギー・産業戦略省（BEIS）と機会均等省（GEO）は投資家協会（Investment Association）や他の投資家グループとともに，ジェンダーの目標に到達しない会社に対する議決権行使による制裁の状況を毎年レビューすべきである。

自発的な会社主導アプローチを標榜するデービス報告書とハンプトン＝アレクサンダー報告書の10年間で，英国のジェンダー・ダイバーシティは大きな進展を遂げたと言える。たとえばFTSE100全体では女性取締役比率が2011年の12.5％から2020年には36.2％に増加している。ただしこれは非業務執行取締役の女性比率の増加が主要因である。今後の課題として，業務執行取締役の女性比率の増加，業務執行取締役などの中でも主要な4つのポジション（取締役会議長，CEO，上席独立取締役，CFO）への女性登用，および業務執行取締役予備軍としての上級管理職への女性登用の拡大の必要性が指摘されている。

5. パーカー報告書2017[29]

英国企業が取締役会におけるジェンダー・ダイバーシティで大きな進展を遂げる中で，エスニック・ダイバーシティを推進する観点からまとめられた報告書がパーカー報告書（A Report into the Ethnic Diversity of UK Boards）である。パーカー報告書は2017年12月に作成・公表された。パーカー卿（Sir John Parker）はこの報告書の巻頭言で，デービス報告書にメンバーとして参加した経験から，実務的な課題を設定し，強い熱意をもって現実的な目標と時間軸を提示すれば，進歩的なビジネスリーダーはこれに反応して対応することを確信しているとしたうえで，この報告書の勧告は企業活動の社会的認可

[29] Parker（2017）。

(social license to operate) に沿うものであり，顧客や英国社会の人種構成と取締役会のそれを一致させるものでもあるとして，エスニック・ダイバーシティ推進の意義を説明している。

報告書ではまず 2017 年 7 月末時点の FTSE100 の状況として，(1) 取締役のうち，英国籍の非白人の取締役の比率はわずか 2%であること，国籍を英国に限らずに非白人全体でみても，その比率は 8%であること（英国の人口に占める非白人比率は 14%），(2) FTSE100 のうちの 51 社には，1 人の非白人取締役も存在しないこと，(3) 非白人の取締役のうちの 40%が 7 社に集中し，そのうちの 5 社の本社が英国外にあること，(4) 取締役会議長または CEO の職にある非白人は 6 人に過ぎないことを指摘している。そして今後英国内の非白人比率が増加すること，アフリカやアジアといった非白人の市場が拡大していくことなどを示したうえで，取締役会のエスニック・ダイバーシティにはビジネス上の意味があると説明する。具体的には，社内におけるメリットとして，多様な考え方，経験，専門知識の活用が可能となること，社外に対するメリットとして，ブランド価値の向上，幅広い人材の採用，サプライチェーンにおけるリスクの低減（グローバルな調達を行う際に生じる可能性がある，文化的感受性，規範，脆弱性の理解不足から生じるリスクを回避する能力が得られること）などを提示している。

経験・専門知識・考え方のダイバーシティから導かれるメリットを糧にして，英国企業がグローバルリーダーであり続けるための準備をするときであるとして，報告書では 3 項目の勧告がなされている。その要旨は以下の通りである。

1. 英国企業の取締役会におけるエスニック・ダイバーシティの拡充
   FTSE100 は 2021 年までに，FTSE250 は 2024 年までに，取締役会の中に非白人の取締役を少なくとも 1 人任命する。
2. 非白人の候補者のパイプラインの拡大と後継者計画
   取締役会議長，取締役および経営者によるエスニック・ダイバーシティに関する適切なコミットメントがなければ，英国の会社は有能な人材を惹きつけ，育て，そして維持することができないであろう。

3. 透明性と開示の促進

会社のダイバーシティ方針は，年次報告書で説明されるべきであり，勧告の目標に達しなかった会社は，その理由を年次報告書で開示すべきである。

ジェンダー・ダイバーシティに関する報告書（デービス報告書・ハンプトン＝アレクサンダー報告書）の勧告では女性取締役などの比率を目標（ターゲット）としているのに対して，本報告書では少なくとも１人の非白人の取締役の任名を目標としているのは，それだけ非白人の取締役に対する抵抗が強いことの表れであると考えることができる。

なおこの報告書を受けて，2018 年のコーポレートガバナンス・コードの改訂に際して，取締役の選任の箇所（原則 J）に，ジェンダーに加えて，社会的バックグランドやエスニックバックグランドを考慮すべきことが加えられた。

6. パーカー報告書 2020[30]

2020 年２月にパーカー報告書 2017 の中間報告として，パーカー報告書 2020（An Update Report from The Parker Review）が作成・公表された。この報告書では，エスニック・ダイバーシティの進捗状況がかなり厳しい状況にあることが報告されている。パーカー卿は巻頭言の中で，(1) 女性を取締役会のメンバーに加えることについては大きな進展を遂げたが，いまだに FTSE100 の多くの会社の取締役会はすべて白人から構成されていること，(2) 英国企業にはいまだに有能なマイノリティを経営者や非業務執行取締役に登用しない企業文化があること，(3) これは社会的正義（social justice）だけの問題ではなく，投資家や顧客は，会社が現代の課題に真摯に対応しているかという観点から取締役会などのダイバーシティの状況をモニタリングしていること，(4)

30　Parker（2020）。

FTSE100は2021年までに取締役会の中に非白人の取締役を少なくとも1人含めること（'One by 21'）は社会的に望ましいだけではなく，英国経済の将来にとって重要な意味を持つこと，そして（5）我々はこれ以上の遅延を阻止できるし，またしなければならないことを指摘している。

中間段階の報告であることなどから，数値は会社の自発的な開示に基づくものとなるが，FTSE100では開示している83社のうち31社（37%）が目標に到達していないこと（非白人の取締役が存在しないこと），FTSE250ではこれが173社中119社（69%）であること，これらを合算したFTSE350では256社中150社（59%）が目標に到達していないことが示されている。またFTSE350のうち，取締役会議長またはCEOのポジションについている非白人は15人に過ぎないことも報告されている。このように，取締役会のエスニック・ダイバーシティについては，なかなか進んでいないのが現状であると言える。

7. FRCの調査報告書[31]

2021年7月に，FRC，London Business School Leadership InstituteおよびSQWがFTSE350の取締役会のダイバーシティとその有効性に関する調査報告書（Board Diversity and Effectiveness in FTSE 350 Companies）を作成・公表した。そこでは，デービス報告書，ハンプトン＝アレクサンダー報告書およびパーカー報告書による進捗を踏まえ，取締役会のジェンダー・ダイバーシティやエスニック・ダイバーシティの拡大が，取締役会の有効性やダイナミクスにどのような影響を与えているのかなどについての分析がなされている。これは過去の報告書では，ダイバーシティがパフォーマンスを向上させるということが前提として議論されていたのに対して，次節で検討するようにダイバーシティがパフォーマンスを低下させるといった実証研究が多く示されていることから，この関係を整理する必要があったと推察される。

この調査報告書での分析対象はFTSE350で，定量分析（2001年から2019

31　FRC et al.（2021）。

年のデータを使用）と定性分析（25社，71取締役に対するインタビュー）が組み合わせられている。ダイバーシティの対象として，ジェンダー，エスニックに加えて社会経済的なダイバーシティ[32]（社会経済的なダイバーシティに関してはデータが揃わないのでインタビューのみ）が分析されている。129頁におよぶ大部の報告書であるが，重要な調査結果として以下の3点が示されている。

1. 多くの取締役はダイバーシティにコミットしており，取締役会は変革の努力をしている。特にジェンダー・ダイバーシティに関してはある程度の成功を収めている。
2. 取締役会におけるダイバーシティ強化の努力は，取締役会のカルチャーやパフォーマンスという形で効果をもたらしている。
3. 能力のある人材の登用や英国の人口構成に適合するような取締役会の構築にはまだまだ道が遠い。

その他の発見事項として記載されているもののうち，主なものは以下の通りである。

・FTSE350において，ジェンダー・ダイバーシティと売上高利益率（EBITDA margin）で計測した将来の経済的パフォーマンスの間には正の相関関係があり，特にそれは3から5年後において強い。
・FTSE350の取締役会では，ジェンダー・ダイバーシティがよく管理さ

32　社会経済的なステータスとは，本人の生まれ，両親の育ちや教育によって，本人のネットワーク構築や機会に制約が生じ，それがひいては本人の成功・富，専門性の獲得や異動可能性に影響を与えることをいう。本調査報告書には，取締役に対するインタビューの結果として，低い社会経済的なステータスの男性取締役を代替して，高い社会経済的なステータスの女性が取締役に就任することによって，女性取締役比率が増加している可能性がある旨の記載がある（40頁）。

れた会社の方が，株価の上昇と株主からの異議の低下がみられる。
・FTSE350の取締役会では，エスニック・ダイバーシティ[33]と株主からの異議の低下の間に，弱い相関関係がみられる。
・これらの結果は重要である。なぜなら，何十年もの間，研究者は取締役会のデモグラフィ型のダイバーシティと会社の全般的なパフォーマンスや市場価値との間の因果関係を確認するのに失敗していたからである[34]。
・研究者が示してきたのは，デモグラフィ型のダイバーシティと会社の評判，CSRの強化，イノベーションの増大などの関係である。
・我々はダイバーシティの好影響が表出するのには時間がかかることを理解すべきである。
・統計的手法による分析に加えて，25社，71取締役に対するインタビューを行った。その結果，女性取締役比率と取締役会における関係性・協調が強く相関することが明らかとなり，ダイバーシティが取締役会のダイナミクスに影響を与えることが確認できた。
・取締役会の一体性を導くのは議長の責任であり，ダイバーシティ成功のためには議長の役割が重要である。

そのうえで，ダイバーシティには，パフォーマンスに関する議論と社会的正義に関する議論の2種類があるが，ブラック・ライブズ・マター運動や#MeToo運動のような社会活動，持続可能性に関する議論，およびステークホルダー重視の流れの中で，ダイバーシティが役に立つか否かという議論から，ダイバーシティが社会的な目標の達成にどのように活用できるかに議論の焦点が移行していると指摘している。

なお本調査報告書では定量的な分析結果を示しているが，その中で統計的に

33　本報告書には，取締役に対するインタビューの結果として，非白人の取締役に対する抵抗感（チームのメンバーとして迎え入れることに対する抵抗感）が強いことが示されている（38頁）。

34　本報告書では因果関係と相関関係の違いを詳しく説明している。ただし本報告書での定量分析は相関関係を示すものであると理解される。

有意なものは必ずしも多くはない。たとえばジェンダー・ダイバーシティと売上高利益率（EBITDA margin）の分析の箇所（報告書の84-89頁）では，従業員数の対数値（会社の規模），会社の業歴，取締役会の規模，リスクの水準，業種などをコントロールしたうえで，ジェンダー・ダイバーシティの水準（女性取締役比率など6種類）と売上高利益率の関係を分析しているが，関係を分析した箇所が90（分析対象がFTSE100，250，350の3タイプ，期間が1～5年の5年分，指標が6種類で，3×5×6＝90）あるのに対して，10％水準で有意の箇所が2しか存在せず，しかもそれらは5％水準では有意とはいえない結果が示されている。定量的な分析だけではなくインタビュー結果を踏まえたものとはいえ，この結果を踏まえてジェンダー・ダイバーシティと売上高利益率で計測した将来の経済的パフォーマンスの間に正の相関関係があると結論づけるのは，かなり厳しい面があるのではないかと考えられる。

ダイバーシティによってパフォーマンスが改善することを前提として議論することは必ずしも適切ではないと考えられる。この点に関して次節で先行研究をレビューする[35]。

第5節　ダイバーシティとパフォーマンスの関係分析

ダイバーシティの議論には，社会的正義の側面と会社のパフォーマンスへの好影響という側面があるが，本節では，後者に関する先行研究を財務と非財務に区分して概観する。そのうえで，ダイバーシティの非財務パフォーマンスに与える影響の例として，わが国のデータに基づいて女性役員の気候変動対応に与える影響について分析する。

35　2022年4月には，規制当局であるFCA（Financial Conduct Authority）から，取締役会構成のダイバーシティに関する開示規則の最終案が示された。そこでは，ロンドン証券取引所のプレミアム市場およびスタンダード市場に上場している会社は，①取締役会メンバーの少なくとも40％を女性とすること，②取締役会の主要なポスト（取締役会議長，CEO，CFO，上席独立取締役）の少なくとも1つを女性とすること，および③取締役会メンバーの少なくとも1人を非白人とすることについて，その対応状況を2022年4月以降開始する事業年度から，コンプライ・オア・エクスプレインの形式で開示すべきことが求められる（FCA，2022）。

1. ダイバーシティのプラス面とマイナス面

まず，ダイバーシティの組織やパフォーマンスなどに与える影響に関するプラス面とマイナス面について言及した先行研究を概観する。Horwitz and Horwitz（2007）は，ダイバーシティは両刃の剣（“double-edged sword”）であると指摘し，具体的には，チーム構成員のダイバーシティは組織のシナジーを創造することもあれば，コーディネーション，緊張，グループ間・グループ内の対立をもたらすこともあるとする。

Jhunjhunwala and Mishra（2012）はインド企業を対象として分析した結果，取締役会の多様性は財務パフォーマンスに正の影響を及ぼしていないことが示されたとして，この原因として，適切に管理されないと，ダイバーシティがあるチームは対立を生む傾向があり，これによってパフォーマンスを悪化させるからであると考えられるとする。すなわち，ダイバーシティは，チームに異なるスタイル，考え方，視点をもたらすことから対立を増大させ，団結力を低下させ，コミュニケーションを妨げ，チームの協調を乱すことから，取締役会の効果を減退させる可能性があるので，ダイバーシティを適切に管理することが，取締役会のパフォーマンスを向上させる前提条件であると指摘する。

Harjoto et al.（2015）は，取締役会のダイバーシティは，取締役会に幅広い知識やスキルといった異なる視点をもたらすことによって取締役会のパフォーマンスにポジティブな影響を与えることが想定できるが，その反対に，より多くの異なる意見をもたらし，対立を生み，意思決定プロセスが長期化するといったネガティブの影響を与えることも想定できると指摘する。

Rao and Tilt（2016）は，異質性をもたらすダイバーシティはグループ内の対立や誤解をもたらすという懸念があるが，多くの議論は，異質性をもたらすダイバーシティが取締役会の視野を拡大して深い議論と代替策を生み出すことに繋がることから，望ましいというものであるとしたうえで，会社を取り巻く環境が不確定である場合には，異質性のあるトップマネジメントチームの方が，高いパフォーマンスを達成するが，安定的な環境である場合には，均質性のあるチームの方が成功する傾向があると指摘する。

これらの先行研究が指摘することを要約すると，ダイバーシティは，（1）会社の置かれた環境によってその重要性が異なること，(2) マネジメントの優劣によってその有効性が異なることが指摘できる。すなわち，環境が安定的または進むべき方向性が定まっている場合（たとえば高度成長期の日本）には均質的な社内体制が効果を発揮し，環境が大きく変化し異文化の理解が必要となる場合（たとえば現在の日本）にはダイバーシティが必要とされると言える。また取締役会のダイバーシティを進める際には，取締役会をマネージする議長の手腕が重要であると言える。

2. デモグラフィ型とタスク型

ダイバーシティを一括りに論じるのではなく，デモグラフィ型とタスク型に区分してパフォーマンスとの関係を論じるべきであるという有力な考え方がある[36]。Horwitz and Horwitz（2007）は，ダイバーシティには様々な形態があるとしたうえで，ダイバーシティをデモグラフィ型（bio-demographic diversity）（年齢，ジェンダー，エスニシティなど）とタスク型（task-related diversity）（職務経験，教育，在籍期間など）の2類型に区分し，1985年から2006年に発表された35の査読論文をメタ分析の手法を用いて分析した結果，デモグラフィ型のダイバーシティとチームのパフォーマンスの間には関係が示されなかったが，タスク型のダイバーシティとチームのパフォーマンスの間には正の関係が示されたことを指摘した。

同様に，Joshi and Roh（2009）は，チームのダイバーシティがパフォーマンスに及ぼす影響について明確なコンセンサスがないのは，ダイバーシティをデモグラフィ型（relations-oriented diversity）（ジェンダー，エスニシティ，年齢など）とタスク型（task-oriented diversity）（職務，教育，在籍期間など）に2分類して分析していないからであるとしたうえで，1992年から2009年に発表された39論文をメタ分析の手法を用いて分析した結果，デモグラフィ型のダイバーシティとパフォーマンスの間には弱いが有意な負の関係が示され，タスク型のダイバーシティとパフォーマンスの間には弱いが有意な正の関係が

[36] 乾・中室・枝村・小沢（2014），松田（2020）。

示されたことを指摘した。

これらの論文は，ジェンダーやエスニシティといったデモグラフィ型のダイバーシティはパフォーマンスに影響を与えず，業務経験などのタスク型のダイバーシティがパフォーマンスに影響を与えると主張している。ただし，わが国の現状を鑑みた場合，ジェンダーの違いは，全般的な傾向としては，業務経験の違いをもたらしていると考えられ，またエスニシティの違い（たとえば外国人取締役）は，同時に業務経験や教育の違いを意味していることから，両者を明確に分けることは困難であると考えられる[37]。

3. ダイバーシティと会社の財務パフォーマンスの関係

会社のパフォーマンスは，財務パフォーマンスと非財務パフォーマンスに区別される。ダイバーシティと会社の財務パフォーマンスの関係に関しては世界各国で多くの研究がなされているが，その結果は様々である。両者の間に有意な正の関係があるとするものだけではない。Adams and Ferreira（2009）は米国企業約2,000社の1996年から2003年のデータに基づき，双方向の因果関係や時間的に変化しない観察されない異質性（内生性）に対処するために操作変数による固定効果モデルを用いて，女性取締役と会社の財務パフォーマンスの関係などを分析した。その結果，女性取締役は取締役会のモニタリング機能を強化するが，財務パフォーマンス（ROA，Tobin's Q）を悪化させることが示された。この結果を踏まえ，既にモニタリング機能が充実している会社にはジェンダー・ダイバーシティが必要ないこと，むしろクオーター制などによってそれが強制されると株主価値を棄損する可能性があることを指摘した。

ノルウェーでは，2003年に2008年までに女性取締役比率を40%以上としなければならないというクオーター制が導入された（2003年時点の女性取締役比率は9%に過ぎなかった）。Ahern and Dittmar（2012）は，この機会を捉え，法律が施行される前の各会社の女性取締役比率を操作変数として，女性取

37　Nielsen and Huse（2010）は，ノルウェーの120社のサーベイデータに基づき，性別自体ではなく，女性取締役の専門的経験や異なる価値観が，取締役会の意思決定に影響を与えていることを指摘している。

締役比率と財務パフォーマンス（Tobin‘s Q）の関係を分析したところ，女性取締役比率の上昇は財務パフォーマンスを悪化させることが示された。この結果はクオーター制の導入が企業価値を低下させたことを示している。なお，この理由として，クオーター制への対応として，経験が浅く取締役としての適性が必ずしも十分ではない女性を取締役に任命して急場をしのいだことが指摘されている[38]。この先行研究で示されていることは，社会や個々の会社の置かれた状況を無視して，クオーター制の導入など，強制的に期限を定めてダイバーシティを推進することは，むしろ財務パフォーマンス，ひいては株主価値を棄損する可能性があることである。

わが国を対象として取締役会における女性取締役と財務パフォーマンス（ROA，Tobin‘s Q）の関係を分析したものとして，松本（2019）がある。そこでは，TOPIX500のうち東洋経済新報社の『CSR企業総覧』からデータの入手が可能な236社（金融業を除く）の2007年から2013年のサンプルを用いて，女性監査役の有無を操作変数として固定効果モデルによる分析を行った結果，両者の間には有意な関係が示されなかったことを報告している。その他わが国企業を対象としたものとして，乾・中室・枝村・小沢（2014）は，ダイバーシティのイノベーションに与える影響について分析し，企業固有の効果をコントロールするとダイバーシティはイノベーション活動（研究開発費/売上高，特許出願件数）に有意な影響を及ぼしていないことを報告し，松田（2020）は，取締役会のダイバーシティが投資意思決定に与える影響について分析し，ダイバーシティの中でも年齢が有意な関係を示すこと（取締役会で最も若いメンバーの年齢が低いほど，投資の実行・撤退とも有意に活性化することなど），ジェンダーと国際性に関しては全体としてまちまちな結果となったことを報告している。わが国の取締役会のダイバーシティを検討する文脈で，取締役の年齢に着目した点が注目される。

38　中室・津川（2017）125-129頁。

4. ダイバーシティと会社の非財務パフォーマンスの関係

ダイバーシティと会社の非財務パフォーマンスの関係に関する研究も，財務パフォーマンスに関する研究と比較すると多くはないが，一定程度行われている。非財務パフォーマンスといっても様々であるが，ここではCSR全般やCSR開示を対象とするもの，環境や社会に対するパフォーマンスを対象とするものに区分して先行研究を概観する。

CSR全般を対象とした分析に，Harjoto et al.（2015），Yarram and Adapa（2021），CSR開示を対象とした分析に，Jizi（2017），Velte（2019）がある。Harjoto et al.（2015）は米国企業1,489社の1999年から2011年のデータを用いて，CSRパフォーマンス（KLDスコア）とダイバーシティの関係を最小二乗法を用いて分析し，取締役会のジェンダーと人種の多様性および長期の在籍期間がCSRパフォーマンスに対して有意な正の関係を示すこと，すなわち取締役会のダイバーシティはCSRパフォーマンスに正の影響を与えることを示した。なおコントロール変数の企業規模（総資産），収益性（ROA）もCSRパフォーマンスに対して有意な正の関係を示した。Yarram and Adapa（2021）はオーストラリア企業214社の2011年から2016年のデータを用いて，CSRパフォーマンス（Thomson Reuters ESG Scores）と女性取締役比率の関係を一般化モーメント法（GMM）を用いて分析し，女性取締役比率はCSRパフォーマンスに対して有意な正の影響を示したが，女性取締役の有無は有意な関係を示さなかったことから，女性取締役が1人だけだと，女性の力が十分発揮されないことを指摘した。なお，企業規模（総資産の対数値）もCSRパフォーマンスに対して有意な正の関係を示したが，収益性（ROE）は有意な関係を示さなかった。

Jizi（2017）はFTSE350の2007年から2012年のデータを用いて，CSR開示スコア（Bloomberg）と女性取締役比率の関係を分析し，女性取締役比率がCSR開示スコアに有意な正の関係を与えていることを示した。なお，社外取締役比率，企業規模（総資産の対数値），収益性（ROA）もCSR開示スコアに対して有意な正の関係を示した。Velte（2019）は，ジェンダー・ダイバーシティなどの取締役会の属性のCSR報告へのインパクトを分析する観点から，

2004年から2018年に発表・準備された51の先行研究のメタ分析を行い，ジェンダー・ダイバーシティがCSR報告に対して有意な正の関係を与えていることを示した。なお，取締役会の独立性もCSR報告に対して有意な正の関係を示したが，取締役会議長とCEOの兼務，取締役会の規模は有意な関係を示さなかった。

環境や社会に対するパフォーマンスを対象として分析したものに，Post et al.（2015），Shaukat et al.（2016），Haque（2017）およびOrazalin and Baydauletov（2020）がある。Post et al.（2015）は米国に本社のある石油・ガス上場会社36社の2004年から2008年のデータを用いて，①女性取締役比率と再生可能エネルギーのアライアンスへの参加，②再生可能エネルギーのアライアンスへの参加と環境パフォーマンス・スコア（KLDの環境パフォーマンス・スコア）の高低の関係を分析した。①に関しては負の二項回帰分析，②はロジット分析を行ったところ，女性取締役比率が高い会社ほど再生可能エネルギーへのアライアンスに参加する傾向があること，再生可能エネルギーのアライアンスへの参加数が多い会社ほど，環境パフォーマンスが高い傾向があることが示された。なお，独立取締役の数に関しても同様の傾向が示された。

Shaukat et al.（2016）は関係データが入手できる英国上場会社の2002年から2010年のデータを用いて，①取締役会のCSR指向（取締役会の独立性，ジェンダー・ダイバーシティ，監査委員会の金融知識で計測される）とCSR戦略（CSR委員会の設置，GRIガイドライン準拠，CSR報告書の外部監査，財務報告と非財務報告の統合，CSR関連のグローバル活動の開示で計測される），② CSR戦略と環境パフォーマンス・社会パフォーマンス（それぞれThomson ReutersのAsset4のスコア）の関係を構造方程式モデルを用いて分析した。この結果，取締役会のCSR指向がCSR戦略に有意な正の影響を与えること，CSR戦略が環境パフォーマンスおよび社会パフォーマンスに有意な正の影響を与えることが示された。企業規模（純売上高の対数値）もCSR戦略および環境・社会パフォーマンスに有意な正の影響を与えることが示された。なお，取締役会のCSR指向と環境・社会パフォーマンスの関係は内在的で，自己補強するもので，優れたCSRパフォーマンスが取締役会のCSR指向を高めることも合わせて示された。

Haque（2017）は FTSE ALL の株価インデックスに掲載されている 256 社（金融機関を除く）の 2002 年から 2014 年のデータを用いて，取締役会のジェンダー・ダイバーシティと CO_2 削減イニシアティブ（CRI index）との関係などを固定効果モデルによって分析し，取締役会のジェンダー・ダイバーシティが CO_2 削減イニシアティブに有意な影響を与えていること示した。また取締役会の独立性，企業規模（時価総額の対数値）も CO_2 削減イニシアティブとの間に有意な正の関係があることを示した。収益性（ROA）は有意な関係を示さなかった。Orazalin and Baydauletov（2020）は欧州 10 か国の上場会社の 2010 年から 2016 年のデータ（2,624 firm-year）を用いて，女性取締役比率と環境・社会パフォーマンス（Asset4 スコア）の関係などを固定効果モデルによって分析し，女性取締役比率が高い会社ほど環境パフォーマンスと社会パフォーマンスが高い傾向があることを示した。また CSR 戦略（Asset4 スコア）や企業規模（総資産の対数値）も環境・社会パフォーマンスに対して有意に影響を与えていることを示した。

このように先行研究の多くは，取締役会のダイバーシティが非財務パフォーマンスに有意な正の影響を与えていることを示している。以下では，わが国のデータに基づいて，ダイバーシティが非財務パフォーマンスに与える影響について分析する。

5. 女性役員の気候変動対応に与える影響

本項では，ダイバーシティの代理変数として女性役員の有無と女性役員比率，非財務パフォーマンスの代理変数として気候変動への積極的取組みの有無を用いて，わが国のデータに基づき，ダイバーシティの非財務パフォーマンスに与える影響を分析する。クリティカルマスとして，女性役員が最低 2 人必要であるとの先行研究がある（Ben-Amar et al., 2017：Nuber and Velte, 2021：Yarram and Adapa, 2021）ことから，女性役員比率だけではなく女性役員の有無も説明変数とする。具体的には，「仮説 1：女性役員がいる会社ほど，気候変動への取組みに積極的である」「仮説 2：女性役員比率が高い会社ほど，気候変動への取組みに積極的である」という 2 つの仮説を検証する。

仮説1・仮説2とも被説明変数に気候変動への積極的取組みの有無（ダミー変数）を用いることから，ロジット分析を用いる[39]。説明変数に女性役員の有無または女性役員比率を用いるが，ここでいう役員には取締役・監査役・執行役・執行役員を含む。これは変数として女性取締役を用いるよりも女性役員を用いる方が，会社の気候変動対応の意思決定に与える女性の影響がよりよく反映されると考えたからである。コントロール変数として，先行研究などを踏まえ，企業規模（総資産の対数値），収益性（株主資本利益率の3年平均），ガバナンス（独立社外取締役比率），および業種を用いる。業種は，気候変動対応の必要性が高い業種（証券コード協議会の中分類の鉱業，化学，石油・石炭製品，ゴム製品および電気・ガス業），気候変動対応の必要性が比較的乏しい業種（小売業およびサービス業）をそれぞれダミー変数として用いる。

サンプルは東洋経済新報社のCSR企業総覧2020年版および2021年版にともに掲載されている上場会社（東洋経済の調査票に回答した会社）で必要なデータが揃う1,421社とする（データは，CSR企業総覧の他，日経NEEDS-Cgesデータベースから作成）。分析モデルは以下の通りである。

〔モデル1：気候変動への積極的取組みと女性役員の有無の関係〕

$$CLC_t^* = \alpha + \beta_1 WDE_{t-1} + \beta_2 LNASS_{t-1} + \beta_3 ROE3_{t-1} + \beta_4 IDR_{t-1} + \beta_5 IND1 + \beta_6 IND2 + \varepsilon \quad (1)$$

$CLC_t^* \leq 0$ であれば，$CLC_t = 0$

$CLC_t^* > 0$ であれば，$CLC_t = 1$

〔モデル2：気候変動への積極的取組みと女性役員比率の関係〕

$$CLC_t^* = \alpha + \beta_1 WDR_{t-1} + \beta_2 LNASS_{t-1} + \beta_3 ROE3_{t-1} + \beta_4 IDR_{t-1} + \beta_5 IND1 + \beta_6 IND2 + \varepsilon \quad (2)$$

$CLC_t^* \leq 0$ であれば，$CLC_t = 0$

$CLC_t^* > 0$ であれば，$CLC_t = 1$

39　プロビット分析も行ったが同様の結果が得られた（結果の記載は省略）。

表 5-3　基本統計量

変数名	略称	平均値	標準偏差	最小値	最大値
気候変動への取組の有無	CLC	0.135	0.342	0	1
女性役員の有無	WDE	0.459	0.498	0	1
女性役員比率	WDR	3.632	5.618	0	50.000
総資産の対数値	LNASS	11.535	2.147	6.378	19.620
株主資本利益率（3年平均）	ROE3	7.872	10.375	−118.289	100.936
社外取締役比率	IDR	31.751	12.839	0	83.300
業種 1：資源・化学	IND1	0.091	0.288	0	1
業種 2：小売・サービス	IND2	0.177	0.382	0	1

表 5-4　相関係数

	CLC	*WDE*	*WDR*	*LNASS*	*ROE3*	*IDR*	*IND1*	*IND2*
CLC	1							
WDE	0.289	1						
WDR	0.110	0.702	1					
LNASS	0.494	0.356	0.072	1				
ROE3	0.067	0.074	0.078	0.062	1			
IDR	0.230	0.254	0.183	0.374	0.038	1		
IND1	0.067	−0.013	0.026	0.040	0.008	−0.002	1	
IND2	−0.130	0.035	0.171	−0.218	0.056	−0.079	−0.147	1

被説明変数の *CLC* は気候変動に対する積極的取組みの有無（有=1 のダミー変数）である。気候変動対応には様々な形態があるが，本項では東洋経済新報社からの 6 つの質問（①スコープ 3 による温室効果ガス排出量の集計，②CO2 排出量・原単位削減に関する中期計画の策定，③ COP21（パリ協定）を参考に中期計画を策定，④気候変動への取組み，⑤気候変動に関するシナリオ分析，⑥再生可能エネルギーの事業所，本社ビル等への導入），のすべてに対応しているという回答をした会社を気候変動に対して積極的に対応している会社と認識して，これを被説明変数とする。

説明変数の *WDE* は女性役員の有無（有=1 のダミー変数），*WDR* は女性役員比率，コントロール変数の *LNASS* は総資産の対数値（企業規模），*ROE3*

表 5-5　推定結果

説明変数・コントロール変数	略称	気候変動への取組み（1）		気候変動への取組み（2）	
		係数	z 値	係数	z 値
女性役員の有無	*WDE*	0.080	4.35***		
女性役員比率	*WDR*			0.004	2.82***
総資産の対数値	*LNASS*	0.054	11.90***	0.059	13.40***
株主資本利益率（3年平均）	*ROE3*	0.003	2.83***	0.003	2.91***
社外取締役比率	*IDR*	0.001	1.17	0.001	1.49
業種1：資源・化学	*IND1*	0.061	2.97***	0.054	2.67***
業種2：小売・サービス	*IND2*	−0.069	−2.13**	−0.076	−2.31**
定数項	*C*		−14.66***		−14.90***
サンプル数		1,421		1,421	
対数尤度		−361.939		−370.137	
擬似決定係数		0.357		0.342	
的中率		0.879		0.873	

（注1）係数は各変数に対応する限界効果の平均値を表す。
（注2）***，**，*は，それぞれ1%，5%，10%水準で有意なことを表す。

は株主資本利益率の3年平均（収益性），*IDR* は独立社外取締役比率（ガバナンス），*IND1* は資源・化学産業など気候変動対応の必要性が高い業種，*IND2* は小売・サービス業といった気候変動対応の必要性が乏しい業種である。被説明変数は2020年度の実績，説明変数とコントロール変数は2019年度（*ROE3* は2017年度から2019年度の3年間の平均）の実績である（被説明変数と説明変数・コントロール変数の間に1年間のラグをとる）。基本統計量は表5-3に，相関係数は表5-4に記載の通りである。

気候変動対応と女性役員（女性役員の有無，女性役員比率）の関係に関する推定結果は，表5-5に示される通りである。分析モデルとして，企業規模（総資産の対数値），収益性（株主資本利益率の3年平均），ガバナンス（独立社外取締役比率）および業種をコントロールしたうえで，気候変動対応と女性役員の関係を推定した。

まず気候変動への積極的取組みと女性役員の有無の関係〔モデル1〕に関し

ては，女性役員の有無の係数が有意に正であることが示され，女性役員がいる会社ほど，気候変動への取組みに積極的であるという仮説1と整合的な結果が得られた。このことは女性役員が1人でも存在すれば当該会社は気候変動への取組みに積極的になるという関係を示唆しており，わが国のデータでは先行研究で示された2人以上の女性役員が必要というクリティカルマスの議論は成り立たない。また，企業規模（総資産の対数値），収益性（株主資本利益率の3年平均）および気候変動対応の必要性が高い業種（業種1）の係数が有意に正であること，気候変動対応の必要性が比較的乏しい業種（業種2）の係数が有意に負であることが示された。ガバナンス（独立社外取締役比率）とは有意な関係が示されなかった。

気候変動対応への積極的取組みと女性役員比率の関係〔モデル2〕に関しては，女性役員比率の係数が有意に正であることが示され，女性役員比率が高い会社ほど，気候変動への取組みに積極的であるという仮説2と整合的な結果が得られた。また，女性役員の有無を説明変数とした場合と同様，企業規模（総資産の対数値），収益性（株主資本利益率の3年平均）および気候変動対応の必要性が高い業種（業種1）の係数も有意に正であること，気候変動対応の必要性が比較的乏しい業種（業種2）の係数が有意に負であることが示され，ガバナンス（独立社外取締役比率）とは有意な関係が示されなかった。

この分析結果は，ダイバーシティが非財務パフォーマンスに正の影響を与えるという多くの先行研究の結果と同様のものである。なお，本稿の分析はクロスセクションデータを用いて，2020年度という一時点の気候変動対応を分析したものに過ぎず，女性役員の増減と会社の気候変動対応の変化を直接結び付けた分析とはなっていない。また会社が気候変動に積極的取組んでいるか否かを分析したものであり，取組みの結果として具体的な温室効果ガス排出量が減少したか否かを示すものとはなっていない。複数年度のデータに基づいて，女性役員の温室効果ガス排出量に与える影響についての分析を行うことは，今後の課題といたしたい。

コラム 5-1　CSR と CSV の違い

CSR（Corporate Social Responsibility：会社の社会的責任）の定義は様々あるが，Matten and Moon（2008）によれば「社会的な善行に対する会社の責任を反映した会社の方針と実践」と定義されている。要は，会社が行う善い行いがCSR であるということであり，これはそれによって会社が経済的利益を得るか否かには関係がない。一方 CSV（Creating Shared Value：共通価値の創造）は，「社会のニーズや問題に取り組むことで社会的価値を創造し，その結果，経済的価値が創造されるアプローチである」「共通価値は CSR でもなければ，フィランソロピー（社会貢献活動）でも持続可能性でもない。経済的に成功するための新しい方法である」（Porter and Kramer, 2011）と定義されている。これは，会社が経済的利益を得る範囲で社会的なニーズに対応する（社会的なニーズに対応することによって経済的利益を得ることを目的とする）と理解することができる。この観点から，CSV は CSR の一部分を構成するものだと言える。Porter and Kramer（2011）では，CSV の概念を明確化するために，CSV と CSR の概念の違いを強調しているが，CSR はそれによる会社の経済的価値向上を否定するものではないことから，CSV を包含するより幅広い概念であると考えることができる。

CSV を理解するためには，CSV を実践するサステナビリティ経営のリーダーとして知られるネスレの事例を概観することが有効である。ネスレは，創業者のアンリ・ネスレが，当時ヨーロッパで大きな社会問題となっていた乳幼児の死亡率を低下させるために，ミルクと小麦粉にお砂糖を混ぜて作った粉ミルクの製造を始めたことが事業の始まりである（1866 年創業）。その後も，本業を通じて，社会に貢献してきた。

ネスレの CSV への取組みは，2006 年のダボス会議で，会長のピーター・ブラベック - レッツマットが，多くの経営者が主張した会社の寄付行為重視の考え方に対して疑問を抱いたことが出発点である。ブラベックは，会社は企業活動を通じて社会のために価値創造を行うべきであり，ネスレは従来からそのようにしていると考え・主張した。しかしこのような考え方が会議で反発をうけたため，会社は本業と同じ方法で社会貢献を行うべきと唱えていたマイケル・ポーター教授らと議論を重ね，CSV の考え方に到達した。

ネスレは食品産業に属しており，製造過程で社会・環境に悪影響を及ぼすような外部不経済を発生させることがあまり想定されない。そこから，「何を社会に返せばいいのでしょうか…私は社会から何かを盗んだり奪ったことはないし，もらったこともありません。成功している企業として大勢の人に働き口を与え，福利厚生を含め，他社よりも高い給与を支払っています。サプライヤーとも他社よりよい条件で取引しています。…企業が社会に対して負う義務は，基本的に雇用の創出と，有益な商品を合理的に生産することだけです」（Schwarz：2010，翻訳 204-205 頁）といったブラベック会長の発言が出てくると考えられる。

ネスレの場合は，会社の経済的利益に貢献しない CSR の部分（寄付行為）を否定して CSV に取り組んだものであり，会社が行う善い行い全体を否定するものでは勿論なく，この考え方は Matten and Moon（2008）が定義する CSR の範疇に含めることができると考えられる。

［参考文献］ Schwarz（2010），ブラベック-レッツマット（2014），高橋（2019）

[主な参考文献]

Adams, R. B. and D. Ferreira (2009) "Women in the Boardroom and Their Impact on Governance and Performance", *Journal of Financial Economics,* 94(2), 291-309.

Ahern, K. and A. K. Dittmar (2012) "The Changing of the Boards: The Impact on Firm Valuation of Mandated Female Board Representation", *The Quarterly Journal of Economics,* 127(1), 137-197.

Albareda, L., J. M. Lozano and T. Ysa (2007) "Public Policies on Corporate Social Responsibility: The Role of Governments in Europe", *Journal of Business and Ethics,* 74(4), 391-407.

Ben-Amar, W., M. Chang and P. Mcllkenny (2017), "Board Gender Diversity and Corporate Response to Sustainability Initiatives: Evidence from the Carbon Disclosure Project", *Journal of Business Ethics,* 142(2), 369-383.

Brown, D. and J. S. Knudsen (2012) "Visible Hands: Government Policies on Corporate Social Responsibility in Denmark and the UK," *Working Paper, Submission to CES Conference 2013.* (https://ces.confex.com/ces/2013/webprogram/Paper1730.html)

Davis, M. (2011) *Women on Boards.*

Davis, M. (2015) *Improving the Gender Balance on British Boards: Women on Boards Davis Review Five Year Summary.*

Fifka, M. S. (2013) "The Irony of Stakeholder Management in Germany: The Difficulty of Implementing an Essential Concept for CSR", *Umwelt Wirtschafts Forum,* 21, 113-118.

Fifka, M. S., and D. Reiser (2015) "Corporate Social Responsibility between Governmental Regulation and Voluntary Initiative: The Case of Germany", *Corporate Social Responsibility in Europe,* Springer.

FCA (2022) *Diversity and Inclusion on Company Boards and Executive Management.*

FRC, London Business School Leadership Institute and SQW (2021) *Boards Diversity and Effectiveness in FTSE 350 Companies.*

Gjølberg, M. (2009) "The Origin of Corporate Social Responsibility: Global Forces or National Legacies?" *Socio-Economic Review,* 7(4), 605-637.

Grayson, D. (2007) "Business-Led Corporate Responsibility Coalitions: Learning from the Example of Business in the Community in the UK, An Insider's Perspective," *The Doughty Centre for*

Corporate Responsibility, Cranfield School of Management.

Habisch, A. and M. Wegner (2005) "Germany: Overcoming the Heritage of Corporatism", *Corporate Social Responsibility Across Europe*, Springer.

Hampton, P. and H. Alexander (2016) *Hampton-Alexander Review FTSE Women Leaders: Improving Gender Balance in FTSE Leadership.*

Hampton, P. and H. Alexander (2021) *Hampton-Alexander Review FTSE Women Leaders: Improving Gender Balance – 5 Year Summary Report.*

Haque, F. (2017) "The Effects of Board Characteristics and Sustainable Compensation Policy on Carbon Performance of UK Firm", *The British Accounting Review,* 49(3), 347–364.

Harjoto, M., I. Laksmana and R. Lee (2015) "Board Diversity and Corporate Social Responsibility" *Journal of Business Ethics,* 132 (4), 641–660.

Horwitz, S. K. and I. B. Horwitz (2007) "The Effects of Team Diversity on Team Outcomes: A Meta-Analytic Review of Team Demography", *Journal of Management,* 33(6), 987–1015.

Hughes, A. (2001) "Multi-Stakeholder Approaches to Ethical Trade: Towards a Reorganisation of UK Retailers' Global Supply Chains?" *Journal of Economic geography,* 1(4), 421–437.

Hughes, A., M. Buttle, N. Wrigley (2007) "Organisational Geographies of Corporate Responsibility: A UK–US Comparison of Retailers' Ethical Trading Initiatives," *Journal of Economic geography,* 7 (4), 491–513.

Jackson, G. and A. Apostolakou (2010) "Corporate Social Responsibility in Western Europe: An Institutional Mirror or Substitute?" *Journal of Business Ethics,* 94(3), 371–394.

Jhunjhunwala, S. and R. K. Mishra (2012) "Board Diversity and Corporate Performance: The Indian Evidence", *The IUP Journal of Corporate Governance,* 11(3), 71–79.

Jizi, M. (2017) "The Influence of Board Composition on Sustainable Development Disclosure", *Business Strategy and the Environment,* 26(5), 640–655.

Joshi, A. and H. Roh (2009) "The Role of Context in Work Team Diversity Research: A Meta-Analytic Review", *Academy of Management Journal,* 52(3), 599–627.

Kinderman, D. (2008) "The Political Economy of Corporate Responsibility in Germany, 1995–2008", *Working Paper,* SSRN 2229690.

Kinderman, D. (2012) "'Free Us Up So We can be Responsible!' The Co-Evolution of Corporate Social Responsibility and Neo-Liberalism in the UK, 1977–2010," *Socio-Economic Review,* 10(1), 29–57.

Knudsen, J. S. and J. Moon (2012) "Corporate Social Responsibility as Mutual Governance: International Interactions of Government, Civil Society and Business," *Working Paper*, SSRN 2139861.

Knudsen, J. S. and J. Moon (2013) "The Regulatory Configurations of Political CSR: International Interactions of Business, Civil Society and Government," *Working Paper*, SSRN 2234444.

Knudsen, J. S. (2014) "Bringing the State Back In? US and UK Government Regulation of Corporate Social Responsibility (CSR) in International Business," *Working Paper*, SSRN 2541002

Marens, R. (2012) "Generous in Victory? American Managerial Autonomy, Labour Relations and the Invention of Corporate Social Responsibility," *Socio–Economic Review* 10(1), 59–84.

Matten, D. and J. Moon (2008) ""Implicit" and "Explicit" CSR: A Conceptual Framework for a Comparative Understanding of Corporate Social Responsibility," *Academy of Management Review,* 33(2), 404–424.

Moon, J. (2004) "Government as a Driver of Corporate Social Responsibility," *Research Paper Series, International Centre for Corporate Social Responsibility, Nottingham University,* 20–2004, 1–27.

Moon, J. (2014) *Corporate Social Responsibility*, Oxford University Press.

Nielsen, S. and M. Huse (2010) "Women Directors' Contribution to Board Decision- Making and Strategic Involvement: The Role of Equality Perception", *European Management Review,* 7(1), 16-29.

Nuber, C. and P. Velte (2021) "Board Gender Diversity and Carbon Emissions: European Evidence on Curvilinear Relationships and Critical Mass", *Business Strategy and the Environment,* 30(4), 1958-1992.

Orazalin, N. and M. Baydauletov (2020) "Corporate Social Responsibility Strategy and Corporate Environmental and Social Performance: The Moderating Role of Board Gender Diversity", *Corporate Social Responsibility and Environmental Management,* 27(4), 1664-1676.

Parker, J. (2017) *A Report into the Ethnic Diversity of UK Boards.*

Parker, J. (2020) *Ethnic Diversity Enriching Business Leadership: An Update Report form The Parker Review.*

Porter, M. E. and M. R. Kramer (2011) "Creating Shared Value" Harvard Business Review, January-February 2011, 62-77.（編集部訳「経済的価値と社会的価値を同時実現する 共通価値の戦略」(2011)『ダイヤモンド・ハーバード・レビュー』2011年6月, 8-31）

Post, C., N. Rahman and C. McQuillen (2015) "From Board Composition to Corporate Environmental Performance Through Sustainability-Themed Alliances", *Journal of Business Ethics,* 130(2), 423-435.

Rao, K. and C. Tilt (2016) "Board Composition and Corporate Social Responsibility: The Role of Diversity, Gender, Strategy and Decision Making", *Journal of Business Ethics,* 138(2), 327-347.

Schaller, S. (2007) "The Democratic Legitimacy of Private Governance, An Analysis of the Ethical Trading Initiative," *Research Paper, Institute for Development and Peace, University of Duisburg-Essen,* INEF Report 91/2007.

Scherer, A. G. and G. Palazzo (2011) "The New Political Role of Business in a Globalized World: A Review of a New Perspective on CSR and its Implications for the Firm, Governance, and Democracy," *Journal of Management Studies,* 48(4), 899-931.

Schwarz, F. (2010) *Peter Brabeck-Letmathe and Nestlé － a Portrait: Creating Shared Value.*（石原薫訳（2016）『知られざる競争優位―ネスレはなぜCSVに挑戦するのか』ダイヤモンド社).

Shaukat, A., Y. Qiu and G. Trojanowski (2016) "Board Attributes, Corporate Social Responsibility Strategy, and Corporate Environmental and Social Performance", *Journal of Business Ethics,* 135(3), 569-585.

Short, C. (2014) "The Development of the Extractive Industries Transparency Initiative", *The Journal of World Energy Law and Business,* 7(1), 8-15.

Velte, P. (2019) "Does Board Composition Influence CSR Reporting? A Meta-Analysis", *Corporate Ownership and Control,* 16(2), 48-59.

Vogel, D. (2005) *The Market for Virtue: The Potential and Limits of Corporate Social Responsibility,* The Brookings Institution.（小松由紀子・村上美智子・田村勝省訳（2007）『企業の社会的責任（CSR）の徹底研究』一灯舎）

Yarram, S. R. and S. Adapa (2021) "Board Gender Diversity and Corporate Social Responsibility: Is There a Case for Critical Mass?", *Journal of Cleaner Production,* 278(1), 123319, 1-11.

乾友彦・中室牧子・枝村一磨・小沢潤子（2014）「企業の取締役会のダイバーシティとイノベーション活動」『REITI Discussion Paper Series』14-J-055, 1-21

工藤章（2011）『日独経済関係史序説』桜井書店.

クラウス・J・ホプト（2006）「ドイツ・コーポレートガバナンス規準―ボードの義務，情報開示，実施―」『商事法務』1785，4-19.
佐久間信夫・田中信弘（2019）『改訂版 CSR 経営要論』創成社.
高橋浩夫（2019）『すべてはミルクから始まった―世界最大の食品・飲料会社「ネスレ」の経営』同文舘出版.
土屋守章（1980）『企業の社会的責任』税務経理協会.
中室牧子・津川友介（2017）『原因と結果の経済学』ダイヤモンド社
林順一（2016）「英国における CSR の展開」『日本経営倫理学会誌』23，211-225.
林順一（2017）「ドイツの CSR ―なぜドイツは CSR 後進国と言われるのか」『国際マネジメント研究』6，1-21.
林順一（2022）「女性役員の気候変動対応に与える影響に関する一考察」『国際マネジメント研究』11，1-10.
ブラベック-レッツマット，ピーター（2014）「ネスレ：CSV は競争力となる」『ダイヤモンド・ハーバード・ビジネス・レビュー』2014 年 1 月号，10-19.
本間美奈子（2019）「イギリスの上場会社における取締役への女性登用を促進する仕組み―デーヴィス報告書とデーヴィス・レビューを中心に」『早稲田法学』94(3)，335-374.
松田千恵子（2020）「ボード・ダイバーシティは投資意思決定に影響を与えるか？」『異文化経営研究』17，63-78.
松本守（2019）「日本企業の取締役会における女性取締役の登用は本当に企業パフォーマンスを引き上げるのか？」『商経論集』54（1～4 合併号），69-82.
毛利聡子（2011）『NGO から見る国際関係』法律文化社.

第6章

社会・環境問題への対応

気候変動が切実な問題となり，また開発途上国や一部の国における人権問題がクローズアップされる中で，グローバルに展開する巨大企業に対して，これらの課題への対応が強く求められるようになった。そのような中で，通常の株式会社形態とは異なり，株主の利益とともに環境や社会といったステークホルダーの利益を重視する社会的企業が注目を浴びるようになった。第1節では，社会的企業の代表的な事例として，B corporation の認証制度と米国の Benefit Corporation の法制度について検討する。

環境に関しては，従来から NGO・NPO[1] が会社に対して様々な提案を行ってきた。第2節では，NGO・NPO と企業の連携の形態を整理したうえで，連携の代表的事例としてパーム油栽培による森林破壊に対する NGO・NPO からの批判とユニリーバの対応について検討する。

社会課題の中でも人権問題，とりわけ開発途上国の人権問題がクローズアップされてきた。これはグローバルに業務を展開する会社にとっては，自らの業務だけではなく，サプライチェーン全体にわたり，強制労働などの排除が求められることを意味する。すなわち CSR 調達が求められ，それを確実にするためにソーシャル・オーディット（CSR 監査）が求められることになる。第3節では，ソーシャル・オーディットの概念とソーシャル・オーディットがマ

---

1 「NGO も NPO もともに市民社会を活動の場とする市民社会組織であるが，一般に非政府の要素を強調する場合，NGO という呼称が使われ，非営利性を強調する場合，NPO が使用される」（毛利，2011，4頁）。前章と同様，本章では両者を特に区別して議論する必要がないことから，これらを総称して NGO・NPO という。

表6-1　構成とポイント

構　成	ポイント
社会的企業	
社会的企業とは	事業所得を生み出すと同時に明確な社会目的を最優先する企業
B Corporation	米国の非営利団体 B Lab の認証制度
Benefit Corporation	米国の会社法（州法）で定める社会的企業
NGO・NPO との連携	
NGO・NPO と会社の関係	双方が不足している資源を得ることが連携の主な動機
ユニリーバとパーム油・RSPO	業界他社，NGO・NPO と連携して国際基準の制定に主体的に関与しパーム油の安定調達を図る
ユニリーバとグリーンピース	NGO・NPO からの批判を真摯に受け止め，協働して迅速に対応
人権問題とソーシャル・オーディト	
サプライチェーン人権問題	NGO・NPO からの圧力と，欧米でのハードロー化の動き
ソーシャル・オーディト	CSR 調達を確実にする会社の対応（第三者監査を含む）
マレーシアのエレクトロニクス業界の事例	ソーシャル・オーディターがマレーシアのエレクトロニクス業界の労働慣行を変革した事例
ダノンの事例	
フランスの CG と PACTE 法	定款に社会・環境目的を明記する「使命を果たす会社」登場
ダノンの転換	ダノンが「使命を果たす会社」に転換（株主総会決議）
ファベール CEO の解任	「使命を果たす会社」への転換をリードし，環境・社会課題に取り組む手腕が高く評価されていたファベール CEO が，コロナ禍での業績不振・株価下落を理由として投資家の圧力等により取締役会で解任

レーシアのエレクトロニクス業界の労働慣行を変革した事例を取り上げ，ソーシャル・オーディットの役割などについて検討する。

フランスでは環境・社会目的を定款に明記する「使命を果たす会社」の法制度が整備され，2020年6月にダノンが株主総会の承認を経て，上場会社として最初に「使命を果たす会社」に転換した。ところがその1年も経過しない2021年3月に，この転換を精力的に進めたファベール CEO が，業績不振・株価大幅下落を理由として投資家からの圧力などによって取締役会で解任された。第4節ではこの経緯とその意味するところを考察する。本章の構成と主なポイントについては，表 6-1 に示される通りである。

第１節　社会的企業～B Corporation と Benefit Corporation[2]

1. 社会的企業

社会的企業とは，営利目的だけでなく，非営利目的だけでもなく，事業所得を生み出すと同時に明確な社会目的を最優先する企業である。米国では，営利目的の企業または非営利目的の企業はそれぞれ法的・経済的に認められていたが，これを同時に達成する目的の企業形態は，かつては明確には認められていなかった。社会的企業はこれを同時に追求するハイブリッドなものとして登場した[3]。社会的企業には様々な形態があるが[4]，米国における代表的なものとして，本節では，社会的企業を認証する B Corporation の認証制度と，社会的企業を法律上明確に位置づけた Benefit Corporation の法制度を取り上げる。

利益追求型の企業形態では，企業とその株主に対しての受託者責任を果たすため，取締役は利益の最大化を推進する必要がある。一方で非営利型の形態（NPO）では，利益配分が禁止されていることから，組織内部の人間に利益の配分を行うことができず（妥当な報酬までを禁止するものではない），また継続的に資本を引き寄せる点に課題が生じる。この２つの企業形態の隙間を埋めるものとして，Benefit Corporation という新たな法制度が成立したと言える[5]。

2. B Lab

B Corporation の認証と Benefit Corporation の法制度の導入は，米国の非営利団体である B Lab が主導している。B Lab は 2006 年にペンシルベニア州で

2　本節は，林（2021a）の一部を要約のうえ加筆したものである。
3　Sabeti（2011）。
4　高橋（2016）。
5　Neubauer（2016），Baldo（2019）。

設立された非営利団体で，社会におけるビジネスの役割を再定義することを目的としている。B Labは，B Corporationの認証，米国各州のBenefit Corporation法制度導入の支援に加えて，インパクト投資に関する支援を行っている。

B Corporation（B Corporationの認証を受けた企業）やBenefit Corporationは，株主第一主義のアンチテーゼとして生まれた。これらは，グローバル化の影響や環境・社会の持続可能性の問題が重要視されるようになった時期に，それに対応する新しい組織形態として生み出されたものである[6]。これらが生み出された要因として，企業が創業時に有していた社会・環境に対する価値観を薄めることなく，資本を募り，成長し，それを売却することが困難であることが挙げられる[7]。

B CorporationとBenefit Corporationの実際の違いについて，（B Corporationの認証を受け，法的形態をBenefit Corporationとしている）パタゴニアのCEOは，B Corporationの認証を受ける意味は，社会・環境への影響，説明責任，透明性に関して，厳しい基準に適合していることの証明であること，Benefit Corporationという法的組織を採用する意味は，我々の根底にある社会・環境に対する価値観が，定款などに明確に記載されること，そして我々がビジネスを続ける限り，それらの価値観に基づいて遂行される特定の活動にコミットすることが明確化されることであると説明している[8]。

3. B Corporation[9]

B Corporationの認証を受けるためには，B Labが行うThe B Impact Assessmentで一定以上の点数を獲得する必要がある（200満点に対して80点以上）。これは，企業の環境・社会に対するパフォーマンスを評価するもので，具体的には，従業員，コミュニティ，環境，顧客，ガバナンスに関する評価が行われる。因みに前述のパタゴニアの点数は151.4点，後述のDanone North

---

6　Baldo（2019）。
7　Honeyman and Jana（2019）190頁。
8　Honeyman and Jana（2019）xi頁。
9　B Corporationについては，Honeyman and Jana（2019）が平易に解説している。

America は 84.9 点，ダノンジャパンは 85.3 点である。

B Corporation の最初の認証は 2007 年に行われたが，認証を受けた多くは中小規模の非公開企業である[10]。ただし，ダノンなど巨大企業の子会社が B Corporation の認証を受けている事例がある（ダノンの事例については，第 4 節で詳しく説明する）。2022 年 5 月現在，B Corporation として世界 80 か国の 5,084 社が認証されている。

B Corporation に認定されるためには，すべてのステークホルダーに対するインパクトを考慮する義務が明確化されることが必要である。具体的には「株式会社形態」を採用している場合は，Benefit Corporation が可能である法域（Benefit Corporation を認める米国の州）では Benefit Corporation になることが原則として必要であり，Benefit Corporation が可能でない法域では，当該法域で許される限りにおいて，すべてのステークホルダーに対するインパクトを考慮することへのコミットメントなどが求められる[11]。

企業が B Corporation 認証を取得する動機について，Kim et al.（2016）は差別化の動機と社会運動的な動機の 2 点を指摘している。彼らは，差別化の動機の例として，大規模企業が CSR 活動を強化する中で，従来から社会・環境にコミットしてきた中小規模の企業が，彼らの活動はより純粋で，本物で，ステークホルダーの利得を支援するものであることを示す観点から，B Corporation を選択する傾向があることを指摘する。また社会運動的な動機の例として，現在の危機的な状況は，既存のビジネスのやり方が原因であると考え，新しいルールに基づく経済活動を企図して，B Corporation を選択する企業があることを指摘している。

4. Benefit Corporation を採用する動機

米国では判例法によって，取締役に株主利益の最大化（本節ではこれを「株主第一主義」という。第 1 章で説明した啓発的株主価値の考え方も，株主利益

10　Kim et al.（2016）。
11　Honeyman and Jana（2019）190-191 頁。

を優先させる考え方であることには違いがないことから，本節ではここに含めて議論する）の義務が課せられている。取締役にはビジネスジャッジメント・ルール（経営判断の原則）によって一定の裁量が認められているが，それはあくまで株主の長期的な利益を図る目的に適合するものでなければならない。また州によっては1980年代の敵対的買収運動が盛んになる中で，経営者の地位の防衛と地域社会の雇用などを守る観点から利害関係者法（constituency statue）を制定したところもあるが，それは一定の範囲で株主第一主義を修正することが許容されるにとどまり，株主第一主義の変更まで求めるものではない。

このような中，株主第一主義に満足せず，従業員，環境，社会を含むすべてのステークホルダーの利益を尊重する企業の設立を可能とする法的枠組を求める起業家が増加した。このような起業家のニーズに対応して新たな会社法の枠組みを提示したのがBenefit Corporationである。Benefit Corporationの歴史は，一握りの人々が，法律や法的諸制度の形式を用いて，ビジネスと社会との関係を変える目的を組織化したことの反映である。

企業がBenefit Corporationの法形態を採用する具体的な動機として，前述の内容と一部重複する部分もあるが，パタゴニアとWarby Parkerの事例を検討したい。パタゴニアは，2011年にカリフォルニア州で最初のBenefit Corporationとしての法人組織となった。パタゴニアの創立者は，「Benefit Corporationになることによって，会社が売却されたとしても，また遠い将来においても，会社の価値観は継続することができる」と言及している。そして，パタゴニアの会社の目的は，常に環境に焦点が当てられている。2011年に，眼鏡製造業を営むWarby Parkerは，ニューヨーク州のBenefit Corporationとなった。創業者は，「Benefit Corporationになることは，世間に対して我々の価値観を示すことである。特に株主に対して，我々にとって「これ」が重要であり，我々が「これ」を優先することを示すことである」と述べた。このように，現状では，中小規模の会社が，創業者の意思・価値観を継続したいという意図をもってBenefit Corporationになることが一般的である[12]。

[12] Neubauer（2016）。

5. Benefit Corporation の法制化[13]

米国の会社法は州法であるので，Benefit Corporation も各州で法制化されている（すべての州で法制化されているわけではない）。最初の Benefit Corporation に関する法律はメリーランド州で 2010 年 4 月に制定された。その後各州で Benefit Corporation の法制化の動きが続いていたが，2013 年 7 月には，米国の大企業の多くが本社を登記しているデラウェア州で Public Benefit Corporation の法制度が導入された（会社法に Benefit Corporation 特有の条項を加えるという形式）。Benefit Corporation は，35 州とワシントン D.C. で法制化されている。

Benefit Corporation の形態は州毎に異なるが，その中で，各州の Benefit Corporation の法制度は，モデル法（Model Benefit Corporation Legislation，以下「MBCL」という。MBCL に基づき設立された企業を，以下「MBC」という）とデラウェア州の法制度（Public Benefit Corporation Statute，以下「PBCS」という。PBCS に基づき設立された企業を，以下「PBC」という）の 2 つの系統に大別される。デラウェア州以外の多くの州では，MBCL に基づいた法整備がなされている。デラウェア州では，B Lab による 18 か月のロビー活動の結果，Benefit Corporation が導入されることになったが，いくつかの点で，MBCL とは異なるデラウェア州独自の Benefit Corporation の法制度が導入されることになった[14]。

Benefit Corporation の導入には，州の「政策」が重要である。民主党やリベラルなイデオロギーがコントロールしている州政府ほど，Benefit Corporation の法案が通りやすくなる傾向がある[15]。またほとんどすべての Benefit Corporation は非公開企業であり，公開企業の Benefit Corporation は非常に少ない[16]。以下では，Benefit Corporation の 2 つの系統である MBCL と PBCS について，その概要を説明する。

13　Benefit Corporation については，Alexander（2018）が詳しく解説している。
14　Murray（2014）。
15　Murray（2018）。
16　Loewenstein（2017）。

MBCL（Model Benefit Corporation Legislation）

MBCLの法制度では，取締役が意思決定をする際に，幅広いステークホルダーを考慮することを求め，一般的な公共の利益（general public benefit）を創造することを会社の目的（corporate purpose）に加えることによって，株主第一主義を排除する。そして，一般的な公共の利益は第三者の基準によって測定されなければならないとしている。また，年次報告を求めること，会社の目的に適合しているかどうかについて株主が訴訟できることによって，法はMBCが説明責任を果たすようにしている。ここで，一般的な公共の利益とは，MBCのビジネスや業務を通じて，全体として，社会や環境に重大な正の影響を及ぼすもので，第三者機関の基準で評価されるものであるとされる。MBCLの具体的な主な特徴は以下の通りである。

(1) 会社の目的

会社の目的に一般的な公共の利益を加える。また選択的に1つか複数の特定の公共の利益（specific public benefit）を加えることができる。

(2) 取締役の義務

取締役会の義務として，①株主，②従業員，子会社，供給業者，③顧客，④地域社会，⑤環境，⑥MBCの短期的・長期的利益，⑦MBCが一般的な公共の利益や特定の公共の利益を遂行することができる能力，を考慮すべきことが規定されている。また定款で規定していない限り，特定の利害関係者等を優先することを求めていないことが明記されている。

(3) 救済

会社と一定の株主は，MBCが公共の利益目的（benefit purpose）の達成に失敗した場合に裁判所に救済を求めることができる。これを“benefit enforcement proceedings”という。この場合，プロセスではなく実態が判断される。

(4) 透明性

毎年，Benefit Report（年次報告書）の作成・公開が求められる。報告書は記述情報，評価，コンプライアンスなどから構成されるが，評価には第三者機関の基準を用いることが求められる。

(5) MBCへの移行・離脱

MBCLは，一般の株式会社からMBCになる要件として，株主の3分の2

の賛成を求めている。また MBC から一般の株式会社となる際にも，同様の条件を課している。

PBCS（Public Benefit Corporation Statute）

PBCS は 2013 年にデラウェア州で採用され，2018 年現在 5 つの州が類似の形態を採用している。MBCL との主な相違点は，第 1 に PBCS は特定の公共の利益（specific public benefit）を選択しなければならないこと，第 2 に PBCS は評価に際して第三者機関の利用を必須とはしてはいないこと，そして第 3 に，"benefit enforcement proceedings" を PBCS は採用しておらず，企業がステークホルダー・ガバナンスを適切に実施しているかについての法的な救済は，受託者責任に対する訴訟の申し立て（fiduciary claim）に基づいて行われなければならないことである。

PBCS は上場会社や多くの外部資金を調達する未上場会社および投資家に魅力的になるように工夫されたものであり，MBCL と比較して私的な秩序形成を許容している部分が多い。以下で PBCS の主な特徴について具体的に説明する。

(1) 会社の目的

PBC は，以下の 3 つの考慮事項をバランスさせなければならない。それは，①株主の金銭的利益，②会社の活動によって重大な影響を受ける者（ステークホルダー）の最善の利益，③会社の目的としての公共の利益である。これは，ステークホルダーを株主と同等に位置付けたものであり，株主第一主義を明確に否定するものであると言える。また，1 または複数の特定の公共の利益を事業の目的として特定して定款に明記することが求められる。

(2) 取締役の義務

PBC の取締役には，MBC と同様の義務が課せられている。ただし，MBCL では取締役の意思決定がステークホルダーに与えた実態を認定するのに対して，PBCS では取締役が独立である限り，取締役のバランスをとった決定は否認されない。

(3) 救済

PBCS では，株主以外の第三者から，利害関係者の利益をバランスさせていないことを理由として救済の申し出がなされることがないように注意深く起草されている。これによって，企業がPBCを導入しやすくしている。また，PBCSは“benefit enforcement proceedings”を採用しておらず，企業がステークホルダー・ガバナンスを適切に実施しているかについての法的な救済は，受託者責任に対する訴訟の申し立てに基づいて行われなければならない。

(4) 透明性

2年に1回，株主に対して，公共の利益（public benefit or benefits）に関する報告書を提出する義務がある。そこには以下の4つの要素が含まれていなければならない。それは，① 取締役会が定めた目的，② 進捗を測定する基準，③ 基準に基づく客観的な事実情報，④ 目的に適合したかについての評価である。PBCSはMBCLと比較して，報告に関してより柔軟である。2年ごとであり，一般に公開することは求められていない。また第三者機関の基準を用いることも求められていない（それらを選択することは可能である）。

(5) PBCへの移行・離脱

PBCSは，一般の株式会社からPBCになる要件として，株主の3分の2の賛成を求めている。またPBCから一般の株式会社となる際にも，同様の条件を課している。当初は移行に際して，90%の同意が必要であったが，同意を求める水準が高すぎて移行が進まないという危惧から，2015年8月に改訂された。

6. Benefit Corporationを巡る論点と課題

Benefit Corporationを巡り，以下の4つの論点を指摘することができる。第1の論点は，株主利益とステークホルダー利益とのバランスをどのようにとるかである。すなわち，Benefit Corporationの取締役は，株主の金銭的関心と公共の利益のバランスを取ることが求められるが，それをどのようにバランスさせるのかについては必ずしも明確ではない。また公共の利益の間でもコンフリクトが生じることがある（多くの場合，環境に良いことは社会にとって良くないことである。例えば工場の閉鎖は失業をもたらす[17]）。

第2の論点は，Benefit Report（報告書）に関する事項である。具体的には，

Benefit Corporation は Benefit Report（報告書）によって説明責任を果たすこととしているが，この Benefit Report が適切に作成・報告されているかについて議論がある。たとえば Murray（2014）は，（1）MBCL は，年次の Benefit Report の作成・一般公開を必須としているが，その真実性，執行のメカニズムが明確化されていないこと，（2）その結果，多くの Benefit Corporation が Benefit Report を作成しておらず，それらを咎める動きもほとんど見られないこと，（3）またたとえ，Benefit Report を定期的に作成していたとしても，MBCL の求める定義があいまいであり，誇大広告を許容することになっていることを指摘する。実際 Benefit Report 作成の義務を遵守しているのは，10% 未満であるという[18]。Benefit Report が適切に開示されなければ，外部から，取締役が株主利益と公共の利益をどのようにバランスさせたかといった，取締役の業務の執行状況を監視することが困難になる。この点が課題と言える。

第３の論点は，第三者機関評価の基準に関する事項である。具体的には，PBCS は第三者機関評価の基準を用いることを必須としていないが，MBCL はこれの第三者機関評価の基準の活用を必須としている。第三者機関の基準が明確に確立したものであれば，その適用は外部からの評価を容易にするものであるが，実際には，基準となる第三者機関の数が多く，その基準も様々である。すなわち第三者機関の基準を用いることがどこまで有効であるかについて明確ではない。

第４の論点は，救済手続きに関する事項である。具体的には，Benefit Corporation が公共の目的の達成に失敗した場合，株主以外の第三者が救済を申し立てられるか（ステークホルダーに法的手段が許容されているか）が論点となる。この点，MBCL では，企業と一定の株主以外は救済を求めることができず，また取締役は一般的・特定の公共の利益の受益者に対する義務は有しないとされている[19]。また PBCS でも，株主以外の第三者からステークホルダーの利益をバランスさせていないことを理由として救済の申し出がなされることがないように注意深く起草されている[20]。すなわち，Benefit Corporation は株式

17　Loewenstein（2017）。
18　The Grunin Center for Law and Social Entrepreneurship（2019）。
19　Alexander（2018）76 頁。

会社制度の枠組みの中で規律されているので，最終的な規律づけは株主が行うものとされ，株主以外のステークホルダーが，企業が公共の利益を逸脱していることを理由として法的な救済を求めることは想定されていないと言える[21]。

Benefit Corporationは，株主利益の最大化と社会・環境目的の達成を対等のものと位置づけた法的形態であり，会社の目的に関する多元的アプローチ（第1章第6節参照）を法的に明確化することを企図したものである。その点で非常に興味深い試みであり，また社会的なニーズも高いと考えられる。一方で，すでに検討したように，複数の目的を調整する必要があり，論理的・一義的に判断を下す（結論を出す）ことが難しい。また，株式会社の法的枠組みを用いているので，株主が取締役を選任することに変わりはなく，法的に一定の制約（ステークホルダー利益の考慮など）が求められるとしても，株主の意向が相当程度反映されることになるという限界がある。Benefit Corporationをさらに普及させるためには，そして特に多くの公開会社への適用を推進するためには，継続的なイノベーションが必要である。これには事例の積み重ね（法廷での判断を含む）が必要であると考えられる（買収防衛策は，デラウェア州における敵対的買収事例とその判決の積み重ねによって形作られてきた。これと必ずしも同じではないが，Benefit Corporationに関しても，具体的な事例の積み重ねが必要であると考えられる）。

7. Wells Fargoの事例[22]

米国の大手金融機関であるWells Fargoが，2019年にPBC（Public Benefit Corporation）への転換などを求める株主提案を受けた。その回答書が公開されているので，その内容について概観する。2019年に株主から，(1) デラウェア州のPBCに転換するか，または (2) 会社の重要なステークホルダーの利益を保護するためにPBCと同等の内容を会社のコーポレートガバナンスに

[20] Alexander（2018）94頁。
[21] Smith and Rönnegard（2016）。
[22] Wells Fargo（2020）に基づいて作成した。

取り入れるかに関して，取締役が独立の立場から，外部専門家を活用した検討を行い，株主に報告することについての提案がなされた。

Wells Fargo は，Richards, Layton & Finger 法律事務所に検討を依頼し，そこから報告書を受領した。報告書では，デラウェア州の PBC の概要と PBC に転換するプロセスなどの説明の後，取締役の受託者責任が通常の株式会社と PBC では大きく異なることを説明している。そして，技術的には，PBC への転換などが可能であること，しかし実際には，転換には株主の３分の２以上の賛成が必要であることなど，検討する課題が多く存在することを指摘した。

また，米国の上場会社で PBC に転換した事例はないこと，PBC として上場した会社は，Richards, Layton & Finger 法律事務所が知る限り，Laureate Education Inc. の１社だけであること，主要な金融機関で PBC の会社がないことを指摘したうえで，PBC における意思決定に不確実性があること，PBC の取締役が（複数の）義務をどのようにバランスさせるのかを示す裁判例がないことを指摘した。

さらに，規制当局が Wells Fargo のような大手金融機関が PBC に転換した場合，どのように規制するのか不確実であること，短期的・長期的な株価や時価総額への影響を予測するのが困難であること，PBC に転換するためにはコストがかかることを指摘した。そして，現行のコーポレートガバナンス構造において，PBC の形態を採用しなくても，Wells Fargo がすでに様々な公共の利益に関する活動を行っていることを指摘した。

この Richards, Layton & Finger 法律事務所の報告書を踏まえて，Wells Fargo の取締役会（権限が委譲されているガバナンス・指名委員会）は，提案は技術的には可能かもしれないが，提案を実施することは適切でもなく必要でもないので，提案に関してこれ以上のアクションをとることは推奨しないと結論づけた。具体的には，会社はすでにステークホルダー（顧客，従業員，規制当局，供給業者，地域社会，株主を含む）のニーズに着目し，長期的価値を創造していること，CEO はビジネス・ラウンドテーブルの声明に署名しており，またすでにガバナンス構造上 Corporate Responsibility Committee が存在し適切に活動していること，公共の利益に関する活動についても適切に開示していることなどを挙げ，現状でも十分にステークホルダーの利益を考慮していることを説明している。

そして，法律専門家の報告書と Wells Fargo の公共の利益に関する活動を踏まえれば，現状の Wells Fargo のコーポレートガバナンスの構造が，経営者や取締役会に対して，様々なステークホルダーの利益を促進するのに適切なフレキシビリティを与え，また提案を採用した場合に生じると考えられる大きな不確実性，コスト，混乱を生じさせることなしに，重要な環境，社会，ガバナンスに関する事項を適切に管理しているのであるから，取締役会はさらなるアクションをとることは推奨しないと結論づけている。

この会社の回答は，会社が行っている啓発的株主価値のアプローチ（株主利益の範囲内での社会的責任の考慮）を説明しているもので，PBC が指向する多元的アプローチ（社会的責任の達成のために株主利益を害することも許容する）とは異なるものであると言える。ただし，資源の経済的な最適配分を担う Wells Fargo のような巨大金融機関が，社会・環境に関する特定の公益を追求することを会社の目的とする PBC に移行することは想定しがたく，このような巨大金融機関にさらなる社会的責任を果たさせるためには，政府による規制が必要であると考える。

第2節　NGO・NPO との連携

1. NGO・NPO と会社の関係

社会・環境問題への対応の観点から，NGO・NPO と連携を進めている多国籍企業が数多く存在する。多国籍企業にとって NGO・NPO との関係はレピュテーションを維持するなどの観点から非常に重要である。本節では，NGO・NPO と会社の関係を整理したのち，ユニリーバの成功事例を取り上げる。

先進国においては，労働基準や環境基準などの制定によって，企業活動の社会・環境に対するマイナス面を抑制してきたが，多国籍企業が安価な労働力や緩い環境規制などを求めて開発途上国に進出するなかで，外国資本の誘致を切望する開発途上国ではそれらの企業に対して厳しい規制を課すことに躊躇する傾向がみられた。この結果，開発途上国では長時間労働や児童労働，環境破壊など深刻な問題が引き起こされた。

国際協調を図るよう強制する世界政府が存在しない中で，国連自身が果たすことができる役割にも限界があることから，NGO・NPOの活動への期待が高まり，国連や欧米先進国ではNGO・NPOに対する支援が実施された。

NGO・NPOは自らの理想を追求する観点から，多国籍企業に対して様々なアプローチを採用する。毛利（2011）はNGO・NPOによる多国籍企業へのアプローチを①啓蒙型（啓発キャンペーン），②対峙型（不買運動・訴訟），③協働型（認証制度の開発）に分類している。啓蒙型は，多国籍企業が引き起こす人権侵害や環境破壊の実態などをNGO・NPOが独自に調査して，その結果を公表することによって，当該企業に改善を促すというものである。

対峙型は，啓発キャンペーンを行っても多国籍企業が改善に取り組まない場合に，NGO・NPOが不買運動や訴訟によって当該企業と対峙するものである。1990年代にナイキのサプライチェーンにおける児童労働などの問題を取り上げた「反ナイキ・キャンペーン」（不買運動）などはこの一例である。また最近の環境NGO・NPOによる株主総会での経営方針の改善要求などもここに含めることができる。

協働型は，たとえば認証制度を開発することによって，多国籍企業とNGO・NPOがWin-winの関係になるように協働することである。この例は多いが，本節で検討するユニリーバのパーム油に対する対応の事例はここに含めることができる。なお，NGO・NPOは，その評判や政治的影響力を強化する観点から，巨大で消費者向けの企業と連携するインセンティブが働く[23]。

Austin（2000）は，会社の立場からみると，会社とNGO・NPOとの関係は，①博愛主義・慈善の段階（寄付），②取引の段階（資源の相互補完・交換），③統合の段階（活動・組織の統合）に分類され，この順序で連続して進展してきたとする。本節で検討するRSPO（持続可能なパーム油のための円卓会議：Roundtables on Sustainable Palm Oil）はユニリーバとNGO・NPOなど

23　Poret（2014）。

の協働によって設立されたもので，統合の段階に位置づけることができる。なお，連携の形態は複雑であり，複数の段階に位置づけられるような連携の形態もみられる。

NGO・NPOと会社が連携する動機は，主として双方が不足している資源を得ること（資源の相互補完）にある。会社は，通常，NGO・NPOの評判と正統性に対するアクセスを求め，NGO・NPOは経営スキルと財務的な資源（資金提供）を求める。また会社がNGO・NPOから社会・環境問題への対応に関するスキルを得ること，敵対的なアクティビズムを回避することもその動機として挙げることができる。なお，協働のリスクとして，NGO・NPOが会社から得た内部情報を敵対的なアクティビズムに活用すること，会社がNGO・NPOの評判を悪用する可能性があることが指摘されている[24]。

以下では，ユニリーバのパーム油調達に関する対応状況を概観したうえで，過去の2つの事例（認証制度の開発と特定のNGO・NPOからの攻撃に対する対応）について考察する。

2. ユニリーバとパーム油

「サステナビリティを暮らしの“あたりまえ”に」をパーパスとするユニリーバは，サステナブルなビジネスのグローバルリーダーと言われている。ユニリーバは多くの製品の原料としてパーム油を使用しているが，このパーム油の生産が環境問題や人権問題を伴うものとして長年の間NGO・NPOから批判されており，これに対する対応がユニリーバにとっての課題であった。

パーム油はアブラヤシの果実からつくられる植物油で，他の植物油と比較して単位面積当たりの収穫量が多いなど生産効率が高く，また汎用性も高いことから，最も多く用いられている植物油である。アブラヤシが栽培できるのは，日差しが強く，雨量の多い赤道周辺の熱帯に限られることから，現在ではほとんどがマレーシアとインドネシアで栽培されている。このアブラヤシの栽培に伴い，熱帯雨林や泥炭湿地林での森林伐採が行われ，それにより生物多様性の

24　Graf and Rothlauf (2011)。

破壊がもたらされること，そしてそこでの労働が劣悪な環境にあることなどがNGO・NPOから批判されてきた。NGO・NPOは，巨大な国際企業や高いブランド価値を有する会社（これらを総称して「ブランド企業」という）が外部からの批判に敏感であることから，これらの会社に法的な責任がなくとも，そのサプライチェーンをターゲットとして攻撃する傾向がある。これらの観点から，この問題に対してユニリーバも適切に対応する必要があった。

ユニリーバは長年にわたり，このパーム油課題に取り組んできた。次項以下で説明するRSPOの設立やグリーンピースとの協働などを経て，2013年に「サステナブルなパーム油調達方針」(Sustainable Palm Oil Sourcing Policy）を策定（2016年改訂），2020年にはこれを全面的に改訂した「人々と自然に対する方針」(People and Nature Policy）を策定している。2016年の「サステナブルなパーム油調達方針」では，パーム油の調達方針として，①森林破壊を行わない，②泥炭地での開発を行わない，③人々や地域社会からの搾取を行わない，④森林保護とともに，小農地所有者や女性に対してポジティブな社会・経済的インパクトをもたらすことを掲げている[25]。また2020年の「人々と自然に対する方針」では，①森林破壊や作付転換から生態系を保護する，②人権を尊重し促進する，③透明性と追跡可能性を確保する，④人々と地球にとって良いことをする力となることを原則として掲げている[26]。

以下ではユニリーバがNGO・NPOとどのように協働して，パーム油の自然破壊に係る課題に対応してきたのかについて，2つの具体的な事例を検討する。

3. ユニリーバとRSPO[27]

ユニリーバは，業界他社やNGO・NPOと連携してRSPOを設立することにより，パーム油生産・調達の国際基準の制定に主体的に関与し，パーム油の安

[25] Unilever（2016)。

[26] Unilever（2020)。

[27] 本項の記載は，主としてNikoloyuk et al.（2009）およびSchouten and Glasbergen（2011）の事例分析を参考にしたものである。

定調達を図ることに成功した。以下ではその経緯について説明する。

環境 NGO・NPO である WWF（世界自然保護基金：World Wide Fund for Nature）は 1990 年代の後半に「パーム油と大豆に対する戦略的行動計画」を策定し，パーム油などの栽培による森林破壊の問題を指摘した。そして WWF は 2002 年に，パーム油製造・販売会社，金融機関，NGO・NPO，小売業者，食品会社およびコンサルタントを集め，RSPO 設立に関する準備活動を開始した。その中にはユニリーバも含まれていた。そして最初の円卓会議が 2003 年にマレーシアのクアラルンプールで開催され，2004 年にスイス法に基づく慈善団体として RSPO が登記・設立された。

RSPO の当初のアイディアは，パーム油製造に伴う森林破壊に着目し，パーム油の需要サイドの連合を設立しようとするというものであった。需要サイドで基準を制定し，それを供給サイドに遵守させるという考え方である。これに対して，このイニシアティブの初期の段階から積極的に参加し，最も影響力のある参加者となったユニリーバは，異を唱えた。ユニリーバは，需要サイドと供給サイド（パーム油の生産者と生産国など）がともに参加し，また森林破壊といった単一の事項に焦点を当てることがないように主張し，最終的にはこの方針が採用された。これはユニリーバといった主要なプレーヤーの支援を確保するために妥協されたものであった。なお，生産国の参加者からは，パーム油生産には貧困の緩和というポジティブな効果があることが提起された。

その後ユニリーバは RSPO の議長となり，ユニリーバがイニシアティブ全体の中心的な位置を占めること，WWF は NGO・NPO に関しての指導的な位置を占めることが明確化された。そして RSPO の目的・原則が注意深く起草されたが，その内容は継続的な改善を図っていくといった一般的なコミットメントにとどまり，厳しい義務といったものは含まれなかった。

RSPO によるサステナブルなパーム油の認証制度は 2008 年 8 月に開始された。これにより，パーム油の生育に関する最低限の基準が制定された（この基準は生産者や小売業者が許容できる範囲内のものであった）。ユニリーバなどの小売業者は認証パーム油を使用することによって，消費者や NGO・NPO に対してサステナブルな調達を行っていることを説明することができる。WWF などの NGO・NPO は，小売業者が認証パーム油を使用することによって，一定の範囲で森林破壊を食い止めることができる。このようにRSPOは双方にWin-winの関係をもたらすことができることから，毛利（2011）のいう協働型の成功事例と位置づけることができる。またRSPOは会社とNGO・NPOの協力により設立されたものであることから，Austin（2000）のいう統合の段階の事例と位置づけることもできる。

ユニリーバの2019年のパーム油調達に占める認証パーム油は95%にのぼっている[28]。ただし，非認証パーム油を何らの制限なく購入している国（の企業）があること，RSPOの基準が妥協により設定されているなど緩い面があることが指摘される。以下ではRSPOに参加していないNGO・NPOであるグリーンピースからの攻撃に対するユニリーバの対応について検討する。

4. ユニリーバとグリーンピース[29]

RSPOによって最初のパーム油の認証が行われた2008年に，グリーンピースは報告書を作成し，ユニリーバがさらに実行すべきことを明らかにした。この報告書では，ユニリーバの複数の供給業者の不名誉な行いを明らかにし，パーム油生産に伴うオラウータンの生息地の破壊状況を地図上で示して，オラウータンなどの傷つきやすい動物の絶滅危機を警告した。

グリーンピースはソーシャルメディアなどを通じて，インドネシアの多くの低地林がパーム油生産のために破壊されており，それが（ユニリーバの主力製品である）Doveに使われていると指摘した。また，オラウータンの衣装を身にまとい，英国・オランダ・イタリアのユニリーバの拠点で反対活動を行った。グリーンピースの用いた手法がインパクトの強いものであったことなどから，ユニリーバはRSPOでの対応に加えて，個別の対応に迫られることになった。

ユニリーバはグリーンピースの指摘を重く受け止め，グリーンピース側と会合を持ち，グリーンピースと協働して本件に対して積極的に対応することに同

28　Unilever（2021）。
29　本項の記載は，McDonald（2015）の事例分析を参考にしたものである。

意した。ユニリーバは独自の調査を行ったうえで，該当する供給業者に対して対応を求めるとともに，対応が適切になされるまでパーム油の購入を停止するといった措置を講じた。グリーンピースとユニリーバの協働は，供給業者に対する圧力にとどまらなかった。業界のリーダーとして，ユニリーバは東南アジアのパーム油による森林破壊の即時停止を支援することに同意した。そしてインドネシア政府とクラフト，ネスレ，キャドバリーといったパーム油の主要な購入先に対して，パーム油による森林破壊の即時停止に対する支援を呼びかけた（自社だけが過度の負担を負わないように対応した）。

このようにユニリーバは，NGO・NPOからの批判を真摯に受け止め，彼らと協働して迅速に対応することによって，自社のブランド価値を守り，またサステナブルなビジネスのグローバルリーダーとしての地位を築いてきたと言える。

第3節　サプライチェーンの人権問題とソーシャル・オーディット[30]

1. サプライチェーンの人権問題

開発途上国における人権問題，特にその劣悪な労働環境・労働条件は，かねてより問題視されていた。本来は当該国が自国の労働法によって一定の労働環境・労働条件を整えるべきであるが，そのような意思・能力が乏しい開発途上国が多く存在し，そのため開発途上国に展開する先進国の多国籍企業などにその改善の期待がかかることになる。

国際的な動きとして，経済協力開発機構の「OECD多国籍企業行動指針」（1976年），国際労働機関の「ILO多国籍企業および社会政策に関する原則の

30　ソーシャル・オーディット（Social Audit）はCSR監査，社会的責任監査，または社会監査と称されることがある。わが国の実務ではCSR監査と呼ばれることが多い。

三者宣言」(1977年)，国際連合の「国連グローバル・コンパクト」(1999年)などが多国籍企業に対する規律づけを展開したが，これらには法的拘束力がなく，開発途上国（当該国）の労働法の水準を超えた国際労働基準の遵守やサプライチェーンへの適用は，多国籍企業の自発的な取組みに依存することになった。ただし，法的強制力がない中で，利益を追求する営利企業である多国籍企業に，開発途上国の労働者の労働環境・労働条件の保護を求めることは必ずしも容易ではない。

このような中，実質的な動きを見せたのが，先進国の報道機関やNGO・NPOである。特に1990年代の後半以降，北米や欧州の報道機関が，衣服縫製の受託を受けている開発途上国の労働環境・労働条件に着目して報告するようになった。これを受けて，労働問題に関する活動家（アクティビスト）は，1997年のナイキの不買運動（同社が製品の製造を委託していたインドネシア・ベトナムなどの工場で児童労働や劣悪な環境での長時間労働などが発覚したことから，米国のNGO・NPOがナイキの社会的責任を追及して不買運動を展開した）にみられるような顧客キャンペーンを行い，多国籍企業に対して圧力をかけ，これらの会社に対して行動規範を確立し，サプライチェーン全体が遵守する最低限の基準に自発的にコミットするように求めた。多国籍企業も自社やブランドの評判の棄損を回避するため，また不買運動を回避するために，自社や子会社のみならず資本関係がない調達先を含めて，一定の労働環境・労働条件が遵守されていることを確認するようになった。これがCSR調達[31]と呼ばれるものであり，問題がないことを具体的に確認する監査としてソーシャル・オーディット（CSR監査）が行われるようになった。

2011年には国連人権理事会で「ビジネスと人権に関する指導原則」[32]が全会一致で採択された。この指導原則は，ビジネスと人権に関する国連事務総長特別代表を務めたジョン・ラギー教授（ハーバード行政大学院）によって取り纏

[31] CSR調達とは「バイヤー（会社）が製品，資材および原料などを調達するにあたり，品質，性能，価格および納期といった従来からの項目に，環境，労働環境，人権などへの対応状況の観点から要求項目を追加することで，サプライチェーン全体で社会的責任を果たそうとする活動」と定義される（グローバル・コンパクト・ネットワーク・ジャパン，2018)。

[32] United Nations (2011)。

められたもので，普遍的な「人権」概念に基づき，人権尊重の取組みを各国の人権を保護する法令の上位概念と位置づけ（指導原則 11 の解説），法令遵守（コンプライアンス）の問題として取り扱うこと（指導原則 23）を求めたものである。それまで国連では，グローバルなビジネス活動と人権問題への対応として，企業の自発的なイニシアティブに依拠する考え方（たとえば国連グローバル・コンパクト）と国際法上の義務とする考え方が対立していたが，ラギーはすべての利害関係者が合意できるような規範的枠組みと実際的なガイダンスを作成することでこの対立を止揚することとし，出来上がったのがこの指導原則と言える[33]。

指導原則は，(1) 人権を保護する国家の義務，(2) 人権を尊重する企業の責任，(3) 救済措置への容易なアクセスの 3 つの枠組みから構成されている。そしてこの指導原則に基づいて国別行動計画が策定され，各国のハードローに組み込まれている。たとえば英国では，2015 年に現代奴隷法が制定され，英国内で事業を行う一定規模以上の企業に対して，グローバルサプライチェーンにおける①奴隷および隷属，②強制労働，③人身売買に関する報告義務が課せられるようになった。またドイツでは，2021 年にサプライチェーン注意義務法が制定され，2023 年 1 月から，対象企業（その一次サプライヤーを含む）に対して，強制労働等の人権リスクおよび，人権リスクに波及する環境リスクに関するデュー・デリジェンスの実施義務（リスクの査定や当該リスクの予防・軽減措置の実施）等が課されることになった。わが国でも，外務省が中心となって「ビジネスと人権」に関する行動計画（2020-2025）が策定され 2020 年 10 月に公表された[34]。その中で，人権を尊重する企業の責任を促すための政府による取組みとして，国内外のサプライチェーンにおける取組みおよび「指導原則」に基づく人権デュー・デリジェンスの促進が挙げられている。

欧米諸国を中心にサプライチェーンの人権に関してハードロー化が進められているが，それは企業にとっては適切な CSR 調達の実施とそれを確実にするソーシャル・オーディットの実施を加速させることになる。投資家に関して

33　東澤（2015）。
34　ビジネスと人権に関する行動計画に係る関係府省庁連絡会議（2020）。

は，PRIが2020年に報告書[35]を公表し，機関投資家にも人権を尊重する責任（方針策定，デュー・デリジェンスの実施，救済措置へのアクセス）があることを明確化している。またISFC（International Sustainable Finance Centre）がPRIらとともにESGワーキンググループを組成し，2021年にESG投資におけるS（社会）問題への取組みに関する報告書[36]を作成・公表している。そこでは，社会問題に対する取り組みが遅延しており，特にグローバルサプライチェーンにおける統一的な情報が不足していることが指摘されている。代表的な投資家であるブラックロックは，人権問題に関する法律や規制を制定し実効させるのは政府や公的機関の役割ではあるものの，企業が人権問題対応に失敗すると主要なステークホルダーとの関係に重大な影響を及ぼし企業価値を棄損することから，重要な人権問題への適切な対処・開示がなされていない場合には，当該企業の取締役選任議案に反対する旨を表明している[37]。このように投資家も，グローバルサプライチェーンなどにおける人権問題に取り組む姿勢を強めている。

2. ソーシャル・オーディットの歴史[38]

ビジネスの社会的パフォーマンスを監視監督・評価・測定するというソーシャル・オーディットの概念の起源は，少なくとも1940年に遡る。Krepsは1940年に公表した研究論文の中で「ソーシャル・オーディット」という言葉を用いて，生産，雇用，賃金，配当などの6つの指標による業種や個別企業の社会的パフォーマンスの評価を行った。これら6つの指標は，現在の概念では経済的な指標と言えるものだが，1930年代は米国が大恐慌の影響を強く受けていたことから，これらの指標が社会的な課題であると位置づけられた。その10年程度後に，Bowenは1953年の著書の中で，8つの指標（価格，賃金，研

35　PRI（2020）。
36　ISFC（2021）。
37　BlackRock（2021）。
38　本項・次項・次々項は，櫻井・青沼・林（2021）の林執筆部分の一部を要約し加筆したものである。

究開発，広告，広報，人事管理，地域社会との関係，雇用の安定）に基づいて，経営者が社会との共存を図る観点から自ら監査を行うことを主張した。その後ソーシャル・オーディットは1970年代に盛り上がりを見せたが，これは一時的なものにとどまった[39]。

今日的な意味でのソーシャル・オーディットは，1990年前後から活発に行われるようになった。主として，英国，大陸欧州そして米国の複数の社会活動家によって推進されて，1980年代後半から1990年代前半にかけて，ソーシャル・オーディットが再出現した。この時代，様々なステークホルダーによる議論が活発に行われ，その結果，社会・環境問題に対する公衆の関与（public engagement）がもたらされ，企業はソーシャル・オーディットを通じて，アカウンタビリティ（説明責任）や透明性を示すことを試みるようになったと言える[40]。

特に1990年代の後半以降，北米や欧州の報道機関が，衣服縫製の受託を受けている開発途上国の労働環境に着目して報告するようになった。これを受けて，労働問題に関する活動家（アクティビスト）は，消費者ベースの活動（consumer-based activism）に注力した。1997年のナイキの不買運動にみられるような消費者キャンペーンの圧力の下で，これらのブランド企業は，行動規範を確立し，サプライチェーン全体が遵守する最低限の基準を自発的にコミットするようになった[41]。このような状況下で，調達先の工場における労働条件やその他のCSRの論点を理解するための重要な手段として用いられるようになったのが，ソーシャル・オーディットである[42]。ソーシャル・オーディットは，会社が社会規範に適合していることを自ら示す手段として出現したと言える。

当初はPwCなどの会計監査法人が小売業者に対してソーシャル・オーディットのサービスを提供することがしばしば行われた。1999年までにPwCは年間6,000以上の工場監査を行っていた。しかし時が経つにつれ，会計監査法人がこのようなタイプの業務を行うことについての疑問が湧き出してきた。

39　Carroll and Beiler（1975），Owen et al.（2000）。
40　Owen et al.（2000）。
41　Terwindt and Saage-Maass（2016）。
42　Kamal（2018）。

それは，彼らは社会分野（social field）における経験が乏しいこと，また彼らは顧客である会社の利益を守る立場であるので，労働条件の監査を行うのに十分に客観的であるとは言えないためである。PwC といった会計監査法人はしだいにこの業界から姿が見えなくなり，独立の外部監査機関などがその業務を引き継ぐようになった[43]。

3. ソーシャル・オーディットの定義

ソーシャル・オーディットは，会社が利益獲得と社会的責任のバランスをとる観点から，会社の特定のビジネスが社会に与える影響を自ら検証するものである。ソーシャル・オーディットの対象範囲は広く，ビジネスが環境に与える影響や労働者の人権に与える影響などが含まれるが，現在では主として工場現場における労働条件，労働安全衛生，労働者の人権などの権利保護に焦点が当たっている。ソーシャル・オーディットは会社が自発的に行うもので，現状では法令などによって強制されるものではない。ただし，前述の通り，欧米ではサプライチェーンにおける社会的責任に関して法整備が進められており，ソーシャル・オーディットが不可欠なものとなりつつある。

ソーシャル・オーディットの定義は必ずしも一義的に定まっているものではないが，たとえば，米国政府の金銭的支援を受けて作成された Verité and CREA（2009）では，ソーシャル・オーディットを主として労働者の待遇と労働環境に焦点を当てた監査であるとしている。また Kamal（2018）は，ソーシャル・オーディットは，工場現場における労働条件，労働安全衛生，労働者の人権などの権利保護の状況について，国際的に認められた基準と比較した調査を実施するものであり，ソーシャル・オーディットの報告書を通じて，ステークホルダーは意思決定をすることができる（たとえば供給業者選定に際してこの報告書を活用する）と説明している。

ソーシャル・オーディットは，会社自身が行うものと監査サービスを提供する外部監査会社に委託するものとに大別されるが，後者の業界団体である

43　Terwindt and Armstrong（2019）。

APSCA（Association of Professional Social Compliance Auditors）には，96か国，53の監査機関が加入しており，4,470を超えるソーシャル・オーディターが登録されている。そしてソーシャル・オーディットの市場（会社自身が行うものは除く）は，3億ドルを超えると推定されている[44]。

ソーシャル・オーディットを行う際に準拠される主な国際基準として，BSCI行動規範，SA8000，Sedex（Supplier Ethical Data Exchange）およびRBA（Responsible business alliance）などがある。BSCIは2003年にベルギーに本拠を置くFTA（Foreign Trade Association，現在のamfori）によって，グローバルなサプライチェーンにおける労働条件の改善と透明性確保というビジネスからの要請の高まりに対応して設立された[45]。現在の行動規範は2014年に改訂されたもので，国連の世界人権宣言やILOの規約などの国際的な慣習に言及しつつ，11の労働者の権利などについて記載されている。これらは，結社の自由と団体交渉権，差別禁止，公正な報酬，適切な労働時間，労働安全衛生，児童労働禁止，若年労働者の保護，安定した正当な雇用，債務労働・奴隷労働の禁止，環境保護，倫理的なビジネス活動である[46]。

SA8000は米国に本拠を置くSAI（Social Accountability International）によって策定された規格で，世界中の工場および組織の主要な社会的認証基準である。これは国連の世界人権宣言やILOの規約を踏まえ，重要な8つの分野での社会的パフォーマンスを測定するものであり，児童労働，強制労働，健康と安全，結社の自由と団体交渉権，差別的待遇，懲戒的な慣行，報酬，マネジメントシステムから構成される[47]。

実際のソーシャル・オーディットは，一人または複数の監査チームによる数日間に及ぶ働く現場の評価である。このプロセスの間，ソーシャル・オーディターは，たとえば賃金と労働時間が労働基準に適合しているかなど経営者から提供を受けた書類をレビューし，非常口，換気，清潔さ，安全な器具といった労働安全衛生に求められる基準を満たしているかを実際に現地で確認し，経営

44　2021年2月13日アクセス。APSCAのホームページによる。
45　Terwindt and Armstrong（2019）。
46　amfori BSCI（2017）。
47　SAI（2014）。

者や労働者にインタビューを行い，労働関係書類が実際の運用と齟齬がないか，労働組合活動が抑制されていないかなどを確認する[48]。

Verité and CREA（2009）は，ソーシャル・オーディターに標準的に求められる不可欠な知識として，労働基準・労働法・労働規則，安全衛生基準，監査に必要な当該産業などの知識を挙げ，また不可欠なスキルとして，監査のスキル，コミュニケーション・対人関係スキル，個人的な資質を具体的に挙げている。かなり専門的な知識・スキルが求められており，専門的な訓練が必要とされる分野である。

4. ソーシャル・オーディットを巡る論点・課題

ソーシャル・オーディットと会計監査は同じ「監査」という言葉を用いているが，その意味するところは大きく異なる。会計監査にも多くの論点が残されているが，比較的新しく一般化したソーシャル・オーディットにはさらに多くの論点が存在する。

まず，ソーシャル・オーディットと会計監査について，その概要を比較する。ソーシャル・オーディットは，会社が自らの社会的パフォーマンスを測定するために任意に実施するものであるが，主観的・記述的なエビデンスに基づく監査[49]であるため，どうしても主観的にならざるを得ない面がある。法令で定められたものではなく，確立された統一の基準がまだ設定されていないことから他社との比較可能性が高いとは言えない。またその内容は通常対外非開示とされている。ただし前述のように，欧米ではサプライチェーンにおける社会的責任に関して法整備が進められていることに留意する必要がある。

会計監査は，出資者・債権者に対して，会社の財務状況を報告するために実施するものであり，法令に従い客観的数値に基づいた監査が行われていることから，他社との比較可能性が高い。またその内容は（特に上場会社などの場合は）対外開示がなされている。会計監査を行う専門職の公的な認証制度も存在

48　Terwindt and Saage-Maass（2016）。
49　Boele and Kemp（2005）。

する。なお Carroll and Beiler（1975）は，ソーシャル・オーディットは会計監査と比較して多義的であり計測手法も確立されていないが，ビジネスの真価を問うものは，損益計算書ではなく社会的パフォーマンスであると指摘している。

ソーシャル・オーディットは社会に多くの有用な結果をもたらしているが，比較的歴史が浅いこともあり，様々な論点・課題が存在している。以下では，ソーシャル・オーディットに関して指摘されている主な論点・課題について検討する。まず第1にソーシャル・オーディットの範囲についてである。会社の社会に与える影響には，環境や地域社会との関係が含まれるが，現状は工場現場における労働問題に特に焦点が当てられている。なお，この点について Owen et al.（2000）は，現在のソーシャル・オーディットは児童労働などの考慮にとどまっており，幅広いコニュニティーへの影響などを考慮していないので，不十分なものであると指摘している。

第2の論点・課題はソーシャル・オーディットの依頼主とインセンティブ構造についてである。現状は，ソーシャル・オーディットの依頼主は，ブランド企業か工場経営者である。ソーシャル・オーディターは彼らから依頼され，彼らから報酬を得ている。これは会計監査と同様であるが，法令で厳しく規律づけされている会計監査と比較してソーシャル・オーディットに対する規律づけは弱い。どうしても依頼主を忖度してしまうリスクがあると考えられる。この点について Owen et al.（2000）は，ブランド企業がソーシャル・オーディットを依頼するインセンティブは主としてリスク回避であり，工場経営者が依頼するインセンティブはブランドから仕事を得ることであることから，どうしても形だけのものになりがちである。そこには強い規律づけが必要であるが，実際問題，政府・労働組合などからの規律づけが弱い。市民社会もどこまでチェックできるのかという問題がある。ガバナンス構造（規律づけ）の実質的な変化がなければ，ソーシャル・オーディットがコンサルタントや企業経営者によって独占され，巧みにコントロールされた広報活動の域をでないものになることが懸念されると指摘している。Terwindt and Saage-Maass（2016）もこのインセンティブのねじれの問題を厳しく批判している。実際に外部監査会社による監査が行われる場合でも，その監査基準が業界大手企業（ブランド企業）主導で作成されたものであるならば，客観性が十分担保された監査とは言えないであろう。

第3の論点・課題はソーシャル・オーディットの内容についてである。ソーシャル・オーディットが行う現地調査は通常短期間のものであるが，この短期間の調査（スナップショットの観察）でソーシャル・オーディターが労働現場での実態を把握することは容易ではないため，定期的な実施が必要である。セクハラや虐待，差別の情報は，時間をかけた信頼関係構築が必要な場合もあり，労働実態のすべてが簡単に測定できるわけではない。さらに事前通告による訪問の場合には，工場経営者が労働条件を操作することを可能にしてしまう。加えて，ソーシャル・オーディットの内容が一般に開示されないことが多いので，外部からの規律づけが十分に働かない懸念がある[50]。

第4の論点・課題はソーシャル・オーディットの責任の所在についてである。業務委託先大手企業（ブランド企業），工場経営者およびソーシャル・オーディターに対して，ソーシャル・オーディットの実施およびその内容に関する法的な責任が明確に定まっているわけではない（これは会計監査と大きく異なる）。責任が明確に定まっていない中で十分な監査が行えるのかという懸念が生じる。事故が発生しない限り監査結果が良好であるということが関係者共通の利益となるので，その方向に偏る懸念がある。ただし，実際に事故が発生するとブランド企業が批判を受けて損失を補償することになるので，ブランド企業は工場経営者やソーシャル・オーディターを非難するだけでは説明責任を回避できない[51]ことから，そこには一定の規律が働くとも考えられる。

第5の論点・課題はソーシャル・オーディターの能力・適格性についてである。会計監査であれば公認会計士制度が確立されており，能力（資格要件），教育研修制度が確立されている。一方でソーシャル・オーディットを担うソーシャル・オーディターには公的な資格や公的な教育制度がない。ソーシャル・オーディットの知識・経験がない組織が，業界知識があるという理由だけで監査業務を行うような場合には，質の低下は免れないであろう。業界団体などが

50　Terwindt and Saage-Maass（2016）。
51　Kamal（2018）。

自発的に定めている基準・教育制度などがあることから，これらの充実が必要とされる[52]。

5. わが国のソーシャル・オーディットの実際

わが国では，ソーシャル・オーディットの研究が必ずしも十分に行われているわけではないが，グローバルサプライチェーンを有する会社では，CSR調達とそれを確実にするソーシャル・オーディットが実施されており，それらがホームページ上で公表されている。たとえばセブン＆アイホールディングスは，「セブン＆アイグループお取引先サステナブル行動指針」を策定し，人権デュー・デリジェンス体制を構築するとともに，海外工場に対してCSR監査（ソーシャル・オーディット）を行っている（2020年度実績：413件)。ミズノは，ISO26000をベースとした共通のモニタリングシートを使用し，主なサプライヤーである約180以上の工場を対象として，定期的（原則3年で一巡）にCSR監査（ソーシャル・オーディット）を実施している。

伊藤忠商事では，サステナビリティチェックリストに基づく書面調査を行うとともに（2020年度のサステナビリティ調査実績：310社)，重要サプライヤーに対しては，必要に応じてCSR監査（ソーシャル・オーディット）を行っている。同社の食品カンパニーの主要取引先の1つであるCP Foods社のタイの鶏肉可能品工場に対するCSR監査報告書（サプライヤーCSR監査報告書：CP Foods, Sarabyri)[53]によると，わが国を本拠とするNGO・NPOであるヒューマンライツ・ナウなどから，タイの畜産業や漁業における外国人労働者の人権侵害に関して，タイ企業をサプライチェーンに持つ日本企業に対して厳しい批判が寄せられたことから，2018年にソーシャル・オーディットを提供するロイズレジスタージャパン株式会社に委託してCSR監査が実施された(監査は10年以上の業務経験を有する主任CSR監査員により実施された)。具体的には，伊藤忠商事本社での事前協議を踏まえ，2日間（実働は1日半）の

52　わが国では一般社団法人鎌倉サステナビリティ研究所がソーシャル・オーディター向けの研修コースを開講している。

53　〈https://www.itochu.co.jp/ja/csr/pdf/supplier_csr_audit_report_j.pdf〉

実地監査，工場の管理者へのヒアリング，加工工場・食肉処理場・労働者者向け従業員寮の現地調査と外国人労働者（カンボジア人）5人に対するインタビューが行われ，外国人労働者に対する人権侵害とみなされるような問題は確認されなかったことが報告されている。

なお人権問題は開発途上国に限定されるものではない。最近では，わが国を含む先進国における人権リスクの問題が注目されている。わが国の外国人技能実習制度や援助交際・JKビジネスをはじめとする児童買春の問題が米国国務省の報告書にも取り上げられており，海外のブランド企業などからわが国企業に対するソーシャル・オーディットを依頼されるケースが増大している[54]。

6. マレーシアのエレクトロニクス業界の事例

ソーシャル・オーディターであるVeritéが，マレーシアのエレクトロニクス業界の労働慣行を変革した事例を紹介する[55]。1995年に設立されたVeritéは1995年に設立された非営利組織で，ソーシャル・オーディトなどを行うとともに，グローバルサプライチェーンにおける児童労働・奴隷労働・性差別・危険な労働環境・無償労働の調査を行っている。Veritéの特徴として，他のNGO・NPOと異なりターゲット企業をパブリックキャンペーンの対象とはしないこと，ソーシャル・オーディターとしての高い評価，そして米国政府機関との緊密な関係が挙げられる。

具体的には，Veritéはアップルやヒューレット・パッカードといった主要なブランド企業と長年にわたり協働してきており，それらの会社にとって信頼できるパートナーと位置づけられている。Veritéのソーシャル・オーディットの手法は他と比べてかなり包括的なもので，多数の（5~7人の）経験・知識が豊富な監査員が従事し，多くの対象者に対してインタビューを行い，そして作成される報告書も50頁におよぶ大部のものである。これに伴いコストも高い。2002年にVeritéは米国の最大規模の年金基金であるカルパースのため

54　櫻井・青沼・林（2021）。青沼・黒瀬・佐藤・林（2022）。

55　本項の記載は，Raj-Reichert（2016）およびRaj-Reichert（2020）の詳細な事例研究の要旨を纏めたものである。

に調査を行い，その結果を踏まえてカルパースは労働侵害を理由としてアジアの4か国への投資から撤退したという実績もある。また，Veritéは幅広い調査を行うために，米国政府などの外部からの資金を受け取っている。2008年には，ソーシャル・オーディットの世界共通の基準開発のために，米国政府から資金を受けた実績があり，さらに米国政府と強制労働や人身売買に関しての協働も行っている。

Veritéは米国労働省国際労働局（US Department of Labor Bureau of International Labor Affairs）（以下「ILAB」という）からの依頼を受け，2014年に「マレーシアのエレクトロニクス製品製造過程における強制労働」（以下「Verité報告書」という）を作成・公表した。ILABは長年にわたりマレーシアは強制労働に関して高いリスクがある国であるが，十分な情報が得られていないと認識しており，またVeritéはマレーシアのエレクトロニクス業界における強制労働に懸念を表明していたことから，この報告書の作成に至ったものである。Veritéの個別企業に対する確立した監査知識と米国政府との関係によって，調査報告書がエレクトロニクス業界の労働慣行に波及的な影響を与えることになった。

Verité報告書は，マレーシアの100を超える工場の501人の労働者とのインタビューに基づいたもので，そのうちの87%は移民・出稼ぎ労働者である。この調査では，28%の労働者が強制労働とされ，外国人労働者に限れば32%が強制労働に該当した。なお対象企業名，購入企業名とその本社所在国は開示されなかった。Veritéはマレーシア政府の歴史的な政策にも批判の目を向けた。エレクトロニクス産業はマレーシアの産業化における主要な産業であり，マレーシアでは主として組み立てと検査工程といった（エレクトロニクス産業の）最も労働集約的な業務が行われていた。マレーシア政府は，安価な労働力の流入を妨げると，多国籍企業が他の安価な労働力を提供する国に移動してしまうことを懸念していた。この状態を変えるためには，強力な外部からの圧力が必要であったと言える。

Verité報告書によって，エレクトロニクス業界のCSR団体であるEICC（Electronics Industry Citizenship Coalition）[56]と個別企業の自主規制が急速に変更された。EICCの以前の監査は加盟企業での強制労働を見出していなかったが，Verité 報告書により窮地にたって，2015 年にその監査手法を変更した。そして Verité の報告書から 8 か月後，EICC の行動規範（code of conduct）も変更された。またブランド企業も，Verité 報告書が出されてから，サプライチェーンにおける外国人労働者の労働状況を特に注視するようになった。Verité 報告書の 2 か月後，ヒューレット・パッカードはサプライヤーに対して，強制労働と外国人雇用斡旋業者への手数料（recruitment fees）の支払いを禁じ，外国人労働者の直接雇用を求めた。Verité 報告書の 1 か月後，アップルも外国人雇用斡旋業者への手数料支払いを禁じた。これらの背景には，米国政府が米国企業に対して多くの圧力をかけたことがある。

このように，有能なソーシャル・オーディターである Verité の有する労働侵害に関する信頼性の高い情報が，強力な機関（米国政府）との関係を通じて，エレクトロニクス業界のグローバル生産ネットワークに変革をもたらした。

第 4 節　パーパスに導かれる会社形態〜ダノンの事例分析[57]

フランスでは，営利企業でありながら同時に社会的責任を追及することが定款で定められる新しい会社形態が認められるようになり，ダノンがこの会社形態に転換した。具体的には，2019 年 5 月に PACTE 法[58]が施行され，パーパスに導かれる会社形態である「使命を果たす会社（société à mission）」への転換や設立が可能となり，2020 年 6 月にはダノンが，株主総会での承認を経て，上場会社としては最初の「使命を果たす会社」への転換を成し遂げた。ところがその後 1 年も経過しない 2021 年 3 月に，この転換を精力的に進めたエマニュエル・ファベール取締役会議長兼最高経営責任者(CEO)が，業績不振・株価大幅下落を理由とした投資家からの圧力などによって取締役会で解任された。

56　2017 年 10 月に法人名が RBA（Responsible Business Alliance）に変更された。

57　本節は，林（2021b）の一部を要約のうえ加筆したものである。

58　le Plan d'Action pour la Croissance et la Transformation des Entreprises（企業の成長・変革のための行動計画）。

本節では，PACTE法の成立過程・内容を概観するとともに，ダノンが「使命を果たす会社」に転換した背景・経緯，その内容などについて検討したうえで，ファベールCEOが解任された理由とその意味について考察する。

1. フランスのコーポレートガバナンスとPACTE法

フランスでは，PACTE法により，パーパスに導かれる会社形態である「使命を果たす会社」が新設された。本項では，まずフランスの伝統的な会社の目的に関する考え方を概観したのち，PACTE法制定に至る経緯，PACTE法による民法・会社法の改正とこれに伴うコーポレートガバナンス・コードの改訂の内容を検討する。

フランスの伝統的な会社の目的に関する考え方

フランスは，もともと英国や米国とは異なる独自の会社観を有していた国である。フランスでは，「会社（それ自体）の利益（corporate interest）」が経営者を導くものとされる。Paris Appeal Court on 22 May 1965（パリ控訴裁判所）で示された定義が，フランスの伝統的な実質的法理として規範とされている。その内容は以下の通りである[59]。

> 会社の利益，それは株主や会社の取締役の利益と混同してはならず，様々な利害に分割・変換することはできない。またそれらの合計でもない。経済的な現実と社会的な現実の岐路に立って，会社は多数の利害から構成される団体である。それらの利害を単にまとめて塊にすることによって，会社全体の利益を定義することはできない。

会社の目的に関して，コーポレートガバナンスの文脈で明確に議論されたの

[59] Charkham（2005）182-183頁。

は，フランスのコーポレートガバナンスの嚆矢ともいえる第一次ヴィエノ報告書（1995年）においてである。ここでは，「取締役の任務は株主価値の最大化ではなく会社の利益の実現であること」が明記された。またここでいう会社の利益とは，「短期的利益ではなく，より長期的な視点に基づいた，法人としての会社のみならずあらゆる利害関係者の利益の追求である」と説明された[60]。

フランスにおける会社の目的の議論を理解するうえで，フランスでは国家による介入の度合いが強いことを考慮する必要がある。たとえば「2012年に誕生したオランド政権は，民間企業の株式保有を積極的に進め，企業のリストラ政策にも積極的に介入し，反対の意思を表明してきた」[61]。また2014年には，会社に対する政府の発言権の維持・拡大とこれによる雇用の維持などを目的として，2年以上保有する株主の議決権を2倍とするフロランジュ法を制定した[62]。さらに，グランゼコールを卒業した多くの官僚出身者が大企業の経営者や社外取締役に就任しているといった「少数エリートによるサークル的構造」[63]や，過去の国有化の経験なども，国家と民間企業の深い関係をもたらしていると言える。

以上のように，フランスでは，伝統的に，英国や米国と異なり，株主の利益を最優先しなければならないという考え方は採用されていない。また，米国と異なり，社会・環境目的といったステークホルダーの利益よりも，株主利益を優先しなければならないとするフィデューシャリー・デューティー（Fiduciary duty）が，取締役には課されていない[64]。一方で，2013年に制定された雇用安定化法で一定規模以上の大会社は従業員を代表する取締役の選出が義務づけられたが，その数は1人または2人以上とされ，ドイツと比較するとかなり少ない（ドイツでは，従業員2,000人以上の大会社の場合，取締役を選任するなどの役割を担う監査役会の半数は労働者代表とされる）。このようにフランスでは，英国や米国ほどは株主の利益が偏重されておらず，他方でド

60　石川（2018）。
61　村田（2017）225頁。
62　松本（2015）。
63　黒川（2010）167頁。
64　Segrestin et al.（2021）。

イツほどには従業員が経営に参加する程度も高くないといえ，会社の目的を検討するうえで重要な要素である株主重視とステークホルダー重視のバランスの観点からは，英米とドイツの中間に位置すると言える。

PACTE法制定に至る経緯

フランスでは1990年代半ばから，米国を中心とする機関投資家の持株比率が増大し，それに伴い，機関投資家が会社のコーポレートガバナンス改革を求める動きが活発化してきた[65]。機関投資家には，ESG要素を重視する長期投資家も存在するが，一方で短期的な利益のみを追求する短期投資家も存在する。ESG投資家は会社に対して，環境・社会・ガバナンスの要素を重視した経営を求める。他方で短期投資家は，短期的な株主へのリターンを求めることから，会社による投資の減退などをもたらし，会社の長期的な成長や国民経済の発展に悪影響を及ぼす可能性がある。政府としてもこの動きに対処する必要があった。

またヨーロッパ全体で社会・環境問題への取り組みが重視されるようになった。たとえば比較的最近の動きとして，2018年3月に，欧州委員会（European Commission）が設立したHLEG（High-Level Expert Group on Sustainable Finance）のレポートで，取締役会は株主価値の創造だけを考慮するのではなく，環境・社会といった持続可能な論点も考慮するという長期的なビジョンを受け入れるべきことが勧告された。また，2019年1月に開催された欧州委員会のカンファレンスでは，会社が株主還元を重視しすぎて，環境保護への転換に重要なイノベーションや人的資源への投資が十分になされていないことが確認された。そこではまた，会社の長期的価値の創造に資するように，そして会社の戦略にステークホルダーの懸念や，社会・環境への配慮を含めるように，コーポレートガバナンスのルールを変革する必要があることが言及された[66]。

このような社会・環境問題重視の流れを受けて，フランスでは，民法1833条（すべての会社は，合法的な会社の目的を有し，株主共通の利益に基づいて

65　三和（2014）。
66　AMF（2019）7-8頁。

設立されなければならない）がいう会社の目的の解釈を巡り議論が行われた。機関投資家の持株比率の増大を背景として，会社の目的は株主共通の利益にあり，これは，排他的な金銭上の性格を有すると解釈される傾向があったが（これは第一次ヴィエノ報告書の定義とは異なる。米国などの機関投資家の影響を受けて変容したものと考えられる），これに対して，民法1833条では会社の利益とは何かが定義されていないこと，この解釈はステークホルダーへの考慮がなく会社の財務面のみを見ているといった批判がなされた[67]。

これらの議論に対応して，近年，会社の目的に関するいくつかの提案が行われた。たとえば，2015年のGrowth, Business and Equal Opportunities法案の審議に際して，民法1833条に，「会社は，経済，社会そして環境への全般的な影響を尊重しつつ，会社の最善の利益を図るために管理・運営されなければならない」という文言を付け加えることが議論された。ただしこの修正案は承認されなかった。2016年11月には多くの人の署名付きで「責任ある市場経済」を求めて，民法1832条と1833条の改正を求める訴えがLe Monde誌に掲載された。最終的には，これらの考え方がPACTE法の議論に取り入れられることになった[68]（これらはフランスの伝統的な会社観に戻るものと言える）。

2017年10月，マクロン大統領が事業（enterprise）とその目的を再定義する必要性についてのスピーチを行った。同時に，経済・財務省（French Ministry of Economic Affairs and Finance）がPACTE法の準備のための大規模なコンサルテーションを行った。その目的は，フランスの市民がビジネスを再び信頼するようになることである。そして，労働大臣，法務大臣，経済・財務大臣らは，民主労働組合連盟（CFDT）の元事務局長で，会社の社会的・環境的業績を評価する格付機関Vigéo Eiris社の創業者であるNicole Notat氏（女性）と，MichelinのCEOであったJean-Dominique Senard氏（男性）に対して，会社（corporation）と集団的利益（collective interest）の関係を示す報告書の作成を依頼した。ビジネスの事業（enterprise）に対する社会的な期待の高まりを考慮して，大臣らは，会社の役割，法的枠組み，使命を検討する

67　AMF（2019）15-16頁。

68　AMF（2019）16頁 注30。

ことによって，会社の新しい概念を構築することが必要であると考えたと言える。

2018年1月にNotat-Senard報告書が労働大臣，法務大臣，経済・財務大臣らに提出され，3月に公表された。そこでは，事業（enterprise）に関する新しい明白な定義に基づき，会社法を改正することが提案された。報告書では，まず，事業（enterprise）と会社（corporation）を明確に峻別する。これは，フランスでは，英国・米国と異なり，事業（仏語：entreprize）と会社（仏語：société）が明確に異なる概念として用いられていることが背景にある。ここで事業とは経済的・生産的組織をいい，物理的・人的・その他の資産を組み合わせて財やサービスの生産に従事する組織を示すもので，法的な形態は問わない。一方で，会社とは事業の法的な媒体（vehicle）のことで，これを通じて現在の市場経済のなかで活動する主体である。

民法1833条が制定された19世紀の考え方は，会社はそれ自身独自の存在であり，国家によって特別に認可されて設立されるもので，株主の限定責任は，公共の福祉の目的の対価として授与されるものであった。これに対して，20世紀になると，会社は私的なイニシアティブによって，特段の公共の福祉目的を明記せずとも自由に設立されるようになった。また19世紀終盤にフランスで近代的な事業が出現し，ステークホルダーが協業する組織化された経済活動が営まれるようになった。そしてこの事業が既存の商品製造のみならず新しい商品・サービスを開発し，集団的利益に貢献する重要な主体となった。

ここでNotat-Senard報告書は，法律と近代的な事業のミスマッチを指摘し，現在に至るまで，創造的な特徴を有する事業にふさわしい法的な枠組みが欠如していたと結論づけて，法律の改正を提案した。それは第1に，民法1833条に社会・環境に対するインパクトを考慮する義務を加えることである。第2に，どの会社の取締役会でも会社の存在意義（raison d'être）を定義することができること，そして，株主が望むのであれば，会社の存在意義を定款（by-laws）に記載して契約上のコミットメントとすることができることである。これによって定款に特定の社会・環境目的が明記された「使命を果たす会社」が成立する。このNotat-Senard報告書の主要な勧告が，PACTE法に盛り込まれた[69]。

PACTE 法による民法・会社法の改正

2019 年 4 月に可決され 5 月に公布された PACTE 法の 169 条と 176 条によって，民法と会社法が改正され，(1) 民法に会社の活動が社会と環境に及ぼす影響について考慮する義務が明記され，(2) 会社が定款でその存在意義を示すことができるようになり，(3) 会社法で「使命を果たす会社」形態の会社を設立することができるようになった。この「使命を果たす会社」は，パーパスに導かれる会社形態であると言える。具体的な改正内容は以下の通りである。

まず民法 1833 条に第 2 項が新設された。

> 民法 1833 条
> 第 1 項　すべての会社は，合法的な会社の目的を有し，株主共通の利益に基づいて設立されなければならない。(変更なし)
> 第 2 項　会社は，業務の社会および環境へのインパクトを考慮しつつ，それ自身の利益のために管理・運営されなければならない。(新設)

PACTE 法は，それまでは判例法によって示されていた「会社の利益」の概念を制定法に初めて記載した。しかしながら，PACTE 法は，(会社の利益概念はそれぞれの会社によって異なることから) 柔軟性を持たせるために「会社の利益」の概念を明確に定義することは行っていない。また，PACTE 法では，これらの新しい義務に従わなくとも，会社の存在が無効となるわけではないとしている。これは，形だけの充足という結果をもたらさないためである[70]。

第 2 項に明記されたステークホルダー考慮義務は，英国の 2006 年会社法 172 条の会社の成功を促進すべき義務と類似のものと言える (英国の会社法の内容は第 1 章第 6 節参照)。ただし，英国では啓発的株主価値 (株主利益に資

69　Segrestin et al. (2021)。
70　Robé et al. (2019)。

する範囲内での社会・環境への影響を含めたステークホルダー利益の考慮）の考え方に基づくものであるのに対して，フランスでは，会社の利益への影響の有無にかかわらず社会・環境への影響を考慮する義務である点が異なる[71]。

次に，PACTE法により民法1855条が改正され，定款で会社の存在意義を示すことができるようになった。これに加え，会社法L. 210-10で，以下の5つの要件を満たす場合に「使命を果たす会社」と公に称することができるようになった。その要件とは，(1) 定款に会社の存在意義を明記する，(2) 定款で1つまたは複数の社会・環境目的を特定する，(3) 少なくとも1人の従業員がメンバーとなるミッション委員会を設立し，毎年モニタリング結果を公表する，(4) 独立した第三者が社会・環境目的を評価する，(5) 商事裁判所への届出である[72]。

PACTE法の推奨者によれば，会社の存在意義は起業家や会社が最も重要な意思決定に際して参照する枠組みを提供することを企図したものである[73]。またこの会社形態は，米国のBenefit Corporation（第1節参照）と類似のものであるが，ミッション委員会の設置など，フランス独自の考え方が含まれている（Benefit Corporationと比較して，単純で分かりやすい法形態であると言える）。

なお，会社が自らの存在意義を示す場合には，以下の3つの形態から選択することになる。それは，(1) 定款に明記することなく，年次報告書などで自らの存在意義を公表する，(2) 定款に明記する（定款に明記するにとどめる），(3) 定款に明記したうえで，会社法L. 210-10がいう5つの要件を満たして，「使命を果たす会社」になる方法である。ダノンは，2020年6月の株主総会の決議を踏まえ，自らの存在意義を定款に明記したうえで，フランスの上場会社で最初に「使命を果たす会社」となった。

ここで「使命を果たす会社」がもつ意味について考えてみたい。この会社の取締役は，単純に株主の金銭的利益を追求する義務だけを有するのではなく，定款で定められた会社の存在意義や社会・環境目的を遂行する義務を有するこ

71　Segrestin et al. (2021)。
72　AMF (2019) 16-17頁。
73　Robé et al. (2019)。

とになる。すなわち，ESG要素を重視する長期投資家やインパクト投資家が重視する事項に比較的容易に対応できる一方で，ESG要素を無視して短期的な利益のみを追求する短期投資家の要請を排除することが可能となる。ただし，「使命を果たす会社」に転換することを認めるのは株主であるので，この転換は株主の承認の上に成り立つことになる。すなわち，会社の目的・存在意義自体は株主が私的に定めることができるが，その目的・存在意義自体は株主の私的な利益だけを追求するものではない。「使命を果たす会社」は，株主権利の重視と社会・環境重視という2つの目的をうまく結合させたイノベーティブな法的な形態であり，パーパスに導かれる会社形態を新設したものであると言えよう。なお，フランスの経済・財務大臣は，2019年9月のPositive IMPACT for Allカンファレンスで，国が出資している会社はすべて，2020年に会社の存在意義（raison d'être）を有するべきであると説明しており[74]，これらの動きを政府も強力に後押ししていると言える。

2. ダノンの「使命を果たす会社」形態への転換

ダノンは2020年6月に，PACTE法によるパーパスに導かれる会社形態である「使命を果たす会社」に転換した。これは，ダノンが進めているB Corporation（第1節参照）の認証取得の動きと平仄が取れたものであり，また長年にわたり培われてきたダノンの経営理念と整合的なものである。以下では，ダノンの会社の目的に関する考え方の推移，「使命を果たす会社」への転換の具体的内容を概観したのち，ダノンがこのような対応を行った背景について検討したい[75]。

74　AMF（2019）18頁。

75　本章では詳しく取り上げないが，ダノンはソーシャルボンド（social bond：社会的貢献債）でもリーディングカンパニーの1つである。2018年に発行したソーシャルボンドは，調達資金の使途について社会的インパクトをポジティブに促進することに限定しており，ICMA（International Capital Market Association）の原則（Social Bond Principles 2017）に準拠して多国籍企業が発行した初めてのものとして，2019年にEnvironmental Finance誌でSocial Bond of the Yearを受賞している。

ダノンの会社の目的に関する考え方の推移

ダノンは100年前に，創業者のIsaac Carassoが，子供たちの栄養失調を改善し健康を増進するためにヨーグルトを製造してダノンと名づけたところからスタートした。その時の創業者の夢・目的は「多くの人々に，食を通じて健康を届けること」であった。1972年には当時のCEOが「社会の発展なくして，企業の成功はない」という考え方を示し，2005年に「世界中のより多くの人々に，食を通じて健康をお届けする」というミッション（パーパス）が制定された。このミッションに基づいて多角化していたビジネスが整理され，健康的な食生活と栄養ニーズに焦点をあてたビジネスが展開されることになった。2017年には「私たちは地球の一部。私たちの健康と健やかな暮らしは，地球とともに成り立っている」というビジョンが制定された。これは人々と地球の健康は相互に関連しているという信念に基づくものである。2018年には，2030年をゴールとした長期目標が制定された。これはSDGsと平仄をとって制定されたもので，社会・環境面への貢献を重視した目標となっている。9つの目標の中には，B Corporationの認証を取得すること，パートナー（ステークホルダー）とともに食の革命に取り組むことが含まれている。このような経緯をみると，ダノンのDNAの中に，食を通じて顧客や社会・環境に貢献するという考え方が定着していることがうかがわれる。

ダノンは，米国で2006年に設立された非営利団体であるB Labが主導するB Corporationの認証制度に積極的に関与している。B Corporationの認証を受けているのは，ほとんどが中小規模の非公開企業であるが，ダノンは，2015年以降B Labと提携し，多国籍企業によるB Corporationの認証拡大やB Corporationの成長・メインストリーム化を目指している。そして，本体が多国籍企業の第1号としてB Corporationの認証を取得するという目標のために子会社の認証取得を進めており，2018年4月には最大の子会社であるDanone North Americaが認証を取得し，2020年5月にはダノンジャパンが認証を取得した。これはダノングループとして24番目の認証取得であり，2021年には連結売上の60%以上を占める子会社がすでにこの認証を取得している。

B Corporationの認証を取得するためには，すべてのステークホルダーに対するインパクト（影響）を考慮する義務が明確化されていることが必要である。ダノンがB Corporationの認証取得を目指しているのは，それが社会・環境に関して高いパフォーマンスを上げていることを示す信頼のマークとなるからである。この観点からも，「使命を果たす会社」となり，社会・環境への影響を明確にすることは，B Corporationの認証取得と整合的なものと言える。

「使命を果たす会社」への転換

ダノンは，2020年6月の株主総会で，「使命を果たす会社」への転換が承認された。以下ではこの経緯と定款に定められた内容を中心に検討する。

2020年6月26日の株主総会に先立ち，5月20日に株主総会の招集通知書が発送されている。そこでは，「使命を果たす会社」になる理由として，取締役会議長兼CEOのエマニュエル・ファベールが，価値を創造し分配する観点から，多数のステークホルダーのバランスをとるアプローチが極めて重要であること，定款にダノンのDNAを明記することは，ダノンにとって自然のステップであることを主張している。また，「使命を果たす会社」になることは，巨大企業として，5年以内に，最初にB Corporationの認証を取得するという目的を支援するものであると述べている。

株主総会では，議案20（使命を果たす会社のステータスを得るために定款を変更する件）が定足数63.53%，出席株主の賛成率99.42%で可決承認され，上場会社として最初の「使命を果たす会社」になることが認められた。ほぼ満場一致の承認であったと言える。ファベール取締役会議長兼CEOは株主総会において，人々のために経済があるという信念を強調し，「使命を果たす会社」のステータスは，20世紀の古典的なビジネスモデルを超えるものであること，今回の転換はB Corporationの認証取得を加速するものであること，そして今回組成されるミッション委員会は，社会・社会全体・環境目的を監督した結果を，来年の株主総会で報告することを説明した。また，「使命を果たす会社」への転換を「今回の」取締役会が提案した背景として，コロナ危機が社会・環境問題の重要性を再認識させたこと，PACTE法によってこの法的形態への転換が可能となったことを挙げている。

新しい定款に，「使命を果たす会社」に求められる事項が記載されている。まず，Article 1のII Purposeの箇所に，会社の存在意義（パーパス）は「世界中のより多くの人々に，食を通じて健康をお届けする」であることが記載されている。これは2005年に制定されたミッションと全く同じである。また，このパーパスは2017年制定のビジョンである「私たちは地球の一部。私たちの健康と健やかな暮らしは，地球とともに成り立っている」や，1972年制定の経営方針である「経済面と社会面の両方を重視する経営方針」と関連づけて説明されている。

次に，社会・環境目的の特定に関して，定款のⅢ Social and environmental objectives（社会・環境目的）の箇所に，①地域社会の人々の健康に好影響を与えること，②地球資源の保存・更新，③従業員に新しい未来の創造を委ねること，そして④インクルーシブな成長（誰も取り残すことのない成長）を促進することが記載されている。

さらに，ミッション委員会に関して，定款のArticle 22（ミッション委員会）の箇所に，①会社組織から独立して，ミッション委員会が設立されること，②ミッション委員会は6人以上12人以下の委員で構成され，そのうちの1人は会社の従業員の中から指名されること，③ミッション委員会の委員の任期は1年であること，そして④ミッション委員会の年次報告書は，定時株主総会に，経営報告書に添付して提出されることなどが記載されている。

新たに定款に記載されたパーパスなどは，従来からダノンが主張している内容と同じであり，その点からも，ダノンが「使命を果たす会社」に転換したことは，既存の方針の延長線上にあると認識することができる。

ダノンの対応の背景

以上を踏まえて，ダノンが「使命を果たす会社」に転換した背景・理由を考察したい。背景・理由として，本来的な4つの背景・理由と2020年に対応した理由を考えることができる。

本来的な背景・理由の第1は，ダノンがフランスの会社である点である。すでに検討したように，フランスでは伝統的に，英国や米国とは異なり，株主の利益を最優先しなければならないという考え方は採用されていない。フランスを代表する会社であるダノンも，従来から顧客や社会・環境への貢献を標榜しており，これが今回の転換の1つの背景であったと考えることができる。

第２は，食品を扱う会社である点である。食品は人々の健康・安全に直結するものであり，顧客・消費者の食品会社に対する期待は大きいと考えられる。実際，消費者の64％が食品会社の社会問題に対する対応によって，そのブランドを変更・回避するという調査結果がある[76]。社会・環境への対応が，競争上の優位性を獲得する１要因となるとも言える。

第３は，創業者の思いとそれを受け継いだダノンのDNAである。100年前の創業者の夢・目的が，1972年制定の経営方針，2005年制定のミッション，2017年制定のビジョンと2018年制定の長期目標に反映されている。経済的利益とともに顧客や社会・環境を重視するスタンスはダノンのDNAとなっており，この延長線上に今回の「使命を果たす会社」への転換が位置づけられる。

第４は，経営者の意思である。ファベールCEOは，年次報告書などの対外的な文書のみならず，社内向けの文書である「ダノンのビジネス行動規範」でも，冒頭のCEOメッセージで「ダノンの今日は，ビジネスを成功させ，社会を進歩させるという２つのプロジェクトを同時に推進してきた伝統の上に成り立っている。当社の責任は製品の出荷にとどまらず，従業員，株主，サプライヤー，消費者，顧客，共同事業者，および我々が働いている地域社会すべてのステークホルダーに及ぶと考えており，そうでなければ我々の努力は無意味なものとなるだろう」と説明している。このことは，ファベールCEOの主張が単に対外的に支持を得るためのものでないことを明確に示している。

これらの本来的な４つの背景・理由に加えて，2020年に対応した理由として，前述の通り，コロナ危機が社会・環境問題の重要性を再認識させたこと，PACTE法によってこの法的形態への転換が可能となったことが挙げられる。

3. ファベールCEOの解任

ファベールCEOは，ダノンの「使命を果たす会社」への転換を積極的に進め，圧倒的多数の株主の賛同を得てそれを成功に導いたが，そのわずか９か月後にアクティビストの要求に従った取締役会によって，取締役会議長および

[76] Danone（2020）30頁。

CEOの座を解任された。株主総会での議決に基づき解任された場合と異なり，取締役会で解任されたことから，その経緯や理由が必ずしも明確に対外公表されているわけではない。以下では，海外での報道内容を中心に事案を整理し，そのうえで今回の解任が示す意味について考察したい。

ファベールCEO解任の経緯

ファベール氏は1997年にダノンに入社後，2000年にCFO，2014年にCEOに就任し，2017年からはCEOと取締役会議長を兼務していた。20年余りにわたりダノンで働き，ダノンのDNA（食を通じて顧客や社会・環境に貢献する）を体現していた人物である。

解任に至る直接の契機は，コロナ禍のロックダウンの影響で，収益性の高い飲食店でのミネラルウオーターの売り上げなどが低迷したことを主因として，会社の業績が悪化し，株価が大幅に下落したことにある。会社の業績の推移は表6-2の通り，売上高で前年比6.6%のマイナス，当期利益で前年比13.0%のマイナスであった。これに対して株価は，2020年通期で27%下落した。これは同業のネスレの2%下落，ユニリーバの1%上昇と比較して大幅な下落であったと言える。

ファベールCEOの環境・社会課題に取り組む手腕は高く評価されていたが，コロナ禍以前からその事業戦略には投資家からの強い批判もあった。具体的には，今日の食品産業に求められているR&Dや市場開拓への投資が不十分であり，事業ポートフォリオの再構築が十分にはなされていないというものである[77]。

ダノンの株主は，主として中長期運用の機関投資家から構成されており[78]，上記の問題があっても特にファベールCEOの解任要求までには至っていなかった。今回の解任要求は，2020年11月半ばにアクティビスト投資家である英国のブルーベル・キャピタル・パートナーズがダノンの筆頭独立社外取締役に対してレターを発出したことから始まる。レターでは，「ダノンの株価の低

77　Frank Van Gansbeke, "Sustainability and the Downfall of Danone CEO Faber", *Forbes*, March 20, 2021.

78　高山（2021）。

表6-2　ダノンの業績推移

	2018年	2019年	2020年	2019年比 2020年増減
売上高　(百万ユーロ)	24,651	25,287	23,620	▲6.6%
営業利益 (百万ユーロ)	3,562	3,846	3,317	▲13.8%
(営業利益率)	(14.45%)	(15.21%)	(14.04%)	—
当期利益 (百万ユーロ)	2,304	2,516	2,189	▲13.0%
ROE	14.1%	14.6%	13.5%	—
1株当たり配当金 (ユーロ)	1.94	2.10	1.94	▲8.2%

迷は，業績不振と不適切な資本配分にある」「ファベール氏がCEOの職についた2014年10月以降，株主総利回りはネスレの97%，ユニリーバの101%に対して21%と低迷している。これはダノンの資産の質を反映している」「(ファベール氏がCEOに就任した) 2014年10月以降，ダノンの株価の上昇は2.7%であるのに対して，ネスレ45%，ユニリーバは72%である」ことが記され，ファベールCEOの退任などを求めた[79]。その後米国のアーチザン・パートナーズもこれに参加し，2021年1月から両社によるパブリックキャンペーンが展開され，ファベールCEOと取締役会はその批判に対する対応を厳しく求める強い圧力を受けた。また多くの投資家も2社の主張を水面下で支持していたとされる[80]。

ダノンは2020年11月に，「ローカル・ファースト」という事業再構築プランを発表した。この「ローカル・ファースト」は，グループとブランドを地域ごとに再構成し，2,000人を上限とした雇用削減を伴うリストラプランであった。これは実力者である前CEOの方針を大きく変えるものであり，取締役会で議論が沸騰し，この方針に反対してデイリーフード部門のヘッドが9月に，取締役CFOが10月に職を辞した。このように事業再生プランを巡り取締役

79　Leila Abboud, "Activist fund Bluebell Capital takes aim at Danone", *Financial Times*, January 19, 2021. Christopher Doering, "Danone board ousts CEO, chairman amid pressure from activists", *FOODDIVE*, March 1, 2021.

80　Leila Abboud, "Danone board outs Emanuel Faber as chief and chairman", *Financial Times*, March 15, 2021.

会内部でも意見の統一がなされていなかった。

以上を纏めると，コロナ禍が会社を直撃し，収益が低下し，株価が大幅に下落する中で，アクティビスト投資家そしてそれに同調する既存株主からのファベール CEO 退任の要請に対応して，取締役会が CEO の退任を決定することになったと言える。なおファベール氏は退任後にファイナンシャルタイムズ新聞（FT）のインタビューに対して，「取締役会内部の権力闘争が退任の原因であり，アクティビスト投資家によるキャンペーンや会社が環境・社会活動に傾斜したことが原因ではない」と主張しており[81]，ファベール CEO が取締役会を纏められなかったことが，株主総会に先立って取締役会で解任が決議された理由であると考えることができる。

ファベール CEO 解任が示す意味

ファベール氏は，会社の環境・社会問題に対する役割を重視し，優れたリーダーシップをもってダノンの「使命を果たす会社」への転換を成し遂げ，また ESG 評価の主要機関である MSCI から（約 9300 社中 2%に与えられる）最高位の ESG 評価を獲得していた[82]。ESG が重視される中で，特に注目される企業経営者であったと言える。一方で，CEO 在任 6 年で達成した業績・株価は，ライバルと目されるネスレやユニリーバと比較して，かなり劣後したものであり，コロナ禍の混乱の中で，新たな戦略を取締役会に理解させることができなかった。

今回のファベール氏の CEO からの解任を，環境・社会重視（ステークホルダーの利益重視）の経営か株主利益重視の経営かという観点から見た場合，2020 年 6 月の株主総会で「使命を果たす会社」への転換をほぼ全株主が同意したことからもわかるように，ダノンの投資家は環境・社会を重視した経営自体を否定しているわけではない。むしろこれに賛同していると言える。しかし，同時に，あるいはそれ以上に会社の業績と株価の向上を求めていたと言える[83]。これは第 1 章で検討した英国のスチュワードシップ・コードの改訂を巡

81　Leila Abboud and Billy Nauman, "Former Danone chief says power struggle was behind his ousting", *Financial Times*, May 7, 2021.

82　日本経済新聞 電子版 2021.5.17。

る投資家のスタンス，第2章で検討した米国のビジネス・ラウンドテーブル声明に対する投資家のスタンス，および第4章で検討したESGに対する投資家のスタンスと同様，機関投資家は受託者としての責任を果たすため，投資リターンの最大化を企図した投資を行うのであり，環境・社会に良いことだと言ってもそれによって投資リターンを妥協することはないことを端的に示している。株式会社では株主が役員の選解任や経営方針の最終承認をする枠組みとなっている以上，株主の意向に沿わない経営は出来ないのであり，これは「使命を果たす会社」形態であっても同様であると言える。現在の経営においては，一定水準の環境・社会重視（ステークホルダーの利益重視）は会社経営における必要条件であるが十分条件ではなく，株主・投資家に対する経済的なリターンを最大化することが必須の要件となっていることを，本事案から読み解くことができる。

[主な参考文献]

Alexander, F. H. (2018) *Benefit Corporation Law and Governance*, CA: Berrett-Koehler Publishers, Inc.

AMF (2019) *2019 Report on Corporate Governance and Executive Compensation in Listed Companies.*

amfori BSCI (2017) *amfori BSCI Code of Conduct.*

Austin, J. E. (2000) "Strategic Collaboration Between Nonprofits and Businesses", *Nonprofit and Voluntary Sector Quarterly*, 29(1), 69-97.

Baldo M.D. (2019) "Acting as a Benefit Corporation and a B Corp to Responsibility Pursue Private and Public Benefits. The Case of Paradisi Srl (Italy)", *International Journal of Corporate Social Responsibility*, 4(4), 1-18.

BlackRock (2021) *Our Approach to Engagement with Companies on Their Human Rights Impacts: Investment Stewardship.*

Boele, R. and D. Kemp (2005) "Social Auditors: Illegitimate Offspring of the Audit Family?", *JCC*, 17, 109-119.

Carroll, A. B. and Beiler, G. W. (1975) "Landmarks in the Evolution of the Social Audit", *Academy of Management Journal*, 18(3), 589-599.

Charkham, J. (2005) *Keeping Better Company: Corporate Governance Ten Years On*, Oxford University Press.

Danone (2020) *Annual Report 2019.*

Danone (2021) *Annual Report 2020.*

Graf, N. F. S. and F. Rothlauf (2011) "The Why and How of Firm - NGO Collaborations", *Working Paper in Johannes Gutenberg - University Mainz.* <http://wi.bwl.uni-mainz.de/publikationen/

[83] 高山（2021）。

WP-04-2011.pdf>

Hiller J., S. J. Shackelford and X. Ma (2016) "The Firm as Common Pool Resource: Unpacking the Rise of Benefit Corporations", *Kelly School of Business Research Paper* No.16-86, SSRN 2874654.

Honeyman R. and T. Jana (2019) *The B Corp: Handbook*, CA: Berrett-Koehler Publishers, Inc.

ISFC (2021) *Amplifying the "S" in ESG: Investor Myth Buster.*

Kamal, Y. (2018) "Stakeholders' Perceptions of Social Audit in Bangladesh", *Environmental Accounting and Management*, 7, 5-29.

Kim S., M. J. Karlesky, C. G. Myers and T. Schifeling (2016) "Why Companies Are Becoming B Corporations", *Harvard Business Review*, June 17, 2016, 2-5.

Loewenstein M. J. (2017) "Benefit Corporation Law", *University of Cincinnati Law Review*, 85 (2), 381-394.

McDonald, S. (2015) "Managing Issues Though Cross-sector Collaboration: Unilever and Greenpeace", In Sheehan, Mark and Quinn-Allan, Deirdre (ed), *Crisis Communication in a Digital World*, Cambridge University Press.

Murray J. H. (2014) "Social Enterprise Innovation: Delaware's Public Benefit Corporation Law", *Harvard Business Law Review*, 4 (2), 345-372.

Murray S. M. (2018) "Explaining the Adoption of Benefit Corporation Laws by the US States", *Journal of Financial Economic Polity*, 10(3), 351-368.

Neubauer K. A. (2016) "Benefit Corporations: Providing a New Shield for Corporations with Ideals beyond Profits", *Journal of Business & Technology Law*, 11(1), 109-129.

Nikoloyuk, J., T. R. Burns and R. de Man (2009) "The Promise and Limitations of Partnered Governance: The Case of Sustainable Palm Oil", *Corporate Governance*, 10(1), 59-72.

Owen, D. L., T. A. Swift, C. Humphrey and M. Bowerman (2000) "The New Social Audits: Accountability, Managerial Capture or the Agenda of Social Champions?", *European Accounting Review*, 9 (1), 81-98.

Poret, S. (2014) "Corporate – NGO Partnerships in CSR Activities: Why and How?", *Working Paper in Ecole Polythechnique.* <https://hal.archives-ouvertes.fr/hal-01070474/document>

PRI (2020) *Why and how investors should act on human rights.*

Raj-Reichert, D. (2016) "Exposing Forced Labour in Malaysian Electronics: The Role of a Social Auditor in Labour Governance within a Global Production Network", *Global Development Institute Working Paper Series 2016-005, The University of Manchester.*

Raj-Reichert, D. (2020) "The Powers of a Social Auditor in a Global Production Network: the Case of Verité and the Exposure of Forced Labour in the Electronics Industry", *Journal of Economic Geography*, 20(3), 653-678.

Robé, J-P., B. Delaunay and B. Fleury (2019) "French Legistration on Corporate Purpose", *Harvard Law School Forum on Corporate Governance*, posted on June 8, 2019.

Sabeti H. (2011) "The For-Benefit Enterprise", *Harvard Business Review*, Nov. 2011, 99-104.

SAI (2014) *Social Accountability 8000.*

Schouten, G. and P. Glasbergen (2011) "Creating Legitimacy in Global Private Governance: The Case of the Roundtable on Sustainable Palm Oil", *Ecological Economics*, 70(11), 1891-1899.

Segrestin, B., A. Hatchuel and K. Levillain (2021) "When the Law Distinguishes Between the Enterprise and the Corporation: The Case of the New French Law on Corporate Purpose" *Journal of Business Ethics.*, 171(1), 1-13.

Smith, N. C. and D. Rönnegard (2016) "Shareholder Primacy, Corporate Social Responsibility, and the

Role of Business Schools", *Journal of Business Ethics*, 134(3), 463-478.

Terwindt, C. and M. Saage-Maass (2016) *Liability of Social Auditors in the Textile Industry.*

Terwindt, C. and A. Armstrong (2019) "Oversight and Accountability in the Social Auditing Industry: The Role of Social Compliance Initiatives", *International Labour Review*, 158(2), 245-272.

The Grunin Center for Law and Social Entrepreneurship (2019) *Mapping the State of Social Enterprise and the Law 2018-2019.* <https://socentlawtracker.org/wp-content/uploads/2019/05/Grunin-Tepper-Report_5_30_B.pdf>

Unilever (2016) *Unilever Sustainable Palm Oil Sourcing Policy-2016.*

Unilever (2020) *People & Nature Policy.*

Unilever (2021) *Unilever Sustainable Living Plan 2010 to 2020: Summary of 10 Years' Progress.*

United Nations (2011) *Guiding Principles on Business and Human Rights: Implementing the United Nations "Protect, Respect and Remedy" Framework.*

Verité and CREA (2009) *Standard for the Knowledge and Skills of Social Auditors October 2009.*

Wells Fargo (2020) *Independent Study Report and Wells Fargo & Company Response Regarding Public Benefit Corporations.* <https://www08.Wellsfargomedia.com/assets/pdf/about/corporate/public-benefit-corporations-report.pdf>

青沼愛・黒瀬友佳子・佐藤暁子・林順一（2022）「座談会 サプライチェーンにおける人権―CSR調達とCSR監査」『サステナビリティ経営研究』2, 2-12.

石川真衣（2018）「フランスにおけるコーポレートガバナンス・コードと会社法」『比較法学』51(3), 1-39.

石川真衣（2020）「フランス株式会社法における「ソシエテ契約（contrat de société）概念の意義（3・完）」『早稲田法学』95(4), 93-138.

黒川文子（2010）「フランスのコーポレートガバナンス」佐久間信夫・水尾順一編著『コーポレートガバナンスと企業倫理の国際比較』ミネルヴァ書房.

黒田かをり（2017）「企業との関係を知ろう」澤村明・田中敬文・黒田かをり・西出優子著『はじめてのNPO論』有斐閣.

グローバル・コンパクト・ネットワーク・ジャパン（2018）『CSR調達入門書―サプライチェーンへのCSR浸透』.

櫻井功男・林順一（2018）「企業とNGO・NPOの連携に関する一考察―連携の事例と連携に積極的な日本企業の属性分析」『異文化経営研究』15, 37-53.

櫻井功男・青沼愛・林順一（2021）「ソーシャル・オーディットに関する一考察―その歴史, 事例と課題」『サステナビリティ経営研究』2. 84-102.

高橋真弓（2016）「営利法人形態による社会的企業の法的課題（1）：英米におけるハイブリッド型法人の検討と日本法への示唆」『一橋法学』15(2), 237-288.

高山与志子（2021）「環境・社会の課題に対する企業の取組みと投資家との対話」『商事法務』No.2268, 31-35.

畠田公明（2021）「コーポレートガバナンスと社会的営利会社法」『福岡大学法学論叢』66(1), 87-129.

林順一（2021a）「米国での社会的企業の新しい認証制度と法制化の動向―B Corporation と Benefit Corporation」『サステナビリティ経営研究』1, 67-79.

林順一（2021b）「フランスにおける「会社の目的」に関する最近の動向―PACTE法による「使命を果たす会社」の新設とダノンの対応」『国際マネジメント研究』10, 1-16.

東澤靖（2015）「ビジネスと人権：国連指導原則は何を目指しているのか」『明治学院大学法科大学院ローレビュー』22, 23-40.

ビジネスと人権に関する行動計画に係る関係府省庁連絡会議（2020）『「ビジネスと人権」に関する行動計画（2020-2025）』.

藤田祥子（2021）「わが国における ESG 投資と上場会社の B Corp 認証取得」『経営経理研究』120, 51-68.

松本惇（2015）『2 倍議決権を義務づけたフランス―株主議決権拡大の裏側にある政府の思惑：みずほインサイト』みずほ総合研究所.

三和裕美子（2014），「日仏両国のコーポレートガバナンス改革における機関投資家の役割『明大商学論叢』96(4)，25-42.

村田大学（2017）「フランスのコーポレートガバナンス」佐久間信夫編著『コーポレートガバナンス改革の国際比較』ミネルヴァ書房.

毛利聡子（2011）『NGO から見る国際関係』法律文化社.

終　章

ここで，全体のまとめをしたい。現代社会においては，会社（株式会社）が人々の生活に影響を与える最も重要なアクターの1つになっている。ではその会社は何を目的として運営されているのか，会社はその目的を踏まえてどのように指揮され統制されているのか，国家，市民社会（NGO・NPO）および機関投資家はそれに対してどのように関与しているのか，サステナビリティ（社会・環境目的）と株主利益の両立は可能であるのか。本書はこのような問題意識に基づいて，コーポレートガバナンスとそれに関連する議論を整理した。

前半部分（第1章から第3章）では，会社の最高意思決定機関である取締役会を規律づけるコーポレートガバナンスに関する議論を整理した。コーポレートガバナンスに対する考え方は国によって異なり時代によって変化するが，本書ではわが国のコーポレートガバナンスに強い影響を与えてきた英国のコーポレートガバナンス（第1章）と米国のコーポレートガバナンス（第2章）の議論を歴史的に俯瞰したうえで，わが国のコーポレートガバナンスの特に1990年代以降の変化について整理した（第3章）。

第1章では英国のコーポレートガバナンスについて歴史的に考察した。英国では1992年のキャドバリー報告書以降，大きな企業不祥事や企業破綻が生じる都度，経験豊かで見識のある人物から構成される委員会を設置し，その委員会で徹底的に議論するとともに幅広い関係者からの意見を踏まえて実践的な勧告を公表する。そしてそれをコーポレートガバナンス・コードなどに反映させることによって，コーポレートガバナンスの継続的な改善を図ってきた。英国のコーポレートガバナンスを形づくった代表的な報告書として，キャドバリー報告書（1992年），ウォーカー報告書（2009年）およびケイ報告書（2012年）を挙げ，その内容と意義を整理するとともに，英国のコーポレートガバナンスの特徴・考え方として，(1) チェック・アンド・バランスによる統制の徹底，(2) コンプライ・オア・エクスプレイン，(3) 権限には責任が伴うという考え方，(4) ハードローとソフトローの組み合わせがあることを指摘した。またキャドバリー報告書以降，コーポレートガバナンスの主要なアクターとして投資家が含まれていること，そしてコーポレートガバナンス・コード，投資情報開示，スチュワードシップ・コードおよび対話・エンゲージメントが一体として機能していることを説明した。

英国では2016年の国民投票によってEU離脱が選択され，労働者階級の不満が高まっていることが明確になったことが契機となり，ステークホルダー（特に従業員）を考慮することの重要性が再認識され，2018年のコーポレートガバナンス・コード改訂に際して，ステークホルダー利益考慮がコードの本文に記載されるようになった。これにより2006年会社法172条の啓発的株主価値の考え方がコンプライ・オア・エクスプレイン（またはアプライ・アンド・エクスプレイン）の具体的な対象となった。英国では，会社の目的が株主第一主義，啓発的株主価値，多元的アプローチの3つに区分されて議論されているが，2006年会社法の考え方は啓発的株主価値に基づいたものである。これは，株主価値を向上させるために従業員などのステークホルダーの利益を考慮する義務を規定するものの，株主利益とステークホルダーの利益が対立した場合には株主利益を優先するという考え方である。なお，この啓発的株主価値の考え方にも幅があり，取締役会を規律するコーポレートガバナンス・コードではかなり多元的アプローチの方向に振れているが，機関投資家を規律するスチュワードシップ・コードでは株主第一主義の方向に振れており，両者の記載内容は同じではない。

第2章では米国のコーポレートガバナンスについて歴史的に考察した。米国の製造業が強固な国際競争力を誇った1950年代・60年代を中心として，米国では経営者支配の時代が1970年代まで続いたが，この時代の米国の巨大企業の経営者は，株式の分散と好調な企業業績を背景として，株主の利益を最優先させることなく，ステークホルダー全体の利益の調整者としての役割を自任していた。1970年代に入ると企業不祥事への対応を出発点として，独立社外取締役の監督機能を重視するモニタリングモデルの考え方が徐々に浸透した。現在の米国のコーポレートガバナンスの支配的な枠組みであるモニタリングモデルは，この時期に企業不祥事への対応として考え出されたものである。その後1980年頃から株式の保有構造が大きく変化し，機関投資家への株式保有の集中が顕著に見られるようになったことなどから，株主利益を重視する機関投資家の発言力が増大し，米国の巨大企業の経営者と機関投資家の力関係が逆転して，経営者は株主の利益を最優先する経営を行うようになった。

この株主第一主義の考え方は現在も支配的であるが，所得・資産格差の拡大に伴う社会的動揺，地球温暖化や人権問題への関心の高まりを背景として，現在，この考え方への批判が拡大している。この傾向は，世界最大の運用機関であるブラックロックが毎年公表するCEOレターや，エリザベス・ウォーレン上院議員の「責任ある資本主義法案」にも見られる。このような中，2019年に米国主要企業のCEOの団体であるビジネス・ラウンドテーブルから，「会社の目的」を株主第一主義からステークホルダー重視に変更するとの声明が出され，多くの注目を浴びた。この声明は，ビジネス・ラウンドテーブルの1997年の株主第一主義を標榜する声明を否定するもので，1981年のステークホルダー重視の声明のスタンスに先祖帰りするものと言える。この声明の1週間後にビジネス・ラウンドテーブルからQAの形式で声明の補足説明が行われているが，そこではこの声明は株主利益のために（またはその範囲内で）ステークホルダーの利益を考慮するというものということが明記されている。すなわち，この声明の趣旨は，株主の利益だけを考えればいいという考え方を否定するものではあるものの，株主よりもステークホルダーを重視するという意図はなく，英国の啓発的株主価値の考え方と同様のものと言える。なお，米国の機関投資家の団体である機関投資家協議会はこの声明に厳しい批判を行い，経営者に株主利益を最優先するスタンスを求めている。このことは英国の事例と同様，経営者と投資家の投資の目的に対する考え方には違いがあることを示している。

第3章ではわが国のコーポレートガバナンスについて歴史的に考察した。わが国のコーポレートガバナンスは，不正行為防止（適法性確保・守りのガバナンス）と収益性・競争力の向上（効率性改善・攻めのガバナンス）の2つの観点から議論されてきた。歴史的に見ると，戦後のわが国のコーポレートガバナンスの議論は「守りのガバナンス」の議論が先行し，監査役の権限強化が進められてきた。その後1990年代中頃からは，保有株式比率の拡大による外国人機関投資家からの圧力を背景として，また米国経済・企業業績の復活と日本経済・企業業績の低迷の中，その原因の1つにコーポレートガバナンスの違いがあるのではないかという考え方が広まったことなどから，モニタリングモデルを指向する米国型のコーポレートガバナンスの導入が本格的に議論された。モニタリングモデルの核心ともいえる（上場会社における）社外取締役の設置義務化については，経団連の強い反対などがあり，長年にわたり論争が繰り広げられたが，最終的には安倍政権の成長戦略（アベノミクス）の後押しがあり，2014年の改正会社法で事実上の設置強制，2015年制定のコーポレートガバナンス・コードで社外取締役複数名の事実上の設置強制がなされた。

アベノミクスでは，英国のコーポレートガバナンスの枠組みを参考にして，日本版スチュワードシップ・コードやコーポレートガバナンス・コードの制定が進められ，機関投資家や上場会社に対してあるべき姿（原則）が示されるようになった。また最近では，社会のサステナビリティへの関心の高まりや，投資家のESG要素重視の投資スタンスを反映して，コーポレートガバナンス・コードにそれらの要素が盛り込まれるようになった。わが国のコーポレートガバナンスの特徴として，(1)（株主とステークホルダーの間の優先劣後関係が明確には示されていない）OECDのコーポレートガバナンス原則の枠組みを用いて，(2) 英国のコーポレートガバナンスのコンプライ・オア・エクスプレインの手法を活用し，(3) 米国のモニタリングモデルの方向に会社を導く意図をもったものであること，そしてモニタリングモデルへの移行に際しての具体的な対応事項などを定めた経営指南書としての色彩を帯びたものであることを指摘した。

後半部分（第4章から第6章）では，株主・投資家，国・政府およびNGO・NPOといった会社外部のアクターと会社との関係を，社会的価値（社会目的，社会正義）と株主価値（投資目的，経済的リターン）の関係性を中心に整理した。株主・投資家は社会的価値を重視するESG重視の投資スタンスを強めてきており（第4章），会社の社会的責任（CSR）の遂行は国・政府の政策などと関係づけて把握する必要性があり（第5章），また最近では会社に対するNGO・NPOからの社会的価値重視の圧力も無視できない状況にある(第6章)。

ESG投資に関しては，歴史的に社会的価値を重視する考え方と投資価値を重視する考え方があり，時代とともにどちらに重点を置くかが変化している。第4章では，責任投資（広い意味でのESG投資）の歴史をSRIの時代，ESG投資の時代，SDGsの影響を受けたESG投資の3区分したうえで，最近のインパクト投資の動向を説明した。具体的には，ESG投資の前身と位置づけられるSRIは社会的価値（倫理）が優先された投資であったこと，その後，2005年公表のUNEP-FIの報告書などで，ESG要素を考慮した投資は投資パフォーマンスに影響を与えるので受託者責任の観点から許容されるという考え方が示されたことなどから，2006年にPRIから責任投資原則が公表され，年金基金などのメインストリームの機関投資家によってESG要素を考慮した投資が行われるようになった（本格的なESG投資の時代に入った）ことを指摘した。なお，ESG投資に際しては，PRIの責任投資原則の前文に示されるように，ESG要素を考慮するのは受託者責任の範囲内であり，また米国のエリサ法に示されるように機関投資家は受託者責任の観点から社会的価値よりも投資価値を重視することが求められていることに留意する必要がある。

その後2016年にスタートしたSDGsの影響などを受けて，ESG投資家のスタンスは社会的価値重視の方向にシフトしているように見られる（リスク・リターンの関係が同等であれば，環境・社会に対するインパクトを重視するといったスタンスが見られる)。ここで受託者責任とESG投資の関係を考えるうえでは，ESG要素を考慮すると投資のリターンが向上するか否かが論点となる。向上するという実証研究・結果が多いが，向上するとはいえない，または逆に低下するという実証結果も示されており，評価は簡単ではない。英国では2014年の法律委員会で統一見解が示されているが，米国では，受託者責任の範囲内で社会的価値（ESG要素）をどの程度考慮することが許容されるのかについて，政権交代の都度，労働省の解釈通知の変更などを通じてそのスタンスが変動しており，確定していない。最近では，2021年のUNEP-FIの報告書で，経済的リターンに重大な影響を及ぼすか否かにかかわらず，受託者が投資の意思決定の際に，持続可能なインパクトを考慮することができるかについての法的な論点整理が行われるなど，社会的価値を重視する強い動きがある一方で，2022年のブラックロックのCEOレターに「弊社がサステナビリティを重視するのは，環境保護主義者だからではなく，資本主義者であり，弊社のお客様の受託者であるためです」と記載されているように，投資価値を重視する受託者責任をあえて強調する動きもある。

第5章では会社の社会的責任（CSR）について検討した。会社は社会で存在し，社会に対して影響力を有しているのであるから，それに見合う責任（会社の社会的責任）を果たすことが求められている。国ごとのCSRを比較した場合，国・政府が社会的弱者や環境などに十分な役割を果たしている場合には，会社が社会的責任を果たす必要性は低下する。逆に新自由主義政策の導入など国・政府の役割が低下する場合には，会社に対する期待が増大する。このように，CSRを検討する場合には，国の制度との関係で捉える必要がある。この事例として，新自由主義政策が導入されたサッチャー政権において，英国ではCSRが勃興したこと，政府が十分な役割を果たしているドイツにおいては，CSRが低調なことを説明した。その後，会社の国際的な展開に伴う人権侵害・児童労働・環境破壊などの負の側面が顕在化する中で，開発途上国の政府の規制が十分ではないことから，市民社会が会社の行動について監視・批判を強め，会社もこの動きへの対応が求められるようになった。このことは，CSRを政府と会社に加えて市民社会を含めた3者間の相互ガバナンスとして把握する必要があることを意味する。この事例として，英国のブレア政権の「第三の道」政策とマルチステークホルダー・イニシアティブであるETI（スーパーマーケット，衣料品の卸売業），EITI（石油等の採掘業）の成功事例を説明した。

現在のCSRの重要な課題の1つにダイバーシティがある。コーポレートガバナンス関連では取締役会のダイバーシティが論点となっている。取締役会のダイバーシティを推進する方法として，クオーター制（法律による強制適用）を採用する場合と，コーポレートガバナンス・コードなどに定めることによって会社の自発的な対応を促す場合があり，欧州大陸の多くの国はクオーター制によって女性取締役比率を高めているが，英国では会社の自発的な対応に委ねる方法によって成果を挙げている。わが国でもコーポレートガバナンス・コードに記載することなどによって取締役会のダイバーシティを推進していることから，その参考とすべく英国の成功事例を検討した。英国では2011年からの10年間で，FTSE100企業の女性取締役比率が12.5%から36.2%に増加している。では，取締役会のダイバーシティは会社の価値の向上にプラスに働いているのであろうか。ダイバーシティとパフォーマンスの関係に関する実証分析の結果は必ずしも一様ではなく，先行研究をレビューすると，女性取締役の増加が財務パフォーマンスの低下を導いているという論文もある。わが国で取締役会のダイバーシティを評価する観点からは，わが国のデータに基づく実証研究の積み重ねが求められるところであり，本書では「仮説1：女性役員がいる会社ほど気候変動対応への取組みに熱心である」「仮説2：女性役員比率が高い会社ほど気候変動への取組みに熱心である」という，ダイバーシティと非財務パフォーマンスに関する2つの仮説を検証し，それぞれ仮説と整合的な結果が得られたことを簡単に説明した。

第6章では会社の社会・環境問題への対応について検討した。具体的には，まず，会社に対して社会・環境問題への対応が強く求められるようになるなか，通常の株式会社とは異なり，株主の利益とともに環境や社会といったステークホルダーの利益を重視する会社形態として，その代表例であるB Corporationの認証制度と米国のBenefit Corporationの法制度について説明した。米国などにおいて，これらの認証・法制度の導入はかなり進展しているが，現状では，主として，中小規模の会社が，創業者の意志・価値観を継続したいという意図をもって導入している。次に，NGO・NPOと連携して社会・環境問題に取り組んでいる事例としてユニリーバを取り上げ，ユニリーバがNGO・NPOからの批判を真摯に受け止め，彼らと協働して迅速に対応することによって，自社のブランド価値を守り，またサステナブルなビジネスのグローバルリーダーとしての地位を築いてきたことを説明した。さらに，サプライチェーンの人権問題への関心が高まる中で，会社の対応をチェック・監査するソーシャル・オーディトの役割が増してきていることから，その概要とマレーシアのエレクトロニクス業界での好事例を説明した。

フランスでは，2019年のPACTE法制定に伴う民法と会社法の改正により，(1) 民法に会社の活動が社会と環境に及ぼす影響について考慮する義務が明記され，(2) 会社が定款でその存在意義を示すことができるようになり，(3) 会社法で「使命を果たす会社」形態の会社を設立することができるようになった。この「使命を果たす会社」は米国の Benefit Corporation のフランス版といえ，定款に会社の存在意義や社会・環境目的を明記する株式会社の形態である。そして 2020 年 6 月にダノンが上場会社第 1 号として，「使命を果たす会社」に転換した。これを推進したのがファベール CEO（当時）である。ダノンは ESG に関して極めて高い評価を得ていたが，コロナ禍を直接の原因とする業績不振・株価大幅下落を受けて，アクティビスト投資家とそれに同調する既存株主からの強い要請によって，「使命を果たす会社」への転換からわずか 9 か月後の 2021 年 3 月に，取締役会によってファベール CEO が解任された。このことは，「使命を果たす会社」といってもそれは株式会社であることに変わりはなく，最終的には株主・投資家に満足されない経営者は解任される運命にあることを明確に示している。

以上の分析を会社の目的という観点から整理した場合，まず言えることは，会社（株式会社）は社会の中で活動している以上，社会からの要請は無視できないものの，株主が最終決定権を持つ形態であることから，法令の範囲内で株主の意向（通常は株主利益の最大化）を追求する主体であることである。また投資家には受託者責任があるので，投資の目的として通常は最終受益者・最終投資家の経済的リターンの最大化が追求される。最近の ESG 投資の流れやステークホルダー資本主義と言われているものは，ステークホルダー（従業員，環境・社会）を重視する流れであるとはいえ，それはあくまで一定の範囲内，すなわち株主や投資家の利益が最優先とされる範囲内のものである。社会的正義が実現される社会が望ましいことは勿論であるが，現実の会社は利益の獲得を最優先課題として株主に利益還元することが求められている存在である。「願望」ではなく「ファクト」を冷徹に見定める必要があり，会社が自発的に行う社会正義の活動に関して過度に期待することはできないと考える。すなわち，社会・環境目的と株主利益の両立が望ましいことは言うまでもないことであるが，実際には会社は株主利益を優先する存在であり，社会・環境目的の達成のためには外部からの強い規律づけが必要となる。

本書は，筆者が青山学院大学大学院の在籍中および修了後にジャーナル等に発表した論文・論考が40本余りとなったことを機に，恩師である北川哲雄青山学院大学名誉教授の勧めもあって，これらの論文・論考のエッセンスを体系づけるとともに現時点のものに修正して，一冊の本にまとめたものである。コーポレートガバナンスとサステナビリティに関する論点は時代の要請とともに変化していくことから，新しい論点を踏まえた研究を今後もさらに進めていく所存である。最後に，大学院修了後も引き続き指導を頂いている北川哲雄青山学院大学名誉教授と統計的手法の指導を頂いている森田充青山学院大学教授，および本書の出版にあたり助言を頂いた文眞堂の前野隆氏と前野弘太氏に深く感謝の意を表したい。

著者略歴

林　順一（はやし　じゅんいち）

現職

青山学院大学国際マネジメント学術フロンティア・センター特別研究員

学歴

東京教育大学（現筑波大学）附属高等学校卒業，慶應義塾大学卒業，英国マンチェスター大学経営大学院修了，筑波大学大学院修士課程修了後，青山学院大学大学院博士課程修了。MBA，修士（法学），博士（経営管理）

職歴

第一勧業銀行（現みずほ銀行），みずほフィナンシャルグループ，みずほ証券等を経て，現在，資産運用会社勤務

主要著書

『スチュワードシップとコーポレートガバナンス』（東洋経済新報社，2015年，共著），『ガバナンス革命の新たなロードマップ』（東洋経済新報社，2017年，共著），『二宮尊徳に学ぶ報徳の経営』（同友館，2017年，共著），『バックキャスト思考とSDGs/ESG投資』（同文舘出版，2019年，共著），『石田梅岩に学ぶ石門心学の経営』（同友館，2019年，共著），『上杉鷹山とイノベーション経営』（同友館，2020年，共著），『ESGカオスを超えて』（中央経済社，2022年，共著）

社会活動

日本経営倫理学会理事

コーポレートガバナンスの歴史とサスティナビリティ
―会社の目的を考える―

2022年11月20日　第1版第1刷発行　　検印省略

著　者　林　　順　一
発行者　前　野　　隆
発行所　株式会社　文　眞　堂
東京都新宿区早稲田鶴巻町533
電　話　03（3202）8480
FAX　03（3203）2638
http://www.bunshin-do.co.jp/
〒162-0041 振替 00120-2-96437

定価はカバー裏に表示してあります
ISBN978-4-8309-5195-4 C3034